Ullstein Sachbuch

PELLEGRINO ARTUSI

LA SCIENZA IN CUCINA

E

L'ARTE DI MANGIAR BENE

MANUALE PRATICO PER LE FAMIGLIE

Igiene * Economia * Buon gusto

Un pasto buono ed un mezzano
Mantengon l'uomo sano

Molto cibo e mal digesto
Non fa il corpo sano e lesto.

Piglia il cibo con misura
Dai due regni di natura.

Prima digestio fit in ore.

IN FIRENZE
PEI TIPI DI SALVADORE LANDI
Direttore dell'*Arte della Stampa*

1891

Der große Artusi

Die klassische italienische Küche

Ullstein Sachbuch

Ullstein Sachbuch
Ullstein Buch Nr. 34736
im Verlag Ullstein GmbH,
Frankfurt/M – Berlin
Titel der Originalausgabe:
La scienza in cucina e
l'arte di mangiar bene
Aus dem Italienischen
übertragen von Thomas Münster

Ungekürzte, durchgesehene Ausgabe

Umschlagentwurf:
Theodor Bayer-Eynck
Unter Verwendung einer
Abbildung von The Image Bank
(Photo: Anton Bignami)

Printed in Germany 1991
Gesamtherstellung:
Ebner Ulm
ISBN 3 548 34736 3

September 1991

Die Deutsche Bibliothek – CIP-Einheitsaufnahme

Artusi, Pellegrino:
Der große Artusi: die klassische italienische Küche /
[Pellegrino Artusi. Aus dem Ital. übertr. von Thomas Münster].
– Ungekürzte Ausg. – Frankfurt/M; Berlin: Ullstein, 1991
(Ullstein-Buch; Nr. 34736: Ullstein-Sachbuch)
Einheitssacht.: La scienza in cucina e l'arte di mangiar bene <dt.>
ISBN 3-548-34736-3
NE: HST; GT

INHALT

VORWORT

Die Küche ist eine Schelmin; oft und gerne bringt sie einen zur Verzweiflung, aber sie bereitet auch Freude, denn jedesmal wenn Sie Erfolg oder eine Schwierigkeit überwunden haben, sind Sie vergnügt, denn Sie haben einen Sieg errungen.
Mißtrauen Sie den Büchern, die von dieser Kunst handeln: Sie sind zum größten Teil unzuverlässig oder unverständlich, besonders die italienischen; nicht so schlimm die französischen: Mit der Zeit könnt ihr aus letzteren einige nützliche Kenntnisse erwerben, falls ihr sie lesen könnt.
Wenn man nicht den Anspruch erhebt, ein gefeierter Koch zu werden, so ist es für den Erfolg nicht unbedingt nötig, daß einer mit einer Kasserolle im Kopf geboren wird; Liebhaberei, Aufmerksamkeit und präzise Arbeit genügen: Dann wählen Sie als Grundlage immer die besten Waren, die Ihrem Zweck dienlich sein können.
Die beste Lehre ist natürlich die Praxis unter einem fähigen Lehrmeister; aber ich hoffe, auch ohne ihn können Sie mit einer Anleitung wie der meinigen, und wenn Sie sich mit Eifer an die Arbeit machen, einiges erreichen.
Durch die Beharrlichkeit vieler meiner Bekannten und Damen, die mich mit ihrer Freundschaft ehren, besiegt, entschloß ich mich endlich, das vorliegende Buch zu veröffentlichen, dessen Inhalt schon lange vorbereitet war und nur meinem Privatgebrauch diente. Ich unterbreite es Ihnen also als einfacher Dilettant, der ich bin, in der Gewißheit, niemanden zu täuschen, da diese Gerichte alle zu wiederholten Malen von mir erprobt wurden. Wenn Sie nicht gleich Erfolg haben, so sind Sie nicht bestürzt; guter Wille und Ausdauer sind erforderlich, und ich garantiere, daß Ihnen die Gerichte gelingen, daß Sie sie sogar noch verbessern können, dieweil ich nicht den Anspruch erhebe, den Gipfel der Vollkommenheit erreicht zu haben.
Da ich aber sehe, daß mit dieser fünfunddreißigsten Auflage eine Zahl von zweihundertachtzigtausend* Exemplaren erreicht ist,

* heute über 3 Millionen Exemplare

darf ich glauben, daß diese meine Mahlzeiten in der Allgemeinheit gut aufgenommen werden und daß mich zu meinem Glück in diesem Land bisher keiner wegen Magenbeschwerden oder anderer Erscheinungen, die ich aus Taktgefühl nicht nennen will, verklagt hat.
Ich möchte indes nicht für ein Leckermaul oder für einen Freßsack gehalten werden, weil ich mich mit kulinarischen Dingen befasse; ich protestiere nachdrücklich gegen diese wenig ehrenvolle Bezichtigung, denn ich bin weder das eine noch das andere. Ich liebe das Schöne und das Gute, wo immer es sich findet, und es widert mich an, wenn die Gaben Gottes, wie man zu sagen pflegt, verpfuscht werden. Amen.

AN DEN LESER

Zwei Hauptaufgaben gibt es im Leben: die Ernährung und die Erhaltung der Art; jenen also, die ihren Sinn auf diese beiden Grundlagen der Existenz richten, sie studieren und Normen erarbeiten, wie sie auf die bestmögliche Art befriedigt werden können, um das eigene Leben weniger trübe zu machen und der Menschheit zu dienen, sei die Hoffnung erlaubt, daß dies, auch wenn man ihre Bemühungen nicht schätzt, doch mit ausgesprochener Nachsicht betrachtet wird.

Da der Sinn dieser wenigen, der dritten Ausgabe vorausgeschickten Zeilen mit größerem Geschick in einem persönlichen Brief ausgesprochen ist, den mir der sehr verehrte Dichter Lorenzo Stecchetti schrieb, mache ich mir das Vergnügen, euch seine Worte zu übermitteln:

»Das Menschengeschlecht erhält sich einzig, weil der Mensch den Selbsterhaltungs- und den Fortpflanzungstrieb hat und den lebhaften Drang spürt, sie zu befriedigen. Mit der Befriedigung eines Triebs ist immer ein Vergnügen verbunden. Das Vergnügen der Selbsterhaltung erfahren wir im Geschmack, das der Fortpflanzung im Tastsinn. Wenn dem Menschen das Essen nicht schmeckte und wenn er keinen Sexualreiz verspürte, würde die menschliche Gattung sofort enden.

Geschmack und Tastsinn sind also die wichtigsten Sinne, unerläßlich sowohl für das Leben des Individuums wie der Gattung. Die anderen helfen nur, und man kann blind und taub leben, aber nicht ohne richtig funktionierende Geschmacksorgane. Wie kommt es nun, daß unter den Sinnen die beiden für das Leben und sein Fortbestehen wichtigsten so niedrig eingeschätzt werden? Weil das, was die anderen Sinne befriedigt, Malerei, Musik usw., sich Kunst nennt, sich vornehm dünkt dem gegenüber, was den gemeinen Appetit befriedigt. Weil einer, der ein gutes Bild ansieht oder einer Symphonie lauscht, dem überlegen gilt, der sich an einer ausgezeichneten Mahlzeit freut. Gibt es also auch unter den Sinnen solche Ungleichheiten wie: Wer arbeitet hat ein Hemd, wer nicht arbeitet hat deren zwei?

Es muß von der tyrannischen Herrschaft herrühren, die das Ge-

hirn heute über alle Körperorgane ausübt. Zur Zeit des Menenius Agrippa herrschte der Magen, heute dient er nicht einmal mehr, oder er dient nur schlecht. Gibt es unter diesen übermäßigen Gehirnarbeitern einen, der gut verdaut? Alles ist Nerven, Neurosen, Neurasthenie und die Figur, der Brustumfang, die Widerstands- und Zeugungskraft nehmen täglich ab bei diesem Geschlecht von Weisen und Künstlern voller Geist und Rachitis und voller Zartgefühl, mit Drüsen, die sich nicht ernähren, sondern mittels Kaffee, Alkohol und Morphium erregt und am Leben erhalten werden. Darum werden die gehirnlich ausgerichteten Sinne für vornehmer gehalten als die der Erhaltung dienenden, und es wäre Zeit, dieses ungerechte Urteil zu kassieren.
O heiliges Fahrrad, das uns die Freuden eines gesunden Appetits genießen läßt zum Ärger der Dekadenten und Dekaduten, die von Bleichsucht, Auszehrung und den Höhenflügen idealer Kunst träumen! An die Luft, an die freie, gesunde Luft, damit das Blut rot und die Muskeln stark werden! Schämen wir uns also nicht, das Beste zu essen, was es gibt, und geben wir auch der Gastronomie ihre Position zurück. Schließlich wird auch das tyrannische Hirn dabei gewinnen, und diese nervenkranke Gesellschaft wird endlich verstehen, daß auch in der Kunst eine Diskussion über die Zubereitung von Aal soviel wert ist wie eine Dissertation über das Lächeln der Beatrice. Man lebt nicht vom Brot allein, das stimmt, man will auch Belag; und die Kunst, ihn wirtschaftlicher, schmackhafter, gesünder zu bereiten, ich sage es und ich verfechte es auch, ist wahre Kunst. Rehabilitieren wir den Geschmackssinn und schämen wir uns nicht, ihn rechtschaffen zu befriedigen, aber, soweit möglich, wie er es uns vorschreibt.«

HYGIENE-REGELN

Kaiser Tiberius sagte, daß der Mensch von seinem fünfunddreißigsten Lebensjahr an keinen Arzt mehr brauchen sollte. Wenn dieser Aphorismus in einem erweiterten Sinne wahr ist, so ist nicht weniger wahr, daß der rechtzeitig gerufene Arzt eine Krankheit in ihren Anfängen aufhalten und einen vorzeitigen Tod verhindern kann; und wenn der Arzt nicht heilt, so bringt er doch oft Erleichterung und immer Trost.
Die Maxime des Kaisers Tiberius ist insofern wahr, als ein Mensch, der die Mitte seines Lebens erreicht hat, soviel Erfahrung über sich selbst erworben haben sollte, zu wissen, was ihm schadet und was ihm nützt und mit einer guten diätetischen Lebensweise in der Lage ist, seine Gesundheit im Gleichgewicht zu halten, was nicht schwierig ist, falls sie nicht durch organische Fehler oder schmerzhafte Verwundungen bedroht ist. Außerdem sollte sich der Mensch in diesem Alter davon überzeugt haben, daß die verhindernde oder vorbeugende Kur die beste, daß von Medizinern wenig zu erhoffen und der beste Arzt jener ist, der nur sehr wenig und nur einfache Dinge verschreibt.
Nervöse und empfindliche Personen stellen sich, besonders wenn sie unbeschäftigt und furchtsam sind, vor, daß sie tausend Leiden haben, die alle nur in ihrer Einbildung bestehen. Eine solche sagte einmal zu ihrem Arzt über sich selbst: »Ich verstehe nicht, wie ein Mensch mit soviel Gebrechen auf dem Buckel überleben kann.« Und dennoch überlebte sie mit einigen Beschwerden, wie wir sie alle haben, nicht nur, sondern hat ein hohes Alter erreicht.
Diese unglücklichen Hypochonder, etwas anderes sind sie nicht, verdienen unser ganzes Mitgefühl insofern, als sie nicht fähig sind, sich von den Fesseln einer übertriebenen und nicht aufhörenden Angst zu befreien, und es gibt keine Möglichkeit, sie zu überzeugen, denn sie halten sich vom Eifer derer, die sie in ihrer Sorge um sich selbst beruhigen wollen, für hinters Licht geführt. Oft erlebt man sie, wie sie mit finsterem Blick nach dem Puls tasten, seufzen, sich schaudernd im Spiegel betrachten und ihre Zunge ansehen; nachts springen sie plötzlich aus dem Bett, weil der Schlag ihres aufgeregten Herzens sie erschreckt hat. Das Es-

sen ist für sie eine Strafe, nicht nur der Auswahl der Lebensmittel wegen; denn einmal glauben sie zuviel gegessen zu haben, dann stehen sie da und warten auf Beschwerden, dann wieder wollen sie durch übertriebene Abstinenz ausgleichen, was ihnen schlaflose Nächte und schlechte Träume bringt. Da sie stets an sich selbst denken, gehen sie draußen aus Furcht vor Erkältung oder einem Brustleiden eingehüllt wie Schweinsleber im Netz, und beim geringsten Kältegefühl ziehen sie Schicht über Schicht an, daß eine Zwiebel neidisch werden könnte. Für solche gibt es keine Medizin, und ein gewissenhafter Arzt würde ihnen sagen: »Zerstreuen Sie sich, lenken Sie sich ab, gehen Sie oft in der freien Luft spazieren, solange Ihre Kräfte reichen, reisen Sie, falls Sie Geld haben, in angenehmer Gesellschaft, und Sie werden gesund sein. Es versteht sich von selbst, daß ich in dieser Schrift zu besitzenden Klassen spreche, daß die vom Schicksal Enterbten gegen ihren Willen gezwungen sind, aus der Not eine Tugend zu machen und sich mit dem Gedanken zu trösten, daß ein arbeitsames, einfaches Leben zur Kräftigung des Körpers und zur Erhaltung der Gesundheit beiträgt. Um von diesen Präliminarien zum Allgemeinen einer guten Hygiene überzuleiten, erlaubt mir, euch an einige Regeln zu erinnern, die sich seit langem wissenschaftlicher Billigung erfreuen, aber nicht oft genug wiederholt werden können; zunächst wende ich mich der Kleidung wegen an die Mamas unter den Damen und sage ihnen: Beginnt eure Kinder vom Babyalter an leicht zu kleiden, damit sie auf diese Art auch als Erwachsene plötzliche atmosphärische Änderungen weniger spüren und weniger Opfer von Erkältung und Bronchitis werden. Wenn ihr dann den Winter über eure Wohnung nicht über 12 oder 14 Grad erwärmt, bewahrt ihr sie wahrscheinlich vor Lungenentzündungen, die heute so häufig sind.

Wenn es anfängt kühl zu werden, beschwert euch nicht mit zuviel Tuch, es genügt etwas Leichtes zum Überziehen, das man bei den schnellen Wechseln der Übergangszeit bequem wieder ausziehen und anlegen kann, bis die ständige Kälte einsetzt.

Versucht in Häusern mit viel Licht und Ventilatoren zu wohnen: Wo die Sonne hereinkommt, geht die Krankheit hinaus. Bedauert jene Damen, die fast im Dunkeln ihre Empfänge geben, so daß ihr bei einem Besuch über Möbel stolpert und nicht wißt, wo ihr eu-

ren Hut ablegen sollt. Wegen ihrer Gewohnheit, im Halbdunkel zu leben, sich nicht zu Fuß in der freien, offenen Luft zu bewegen, und weil ihr Geschlecht von Natur aus dazu neigt, wenig Wein zu trinken und wenig Fleisch zu essen, weil sie Pflanzliches und Süßwaren vorziehen, deshalb findet man bei ihnen so selten rote Wangen als Zeichen der Gesundheit und eine schöne Hautfarbe wie Milch und Blut, kein festes, sondern schlaffes Fleisch und Gesichter wie Wicken, die man im Dunkeln gezüchtet hat, um damit am Gründonnerstag die Gräber zu schmücken. Ist es ein Wunder, daß man unter den Damen so viele hysterische, neurotische und anämische findet?
Gewöhnt euch an, von allem zu essen, wenn ihr der Familie nicht unerfreulich werden wollt. Wer Ausnahmen macht, beleidigt die anderen und den Hausherrn, die nun dieses Gericht nicht mehr auf den Tisch bringen können. Macht euch nicht zu Sklaven eures Magens: Dieses launische Organ, das sich so leicht gekränkt gibt, scheint mit Vorliebe jene zu quälen, die mehr als nötig essen, ein verbreitetes Laster bei Menschen, die nicht aus Notwendigkeit zu einfachem Essen gezwungen sind. Gehorcht ihr ihm, wenn er sich durch ein Gefühl des Ekels, durch Sodbrennen oder Aufstoßen bemerkbar macht, dann seid ihr schon auf dem Weg der Besserung. Habt ihr euch jedoch keine Völlerei vorzuwerfen, so erklärt ihm den Krieg, bekämpft ihn Brust an Brust und versucht, ihn zu besiegen. Wenn aber die Natur bei einem bestimmten Nahrungsmittel absolut rebelliert, dann gebt euch besiegt und streckt die Waffen.
Wer nicht viel mit den Muskeln arbeitet, soll mäßiger leben als die anderen, zu diesem Thema sagt Angolo Pandolfini in seinem »Trattato del governo della famiglia«: »Ich finde, daß die Diät viel nützt, die Nüchternheit, nicht essen, nicht trinken, wenn ihr nicht Hunger oder Durst verspürt. Ich erprobe es an mir selbst, auch wenn ich als alter Mann etwas Rohes oder Hartes esse, ist es vom einen zum anderen Tag verdaut. Meine Kinder, befolgt diese Regel stets mit Ernst und Gewissenhaftigkeit. Achtet auf das, was euch schadet und wovor Ihr euch hüten müßt, was euch aber nützt, daran haltet euch.«
Fragt euch beim Aufwachen am Morgen, was eurem Magen am besten bekommt; wenn ihr überhaupt nichts spürt, bescheidet

euch mit einer Tasse schwarzen Kaffees, und wenn ihr vorher ein halbes Glas mit etwas Kaffee vermischten Wassers trinkt, so hilft das, euch von den Rückständen einer unvollkommenen Verdauung zu befreien. Wenn ihr euch dann völlig wohl fühlt, dann (aber keinen Fehler machen, es gibt auch falschen Hunger) werdet ihr sofort das Bedürfnis nach Nahrung verspüren als sicheres Merkmal guter Gesundheit und Vorzeichen eines langen Lebens. Dann ist es sinnvoll, je nach Belieben zum schwarzen Kaffee eine geröstete Brotscheibe mit Butter zu nehmen oder Milchkaffee zu trinken oder auch Kakao. Etwa nach vier Stunden, denn soviel Zeit braucht eine noch so sparsame und flüssige Mahlzeit zur Verdauung, nimmt man dann nach heutigem Brauch um elf oder zwölf das Mittagessen zu sich. Dies ist als erste solide Mahlzeit des Tages die appetitlichste, deshalb solltet ihr den Hunger aufsparen, um sie zu genießen, und es ist, falls ihr körperliche Arbeit zu leisten habt, nicht gut, dabei Wein zu trinken, denn der Rote ist nicht leicht verdaulich, und der Weiße behindert durch seinen Alkoholgehalt eine unter Umständen erforderliche geistige Tätigkeit.
Es ist besser, morgens ein oder zwei kleine Gläser Flaschenwein zu trinken, besser noch Tee oder Tee mit Milch, was ich sehr angemessen finde. Es belastet den Magen nicht, ist warm, beruhigt die Nerven und fördert die Verdauung.
Während der Hauptmahlzeit, die sozusagen ein Familienfest ist, darf man schlemmen, mehr allerdings im Winter als im Sommer, weil in der Hitze leichtere und leicht verdauliche Nahrungsmittel zu empfehlen sind. Viele verschiedenartige Nahrungsmittel aus beiden Reichen der Natur, unter denen die Fleischsorten überwiegen, tragen zu einer guten Verdauung bei, besonders wenn sie mit altem, herbem Wein begossen werden. Hütet euch jedoch genau wie bei Mahlzeiten, die der Erhaltung des Körpers dienen, vor dem Übermaß, und überschwemmt euren Magen nicht mit Getränken. In diesem Zusammenhang schlagen einige Hygieniker vor, zur Mahlzeit Wasser zu trinken und den Wein am Schluß zu servieren. Tut es, wenn ihr die Kraft habt, mir scheint es etwas zuviel verlangt.
Wenn ihr einen Rat wollt, so hört beim ersten Bissen, der euch nicht schmeckt, sofort mit der Mahlzeit auf und geht zum Dessert über. Eine andere gute Gewohnheit, um Magenbeschwerden und

Überfütterung zu verhindern: Nach einem Tag mit einer schweren und kräftigen Mahlzeit legt ihr einen mit einer leichten Mahlzeit ein. Eis zum Ende der Mahlzeit schadet nicht, nützt sogar, weil es die zur Verdauung nötige Wärme auf den Magen zieht. Hütet euch aber, wenn nicht besonderer Durst euch zwingt, etwas zwischen den Mahlzeiten zu trinken, um nicht die Verdauung zu unterbrechen, denn deren chemische Vorgänge dürfen nicht gestört werden.

Zwischen Mittagessen und Abendbrot laßt einen Abstand von sieben Stunden, die für eine vollkommene Verdauung ausreichen, aber nicht für Menschen, die langsam verdauen. Diese sollten um elf zu Mittag essen und die Abendmahlzeit auf sieben verlegen. Im übrigen sollte man wirklich erst essen, wenn der Magen es nachdrücklich verlangt, und dieses Drängen wird um so eher spürbar, wenn ihr es durch einen Spaziergang in freier Luft oder durch ein paar angenehme Leibesübungen herausfordert.

»Leibesübung«, sagt der oben zitierte Angolo Pandolfini, »bewahrt das Leben, entzündet Wärme und die natürliche Kraft, schwemmt überflüssige und schädliche Materie und Flüssigkeit hinaus, kräftigt jede Fähigkeit der Muskeln und der Nerven, ist notwendig für die Jungen und nützlich für die Alten. Wer keine Leibesübungen betreibt, will nicht gesund und froh leben. Sokrates, liest man, tanzte und hüpfte daheim zu Übungszwecken. Ein bescheidenes, geruhsames und friedliches Leben war immer die beste Medizin für die Gesundheit.«

Mäßigkeit und Leibesübungen sind also die beiden Angelpunkte, um die sich die Gesundheit dreht. Bedenkt aber: »Im Übermaß betrieben, wird Tugend Laster geschrieben!« Insofern nämlich der ständige Kraftaufwand des Organismus nach Ersatz verlangt. Um euch nicht zu schwächen, hütet euch davor, aus dem Fehler einer unmäßigen Nahrungsaufnahme in den einer zu spärlichen Ernährung zu verfallen.

Im Wachstumsalter braucht der Mensch viel Nahrungsmittel. Für den Erwachsenen und besonders für den Alten ist Mäßigung beim Essen eine unerläßliche Tugend, um das Leben zu verlängern.

Diejenigen, die noch den glücklichen alten Väterbrauch beibehalten haben, um Mittag oder um eins die Hauptmahlzeit einzuneh-

men, erinnere ich an den sehr alten Sinnspruch: Post prandium stabis et post cenam ambulabis. Für alle aber beginnt die Verdauung im Mund, also kann die Pflege der Zähne niemals genug empfohlen werden, um die Speisen ausreichend zu zerkleinern und zu zerreiben. Mit Hilfe des Speichels sind sie besser verdaulich als die in der Küche gehackten und zermahlenen Speisen, die dann wenig gekaut werden und Beschwerden verursachen, als wolle der Magen seinen Unwillen ausdrücken, daß man ihm einen Teil seiner Arbeit erschwert habe. So können auch viele als schwerverdaulich geltende Lebensmittel durch Kauen verdaulich und bekömmlich gemacht werden.
Wenn ihr euren Magen nach diesen Normen zu regulieren versteht, werdet ihr ihn aus einem schwachen in einen kräftigen Magen verwandeln, und wenn er zuvor schon stark war, so könnt ihr ihn ohne Anwendung von Medikamenten gesund erhalten. Meidet Purgiermittel, die bei häufigem Gebrauch verderblich sind, wendet sie nur an, wenn es unvermeidlich ist. Manchmal lehren uns die Tiere mit ihrem natürlichen Instinkt und vielleicht auch Verstand, wie man sich hilft. Als mein Freund Sibillone Magenbeschwerden hatte, fraß er ein paar Tage nichts und kletterte auf die Dächer, um seine Krankheit auszuschlafen. Es sind also jene überängstlichen Mamas zu beklagen, die aus einem Übermaß mütterlicher Gefühle ständig in Angst um die Gesundheit ihrer Kleinen leben. Sind sie etwas kleinlaut oder nicht pünktlich auf dem Töpfchen, so lassen sie in ihren Wahnvorstellungen, die eigentlich nur krauses Denken und Einbildung sind, nicht der Natur ihren Lauf, die diesem Alter eine übersprudelnde Vitalität schenkt und Wunder wirkt, wenn man sie sich selbst überläßt. Nein, sie suchen Hilfe in der Medizin, dem Klistier.
Alkoholische Getränke, die leicht mißbraucht werden können, werden von allen Hygienikern wegen der irreparablen Schäden, die sie im menschlichen Körper anrichten, abgelehnt. Eine Ausnahme könnte an kalten Winterabenden höchstens ein leichter Cognacpunsch machen (auch wenn er nach Rum riecht), weil er über Nacht die Verdauung fördert und man morgens mit unbelastetem Magen und einem guten Geschmack im Mund aufwacht.
Schlecht, sehr schlecht steht es um jene, die sich vom Wein betören lassen. Sie bekommen mit der Zeit einen Widerwillen gegen

das Essen und ernähren sich fast nur noch vom Wein. Damit erniedrigen sie sich in den Augen der Welt, werden lächerlich, gefährlich und tierisch. Ein Kaufmann kam in eine Stadt, blieb an einer Ecke stehen, um die Leute zu betrachten, und als einer mit roter Nase vorbeikam, fragte er schnell, wo man einen guten Wein kaufen könnte. Auch wenn solche Säufer die Grenzen zur Unmäßigkeit, die sich bald auch in ihrem Gesicht ausprägt, überschritten haben und manchmal den Eindruck von Heiterkeit machen – wie der Koch, der, während seine Herrschaft auf das Essen wartete, die Pfanne über den Spülstein hielt und von unten fächelte, als stehe sie auf dem Feuer –, so verspürt ihr doch beim Anblick dieser Säufer mit den starren Augen, die alle R-Laute verschlucken und dummes Zeug reden, wie sich das Herz zusammenkrampft aus Furcht, es könnte Streit geben, und im Streit könnte dann einer zum Messer greifen, wie es so häufig der Fall ist. Wer in diesem Laster verharrt, das immer gebieterischer wird, der wird ein unheilbarer Trunkenbold und findet kein gutes Ende.
Zu loben sind auch jene nicht, die ihren Appetit mit Reizmitteln anstacheln, denn wenn ihr euren Magen an Mittelchen gewöhnt, um ihm bei der Verdauung zu helfen, schwächt ihr seine natürlichen Reaktionen, und die Arbeit der Magensäfte wird gestört. Was nun Schlaf und Ruhe angeht, so sind diese unbedingt den Bedürfnissen des einzelnen anzupassen, denn wir sind nicht alle gleich beschaffen, und mancher kann sich auf eine unbestimmte Weise unwohl fühlen, ohne einen Grund dafür angeben zu können, was einfach daher kommt, daß ihm die stärkende Ruhe fehlt. Ich schließe diese Betrachtungen, die ja nur ein wenig nachdenklich stimmen sollten, mit zwei Sprüchen, die ich in fremdsprachigen Büchern fand, möchte aber nicht versäumen, dem Leser noch Glück und ein langes Leben zu wünschen:

Early to bed and early to rise
Makes a man healthy, wealthy
and wise.

Früh ins Bett und früh hinaus,
Gesund, reich, klug, das bleibt
nicht aus.

(englisches Sprichwort)

Se lever à six, déjeuner à dix,
Dîner à six, se coucher à dix,
Fait vivre l'homme dix fois dix.

Aufstehn um sechs, Frühstück um zehn
Mahlzeit um sechs, schlafen um zehn,
Leben wirst du zehn mal zehn.

(französisches Sprichwort)

Brief des Dichters Lorenzo Stecchetti (Olindo Guerrini), dem ich ein Exemplar der dritten Auflage meines Buches für die Küche geschickt hatte:

Mein ehrenwerter Herr,
Ihr könnt Euch nicht vorstellen, welch freudige Überraschung Euer Buch für mich war, das Ihr mir aufmerksam verehrt habt!
Ich war und bin einer der ältesten und eifrigsten Apostel Eures Werkes, das ich als das beste, praktischste und schönste, nicht nur der italienischen, die abgeschrieben sind, sondern auch der ausländischen Küche befunden habe. Erinnert Ihr Euch des Vialardi, den man in Piemont zubereitet? Es ist nicht im Buch, aber probat.
Was die anderen Könige der Köche, Königinnen der Köchinnen und weitere kulinarischen Majestäten angeht, so gibt es anders nichts als Übersetzungen aus dem Französischen oder schlechte Sammlungen. Um ein praktisches oder für die Familie geeignetes Rezept zu finden, muß man selbst probieren, raten und wohl auch Fehler machen. Darum sei Artusi gepriesen! Ein ganzer Chor singt in der Romagna Euer Lob, denn ich habe begeistert für Euer Buch geworben, und überall gab es nur Lob. Ein lieber Verwandter schrieb mir: »Endlich haben wir ein Buch der Kochkunst und nicht des Kannibalismus, denn die anderen sagen immer nur, »nehmt eure Lunge und schneidet sie in Scheiben etc.«, und er dankte mir.
Auch ich hatte die Absicht, für die Handbücherei von Hoepli ein Kochbuch zu schreiben. Ich hätte gerne – wie sagt man? – ein volkstümliches Buch gemacht. Aber ein wenig fehlte mir die Zeit, und dann erschwerten mir finanzielle Gründe den experimentellen Teil, schließlich hat Euer Buch mich vollends entmutigt. Das ist vorbei, aber ich habe noch eine beachtliche Sammlung von Kochbüchern, die sich auf einem Regal im Speisesaal sehr gut ausmachen. Die Erstausgabe Eures Werkes hat dort schön eingebunden und um einige Rezepte bereichert (?) den Ehrenplatz. Die zweite Ausgabe dient dem täglichen Nachschlagen, und die dritte wird jetzt der ersten den Ehrenplatz rauben, weil sie durch das Autogramm des Autors kostbar geworden ist.*
Ihr seht also, wie ich Euer Werk ein wenig kenne, schätze und fördere und könnt verstehen, mit welch lebhaftem Vergnügen ich das Buch aufgenommen habe, das Ihr mir freundlicherweise zugeschickt habt. Zunächst fühlte

* Das ist eine Lüge (sagt Artusi)

sich mein Magen Euch dankbar verpflichtet, jetzt hat sich meine Seele dem Magen angeschlossen. Deshalb, verehrter Herr, habe ich mit lebhaftem Dank für das Geschenk und Eure Freundlichkeit die Ehre, meine schuldige Dankbarkeit und Wertschätzung auszusprechen.

Euer sehr ergebener O. Guerrini

Bologna, 19–XII–96.
Die Contessa Maria Fantoni, jetzt Witwe des berühmten Professors Paolo Mantegazza, bereitete mir die unerwartete Überraschung mich durch folgenden Brief zu ehren, den ich als hohe Auszeichnung für meine unvollkommenen Bemühungen auffasse:

San Terenzo (Golf von Spezia)
14. November '97

Sehr geehrter Herr Artusi,
entschuldigt meine Aufdringlichkeit, aber ich habe das Bedürfnis, Euch mitzuteilen, wie lieb und nützlich Euer Buch mir ist; ja, lieb, denn nicht eines der Gerichte ist mißlungen, einige waren so vollkommen, daß sie mir Lobsprüche einbrachten, und da dies Euer Verdienst ist, muß ich es Euch mitteilen und aufrichtig danken.
Ich habe Euer Quittengelee bereitet, das nach Amerika geht. Ich habe es meinem Stiefsohn nach Buenos Aires geschickt und bin sicher, daß sein Wert richtig eingeschätzt wird. Und dann beschreibt Ihr alles so klar, daß die Aufführung Eurer Rezepte ein wahres Vergnügen ist, das ich sehr genieße.
Das alles wollte ich Euch sagen, und deshalb habe ich mir erlaubt, Euch einen Brief zu schreiben.
Mein Gatte läßt sich Euch herzlich empfehlen.
Und ich drücke Euch dankbar die Hand.

Maria Mantegazza

Die Küchenkomödie oder die Verzweiflung der armen Köche, wenn ihre Herrschaften Freunde zum Essen einladen (Szene nach der Wirklichkeit mit geänderten Namen):

Der Hausherr sagt zu seinem Koch:

»Denke daran, Francesco, daß die Signora Carli keinen Fisch, kein Gemüse und keinen Salat ißt, sie verträgt auch nicht deren Geruch. Daß der Marchese Gandi einen Widerwillen gegen Vanille hat, weißt du ja schon. Vorsicht bei Muskatnuß und Gewürzen, weil Advokat Cesari einige Duftnoten nicht liebt. Bei den Süßspeisen vermeide bittere Mandeln, Donna Matilde d'Alcantara würde sie nicht essen. Daß mein guter Freund Moscarde in seiner Küche Schinken, Speck, Rauchfleisch und Fettes nicht duldet, weil er davon Blähungen bekommt, ist bekannt. Also verwende bei der heutigen Mahlzeit nichts, wovon einer krank werden könnte.«

Francesco, der seinem Herrn offenen Mundes zugehört hat, ruft schließlich:

»Brauch ich sonst nichts mehr wegzulassen, Signor Padrone?«

»Um dir die Wahrheit zu sagen, ich kenne den Geschmack meiner Gäste, und es gibt noch einiges, wovor du dich hüten könntest. Von einem weiß ich, daß er kein Hammelfleisch mag, er sagt, daß es nach Talg schmeckt. Andere meinen, Lammfleisch sei schwer zu verdauen. Wieder andere teilen mir ganz ernsthaft mit, daß ihnen Kohl und Kartoffeln Wind erzeugt, die ganze Nacht wäre ihr Leib aufgebläht und fördere schlechte Träume. Aber die wollen wir nicht allzu ernst nehmen.«

»Dann hab ich kapiert«, beschloß der Koch, und im Fortgehen brummte er für sich: »Um all diese Wünsche zu befriedigen, sollte ich zu unserem Marco (der Esel im Stall) gehen, ihn um einige seiner Produkte bitten (deren Unschädlichkeit schon erwiesen ist) und sie den Herrschaften servieren – ganz ohne Gewürze . . .«

Brühe, Gelatine, Sauce

1 Brühe

Es ist allgemein bekannt, wenn man Brühe machen will, legt man Fleisch in warmes Wasser und bringt es ganz langsam zum Kochen, keinesfalls zu heftig aufwallen lassen. Wenn man allerdings nur gekochtes Fleisch haben will, kann man es gleich ohne besondere Maßnahmen ins kochende Wasser werfen. Es ist auch bekannt, daß poröse Knochen der Brühe Geschmack und Aroma verleihen. Brühe von Knochen allein ist nicht nahrhaft.

In der Toskana ist es fast allgemein üblich, der Brühe mit einem Sträußchen aromatischer Kräuter Würze zu geben. Es besteht nicht aus Blättern, die sich auflösen würden, sondern aus den Stengeln von Sellerie, Petersilie, Basilikum und 1 Stückchen Mohrrübe, alles in sehr kleinen Mengen. Manche setzen auch noch etwas geröstete Zwiebel zu, aber das ist nicht für jeden bekömmlich, weil es Blähungen verursachen kann. Will man der Brühe auf französische Art etwas Farbe geben, so braucht man nur ein wenig Zucker auf den Herd zu setzen, bis er braun geworden ist. Dann gibt man ihn in frisches Wasser, läßt aufkochen, damit er sich gänzlich löst, und verwahrt ihn in einer Flasche.

Will man Brühe im Sommer von einem Tag zum anderen aufbewahren, so muß man sie abends und morgens kurz aufkochen.

Der Schaum im Kochtopf besteht aus zwei Substanzen: aus dem Eiweiß der äußeren Schichten des Fleisches, das in der Wärme gerinnt und sich mit dem Hämoglobin, dem Farbstoff des Blutes, verbindet.

Irdene Kochtöpfe (Tegame = Tiegel) sind als schlechte Wärmeleiter den eisernen oder kupfernen vorzuziehen, weil sie besser die Wärme regulieren, ausgenommen vielleicht jene englischen Kochtöpfe aus emailliertem Gußeisen, die in der Mitte des Deckels ein Ventil haben.

Man hat immer geglaubt, Brühe sei besonders geeignet, die körperlichen Kräfte zu stärken. Jetzt behaupten die Ärzte, Fleischbrühe sei weniger nahrhaft, vielmehr fördere sie die Produktion von Magensäften. Da ich für solche Fragen nicht zuständig bin, überlasse ich ihnen die Verantwortung für diese neue Theorie, die aller Erfahrung zu widersprechen scheint.

2 Fleischbrühe für Kranke

Ein bekannter Professor, der eine schwererkrankte Dame meiner Bekanntschaft heilte, hatte ihr eine auf folgende Art zubereitete Fleischbrühe verordnet:
»Schneidet mageres Kalb- oder Rindfleisch in dünne Scheiben und legt sie schichtweise übereinander in einen großen Topf. Salzt sie ein wenig und gießt soviel warmes Wasser nach, bis sie bedeckt sind. Deckt den Tiegel mit einem Teller zu, der fest abschließt und in dem ständig Wasser sein muß. Dann laßt das Fleisch 6 Stunden lang kochen, aber so, daß die Flüssigkeit kaum aufwallt. Am Ende laßt es dann 10 Minuten lang heftig aufkochen und passiert die Brühe durch ein Leinentuch.«
Aus 2 kg Fleisch erhält man so 2/3 oder 3/4 l einer angenehm gefärbten, kräftigen Brühe.

3 Gelatine

Muskelfleisch ohne Knochen, 500 g, 1 ganzer Kalbsfuß oder
150 g vom Kalbsfuß, 4 bis 6 Hühnerfüße, 2 Hühnerköpfe mit Hals

Die Hühnerfüße werden über dem Feuer geschält und in Stücke geschnitten, dann wird alles zusamen in 2 l warmen Wassers aufgesetzt, ausreichend gesalzen und zum Kochen gebracht. 6 bis 8 Stunden sehr langsam kochen lassen und abschäumen, bis sich die Flüssigkeit um die Hälfte verringert hat. Dann gießt man die Flüssigkeit in eine Schale, und wenn sie geronnen ist, schöpft man das Fett von der Oberfläche ab. Wenn sie nicht gerinnt, setzt man sie noch einmal zum Feuer oder fügt etwas Fischleim hinzu. Damit ist die Gelatine fertig, sie muß aber noch geklärt werden und Bernsteinfarbe bekommen. Um das zu erreichen, zerkleinert man 70 g mageres Kalbfleisch mit dem Messer und zerstampft es im Mörser, gibt es mit einem Ei und einem kleinen Schuß Wasser in eine Kasserolle (Kochtopf mit Deckel), rührt gut durch und gibt die noch warme Gelatine zu. Man bearbeitet sie so lange mit dem Schaumschläger, bis sie aufgekocht ist, dann läßt man sie noch 20 Minuten langsam kochen, während deren man abschmeckt, ob

richtig gesalzen ist, und Farbe zugibt. Zu diesem Zweck nimmt man 2 Prisen Zucker und etwas Wasser auf einen metallenen, nicht verzinnten Teelöffel, hält ihn über das Feuer, bis der Zucker fast schwarz ist, und setzt diese Masse sehr vorsichtig der kochenden Gelatine zu, bis sie die gewünschte Farbe angenommen hat. Manche gießen auch ein Gläschen Marsala hinein.
Darauf nimmt man ein Handtuch, taucht es in Wasser, wringt es gut aus, gießt die noch heiße Gelatine ohne zu pressen hindurch und verteilt sie sofort auf die Formen. Falls sie im Sommer nicht recht fest werden will, stellt man sie auf Eis. Will man sie aus der Form heraus haben, so legt man einen Lappen um die Form, den man in heißes Wasser getaucht hat. Eine gute Gelatine ist klar, nicht hart, durchscheinend und von der Farbe des Topas. Man braucht sie gewöhnlich für Kapaun in Gelee (Masthähnchen) und andere kalte Gerichte. Sie ist auch eine vorzügliche Krankenkost. Droht sie sauer zu werden, weil sie nicht schnell genug verzehrt wurde, so läßt man sie noch einmal aufkochen. Auch gewöhnliche Fleischbrühe kann auf diese Art, sogar mit Fleisch allein, eine klare Suppe werden.

4 Fleischsauce

die die Franzosen »spanische Sauce« nennen.
Diese kulinarische Erfindung, die gares Fleisch, Geschmortes und eine gute Sauce ergibt, scheint mir praktisch und wirtschaftlich zugleich, weil alles verwertbar ist und die Sauce zu allen Gerichten paßt.
Man nehme 1 kg mageres Rindfleisch mit Knochen, schneidet davon 400 g in Scheiben und macht mit gut 1½ l Wasser aus dem Rest, wie gewohnt, eine Fleischbrühe. Etwas Butter in einen Schmortopf, dann bedeckt man den Boden mit Schinken- und Speckscheiben. Darüber verstreut man 1 geschnittene Zwiebel und legt die Rindfleisch-Schnitzel darauf. Wenn das Fleisch bei kräftigem Feuer auf der Unterseite Farbe bekommen hat, gießt man mit einer Kelle von der vorher angesetzten Fleischbrühe darüber und wendet es, damit auch die andere Seite Farbe bekommt. Dann gießt man ein zweites Mal Brühe darüber, salzt ausrei-

chend, fügt eine Gewürznelke hinzu oder statt dessen 9 bis 10 gestoßene Pfefferkörner und schließlich noch 1 TL Zucker. Dann setzt man den Rest der Brühe zu, außerdem eine in Scheiben geschnittene Mohrrübe und ein Sträußchen, das aus Sellerie, Petersilie und anderen aromatischen Kräutern gemischt sein kann. Das Ganze läßt man ungefähr 2 Stunden langsam kochen, nimmt dann die Schnitzel heraus, passiert die Sauce und schöpft das Fett ab. Man kann sie für andere Gerichte, Gemüse etc. verwenden oder sie mit Zusatz von Kartoffelmehl und Butter eindicken und eine Minestra asciuta (Suppe mit wenig Flüssigkeit) damit würzen. Kartoffelmehl eignet sich besser als Getreidemehl zum Binden von Saucen.

5 Tomatensauce

Später werde ich noch von Tomaten-Salsa sprechen, die man von Tomaten-Sugo unterscheiden muß, denn letzteres ist einfach, das heißt, die Sauce besteht nur aus gekochten und durchpassierten Tomaten. Natürlich kann man etwas Sellerie, ein paar Petersilienblätter oder Basilikum zusetzen, wenn man glaubt, diese Kräuter seien dem jeweiligen Verwendungszweck angemessen.

Suppen

Früher hieß es einmal, die Suppe sei der »Hafer« des Menschen. Heute raten die Ärzte, nur wenig davon zu essen, um den Magen nicht zu dehnen und der Fleischnahrung den Vorrang zu geben, weil sie die Gewebe kräftigt, während die Mehlprodukte, die meist zur Minestra gehören, zu Fettansatz führen und die Gewebe schwächen. Ich widerspreche dieser Theorie nicht, wenn mir aber ein Einwand erlaubt ist, möchte ich sagen: wenig Suppe für jemand, der sich nicht im Vollbesitz seiner Kräfte befindet oder aus Gesundheitsgründen eine spezielle Behandlung braucht; wenig Suppe auch für jene, die zu Fettleibigkeit neigen und ihr entgegenwirken wollen; wenig und nur leichte Suppe, wenn die Gäste bei einem Gastmahl einer Vielzahl von Gerichten die Ehre erweisen müssen . . . aber von diesen Fällen abgesehen ist eine gute, gehaltvolle Suppe bei einem nicht zu reichlichen Mittagsmahl stets willkommen, und man genießt sie. Aus diesem Grund mache ich es mir zur Pflicht, nach und nach alle Suppen zu erwähnen, die sich aus dem Zusammenhang ergeben.

SUPPEN AUS FLEISCHBRÜHE

6 Cappelletti

Sie heißen so, weil sie die Gestalt eines Hutes haben. Eine Spielart, die den Magen nicht sonderlich belastet, ist einfach zuzubereiten. Die halbe Brust eines in Butter gebratenen Kapauns (oder Masthähnchens) wird mit dem Wiegemesser fein zerkleinert.

180 g Quark oder Quark und Ziegenkäse gemischt,
30 g geriebener Parmesankäse, 1 Ei und 1 Eidotter, etwas Muskat,
wenig Gewürz, evtl. Zitronenschale, 1 Prise Salz

Bei der Zubereitung kosten und nach Bedarf korrigieren, denn die Zutaten sind nicht immer gleich stark wirksam. Statt der halben Geflügelbrust kann man auch 100 g mageres Schweinefleisch aus der Lende nehmen und es auf gleiche Weise behandeln.

Wenn der Quark oder der Ziegenkäse zu weich ist, setzt man etwas Eiweiß zu, im entgegengesetzten Falle noch 1 Eigelb. Als Umhüllung macht man einen dünn ausgerollten Mehlteig, den man einstreicht, wozu sich das übriggebliebene Eiweiß verwenden läßt. Man schneidet daraus Scheibchen von 6 bis 7 cm Durchmesser. Die fertige Mischung legt man mitten auf die ausgestochenen Scheibchen und faltet sie so zusammen, daß ein Halbmond entsteht. Dann nimmt man dessen spitze Enden hoch, drückt sie zusammen und das Cappelletto ist fertig.
Ist einem der Teig unter der Hand getrocknet, so feuchtet man die Ränder der Scheibchen mit einem in Wasser getauchten Finger an. Diese Minestra ist am schmackhaftesten mit Hühnerbrühe, die um Weihnachen zum Beispiel oft verfügbar ist. Man kocht also die Cappelletti darin, wie es in der Romagna geschieht, wo man Helden treffen kann, die sich rühmen, an Festtagen bis zu hundert Cappelletti verschlungen zu haben. Das hat dann natürlich schlimme Folgen, wie es bei einem meiner Bekannten der Fall war; einem mäßigen Esser werden 2 Dutzend genügen. Bei dieser Gelegenheit erzähle ich euch ein Geschichtchen, das sicher unbedeutend ist, aber Anlaß zum Nachdenken sein könnte.
Vielleicht ist euch bekannt, daß die reichen Herrn in der Romagna keine besondere Lust haben, sich den Kopf über Büchern zu zerbrechen, etwa weil die Jungen von Kindheit an daran gewöhnt sind, daß auch die Alten alles andere lieber tun als Bücher wälzen, oder auch, weil sie es nicht für nötig halten, in einem Land, in dem man mit wenigem gut leben kann, etwas Ordentliches zu lernen. Also widmen sich 90% der jungen Leute nach der Gymnasialzeit dem Nichtstun und entwickeln nur geringen Ehrgeiz. Dieses Problem machte den Eltern Carlinos zu schaffen. Der Vater hätte seinen Sohn zwar gut versorgen können, aber er gehörte zur Fortschrittspartei und wünschte aus seinem Sohn einen Advokaten zu machen, vielleicht sogar einen Deputierten, denn vom einen zum anderen ist nur ein kleiner Schritt. Nach vielen Debatten, Beratungen und Auseinandersetzungen in der Familie wurde die große Trennung beschlossen. Carlino sollte seine Studien in einer großen Stadt fortsetzen, und da Ferrara am nächsten lag, mußte er dahin. Sein Vater begleitete ihn,

aber schweren Herzens, denn er hatte ihn von der Brust der zärtlichen Mama losreißen müssen, die in Tränen zerfloß.

Noch keine Woche war verstrichen, die Eltern hatten sich gerade zu einer Minestra di Cappelletti an den Tisch gesetzt, und nach einem langen Schweigen und vielen Seufzern brach es aus der Mutter hervor.

»Ach, wenn doch unser Carlino hier wäre, dem die Cappelletti immer so geschmeckt haben!« Kaum waren diese Worte ausgesprochen, da klopfte es an der Haustüre, und gleich darauf stürzte Carlino fröhlich in den Speisesaal.

»Oh, Kutsche mit Retourbillet«, rief der Vater, »was ist los?« »Das ist los«, sagte Carlino, »daß es mir nicht paßt, über den Büchern zu vermodern, und daß Ihr mich in Stücke hauen könnt, ehe ich in dieses Zuchthaus zurückgehe.« Die gute Mama eilte frohlockend zu ihrem Sohn. Sie umarmte ihn und sagte zu ihrem Gatten: »Laß ihn doch, besser ein lebender Esel als ein toter Doktor, und wer weiß, ob sie dort Cappelletti machen.« Seitdem durfte Carlino sich wieder seinem Jagdgewehr, seinem Hund, seiner Kutsche und anderen nützlichen Beschäftigungen der gehobenen ländlichen Jugend widmen.

7 Tortellini all'italiana

etwa 300 g Schweinelende, 1 Lammhirn oder ½ von einem großen Tier, 50 g Rindermark, 50 g geriebener Parmesankäse, 3 Eidotter, bei Bedarf auch 1 Eiweiß, 1 Prise Muskatnuß

Man löst das Fleisch vom Knochen, beseitigt das Fett und legt es mit Salz, 1 kleinen Prise Pfeffer und Butter zum Garen in eine Kasserolle (Topf mit Deckel). In Ermangelung von Schweinefleisch kann man auch etwa 200 g Mageres von der Brust des Truthahns nehmen, das man ebenso behandelt. Das Fleisch wird mit dem Wiegemesser zerkleinert. Dann gibt man das gekochte und gehäutete Hirn, das rohe Mark und alle anderen Zutaten hinein und rührt gut um. Wie bei den Cappelletti legt man die Masse auf Scheibchen aus Teig von etwa 3 bis 4 cm Durchmesser, die man auf die gleiche Weise faltet, nur daß die »Hütchen« diesmal kleiner sind.

8 Tortellini alla bolognese

Wenn ihr von der Bologneser Küche sprechen hört, verneigt euch, denn sie verdient es. Es ist eine etwas schwere Kost, weil das Klima es so verlangt. Sie ist aber reichhaltig, schmackhaft und gesund, und das stimmt so sehr, daß man dort häufiger als anderswo auf Menschen trifft, die achtzig bis neunzig Jahre alt sind.
Die Tortellini sind dort einfacher und nicht so teuer, aber darum nicht weniger gut, wovon ihr euch durch eine Probe überzeugen könnt.

30 g magerer und fetter Schinken, 20 g Bologneser Mortadella, 60 g Rindermark, 60 g geriebener Parmesankäse, 1 Ei, wenig Muskat, weder Salz noch Pfeffer

Schinken und Mortadella werden mit dem Wiegemesser ganz fein zerkleinert, desgleichen das Mark, das noch nicht durch die Hitze seine Struktur verloren hat. Mit dem Ei setzt man es den anderen Ingredienzien zu und rührt gut um. Wieder wird die Masse in ausgestochene Teigblättchen gepackt, und zwar in die kleinere Form des vorigen Rezepts. Man kann diese Tortellini tage-, ja wochenlang aufbewahren, und wenn sie eine schöne gelbe Farbe haben sollen, setzt man sie gleich nach Fertigstellung starker Hitze aus. Die obige Masse ergibt fast 300 Tortellini, zum Teig benötigt man 3 Eier.
Wenn ihr die Tortellini etwas üppiger haben wollt, dann setzt dem obigen noch die in Butter gebackene halbe Brust eines Masthähnchens (Kapaun) und 1 Eigelb bei und erhöht die anderen Zutaten entsprechend.

9 Grießnudeln

Sie sind nicht viel anders als Mehlnudeln, aber beim Kochen widerstandsfähiger, ihre Festigkeit ist der Vorzug dieser Minestra. Außerdem bleibt die Brühe klar, und sie scheinen den Magen weniger zu belasten.

Man braucht feinkörnigen Grieß, das Ei muß ihm schon einige Stunden vor dem Ausrollen zugesetzt werden. Erweist sich der Teig als zu weich, so setzt man ihm beim Ausrollen etwas trockenen Grieß zu, damit er fester wird und nicht an der Nudelrolle haftet. Salz oder andere Zutaten sind nicht erforderlich.

10 Gnocchi

Mit dieser Minestra legt man Ehre ein; da sie eine ganze Hühnerbrust erfordert, wartet man am besten eine festliche Gelegenheit ab.
Man gart in Wasser – noch besser in Dampf – 200 g große, mehlige Kartoffeln und passiert sie durch ein Haarsieb. Hinzu kommt die gekochte, sehr fein gewiegte Hühnerbrust, 40 g geriebener Parmesan, 2 Eidotter, Salz nach Bedarf und etwas Muskat. Man verknetet das Ganze auf dem Nudelbrett mit 30 bis 40 g Mehl, um es zu binden und in Stäbchen von der Dicke des kleinen Fingers ausziehen zu können.
Man zerlegt die Stäbchen in kleine Stücke und wirft sie in kochende Fleischbrühe, wo sie in 5 bis 6 Minuten gar sind. Obige Menge genügt für 7 bis 8 Personen, bei einer großen Hühnerbrust reichen 2 Eidotter nicht aus.

11 Grießsuppe

Man kocht feinkörnigen Grieß in Milch und setzt soviel Grieß zu, bis die Masse fest wird, nimmt sie vom Feuer, gibt Salz, geriebenen Parmesan, 1 Stückchen Butter, etwas Muskat zu und läßt abkühlen. Dann rührt man die Masse mit Ei an, bis sie cremig wird. Man nimmt eine glatte Blechform, bestreicht den Boden gut mit Butter, legt sie noch mit einem gleichfalls eingefetteten Papier aus, gießt den Brei hinein und läßt ihn im geheizten Backofen (100° C) fest werden. Wenn er gar und abgekühlt ist, fährt man mit einem dünnen Messer an der Innenseite der Form entlang, das Papier am Boden dient dazu, den Kuchen leicht zu stürzen. Man zerteilt ihn in ziegelförmige oder runde Stücke von der Größe

eines kleinen Geldstücks von 1 bis 2 cm Dicke, wirft sie in die Fleischbrühe und läßt sie einige Minuten kochen.
1 Glas Milch und 2 Eier geben eine Minestra für 4 oder 5 Personen, mit etwas mehr Milch und 3 Eiern habe ich eine Minestra gemacht, die für 8 Personen reichte.

12 Minestra di Semolino

Eine Grieß-Minestra nach folgendem Rezept ist mir persönlich lieber, aber das ist Geschmackssache. Pro Ei nimmt man:

30 g Grieß, 20 g geriebener Parmesan, 20 g Butter, 1 Prise Salz, wenig Muskatnuß

Man zerläßt die Butter, gießt sie über Grieß und Parmesan und verrührt mit Ei. Dann gibt man alles in eine Kasserolle, auf deren Boden man wieder ein mit Butter bestrichenes Blatt gelegt hat, und stellt den Topf dann zwischen zwei Feuer, aber so, daß nichts anbrennt. Ist der Grieß gestürzt und abgekühlt, so zerschneidet man ihn in kleine Würfel oder beliebige andere Formen, die man 10 Minuten in der Fleischbrühe kochen läßt. 3 Eier genügen für 5 Personen.

13 Suppe aus passiertem Fleisch

150 g mageres Kalbfleisch, 25 g fetter Schinken,
25 g geriebener Parmesan, 1 Ei, etwas Muskatnuß, ausreichend Salz,
1 Brei aus Weißbrot ohne Kruste, Wasser und etwas Butter,
etwa 2 EL voll

Zunächst werden Fleisch und Schinken mit dem Hackmesser zerkleinert, dann im Mörser zerstampft und durch ein Haarsieb passiert. Mit dem Ei und den anderen Zutaten macht man daraus eine Paste. Diese gibt man teelöffelweise in die kochende Fleischbrühe oder preßt sie auch durch eine Spritze, um den Bröckchen eine gefällige Form zu geben. Kochzeit je nach Dicke der Einlage. Die angegebene Menge reicht für 4 oder 5 Personen.

14 Minestra di Passatelli

Hier sind zwei Rezepte, die sich – von der unterschiedlichen Menge abgesehen – kaum unterscheiden.

Erste Art: *100 g Semmelbrösel, 20 g Rindermark,*
40 g geriebener Parmesan, 2 Eier, Muskat oder Zitronenschale
oder beides zusammen

Diese Menge kann für 4 Personen ausreichen.

Zweite Art: *170 g Semmelbrösel, 30 g Rindermark,*
70 g geriebener Parmesan, 3 Eier und 1 Eidotter,
Muskat oder Zitrone wie oben

Reicht aus für 6 oder 8 Personen.

Das Mark macht die Masse geschmeidiger, es muß nicht über dem Feuer zerlassen werden, man zerkleinert es mit dem Messer. Jetzt wird alles verknetet, bis ein fester Teig entsteht, man hält ein wenig Semmelbrösel zurück, um sie notfalls zusetzen zu können. Der Name Passatelli rührt daher, daß man den Teig durch ein Locheisen passiert (in Süddeutschland gibt es den Spätzleschaber), dessen es in der Romagna in jedem Haushalt eines gibt. Natürlich kann man auch eine Spritze (Spritzbeutel) nehmen.

15 Fleisch-Passatelli

150 g Rinderfilet, 50 g Semmelbrösel, 30 g geriebener Parmesan,
15 g Rindermark, 15 g Butter, 2 Eidotter, Salz und etwas Muskat

Das Fleisch wird im Mörser zerstoßen und durch ein Sieb geschlagen, Mark und Butter zusammen mit dem Messer zerklei-

nert und dem Fleisch zugesetzt. Alles mit den übrigen Zutaten zusammen zu einem festen Teig kneten, der sich wie die Passatelli des vorigen Rezepts durch das Eisen passieren läßt.
10 Minuten in der Fleischbrühe aufkochen lassen; reicht für 6 Personen.
Statt des Filets kann man auch eine Hühnerbrust oder ein Stück Truthahnbrust nehmen – gekocht oder roh.

16 Minestra auf der Basis von Quark

Man nimmt die Masse nach Rezept 6 (Cappelletti), hüllt sie aber nicht in Teig, sondern wirft sie teelöffelweise in kochende Fleischbrühe. Nach dem Erhärten sofort in eine Suppenschüssel gießen und servieren.

17 Grießnockerln

3 dl Milch, 100 g Grieß, 20 g geriebener Parmesan, 1 Ei und 1 Dotter, 1 nußgroßes Stückchen Butter, Salz, Muskat, Mehl nach Bedarf

Man bringt Milch und Butter zum Kochen, gießt dann sehr langsam den Grieß hinein. Wenn der Grieß gar und noch warm ist – aber nicht mehr kochend – setzt man Ei, Parmesan und Gewürz zu und rührt um. Man läßt gut abkühlen und legt den Teig auf das mit Mehl bestreute Nudelbrett, wo man ihn zu Stäbchenform ausrollt, aufschneidet und zu Kügelchen von der Größe einer Haselnuß formt. Die wirft man in die kochende Fleischbrühe, gießt die Suppe nach kurzem Kochen in die Terrine und serviert. Als Anhaltspunkt: Es werden für den Teig 25–30 g Mehl benötigt, das ist Sache des Fingerspitzengefühls. Die Menge reicht für 5 bis 6 Personen.

18 Bomboline di farina

Es sind die kleinen »Bomben« (nach der Kugelform des Teigs) des Rezepts Nr. 155, aber ohne Mortadella. Die dort angegebene Menge kann für 8 oder 10 Personen reichen, so sehr wird der Teig in der Minestra aufgehen, auch wenn man kleine Kügelchen macht. Um den Teig in die Pfanne zu bekommen, nimmt man ihn mit Rührkelle und der Spitze eines Tafelmessers hoch, legt ihn in das Fett und zerteilt ihn in rundliche Stückchen. Man brät in fettem Speck oder Butter, schüttet die Kügelchen in die Terrine, gießt die kochende Fleischbrühe zu und serviert sofort.
Es kann vorteilhaft sein, die Bomboline schon am Tag vor der geplanten Mahlzeit vorzubereiten und sie dann erst am anderen Morgen zu braten, im Winter halten sich die gebratenen Bomboline tagelang.

19 Mattoncini di Ricotta

200 g Quark, 30 g geriebener Parmesan, 2 Eier, Salz, Zitronenschale oder Muskatnuß als Würze

Man zerkleinert den Quark, indem man ihn durch ein feines Sieb gibt, setzt dann die übrigen Zutaten einschließlich der Eier auf einmal zu. Man rührt gut um, gießt es in eine glatte Form und kocht es im Wasserbad. Etwas abkühlen lassen, den Kuchen stürzen, und das fettige Blatt Papier entfernen, mit dem man den Boden der Form ausgelegt hatte. Der Kuchen wird in kleine Würfel zerteilt von etwa 1 cm Länge. Dann gibt man alles in den Suppentopf, gießt die kochende Fleischbrühe nach und kann servieren.
Ausreichend für 5 oder 6 Personen.

20 Minestra di mille fanti

Wenn man für mehrere Personen kocht, ist ½ Ei pro Person völlig ausreichend. Für jedes vorgesehene Ei gibt man 1 gehäuften TL

Mehl in einen Topf, setzt geriebenen Parmesan, Muskatwürze, 1 Prise Salz und zuletzt die Eier zu. Gut durchquirlen und den Teig durch ein Metallsieb mit großen Öffnungen (Spätzleseiher, feiner als Schaber) in die ständig umgerührte, kochende Fleischbrühe gießen. 10 Minuten kochen lassen, heiß servieren.

21 Milchsuppe

60 g Mehl, 40 g Butter, 30 g Parmesan, 4 dl Wasser, 4 Eier, Salz, Muskat nach Geschmack

Wenn die Butter sich aufgelöst hat, sofort Mehl zugeben und einrühren. Beginnt das Mehl Farbe anzunehmen, in kleinen Güssen die Milch zusetzen. Kurz aufkochen lassen, vom Feuer nehmen und nach Abkühlen als letztes die Eier zugeben. Dann kocht man die Milchsuppe im Wasserbad wie die Grießsuppe von Rezept 11 und behandelt sie auch weiter wie diese.
Die Menge reicht für 8 bis 10 Personen.

22 Bomboline aus Kartoffeln

500 g Kartoffeln, 40 g Butter, 40 g geriebener Parmesan, 3 Eigelb, Muskatwürze

Man gart die Kartoffeln in Wasser oder noch besser in Dampf, pellt sie, schlägt sie warm durch das Sieb und salzt sie. Dann setzt man obige Ingredienzien zu und verrührt sie. Das Nudelbrett wird mit Mehl bestreut und der Teig darauf zu Stäbchen ausgezogen, wobei aber kein Mehl eindringen soll. Aus den Stäbchen bildet man nußgroße Kügelchen. Die werden in Öl oder ausgelassenem Speck schwimmend gebraten, in die Terrine gegeben und mit kochender Fleischbrühe übergossen.
Die Menge kann für 8 bis 10 Personen reichen.

23 Bomboline aus Reis

100 g Reis, 20 g Butter, 20 g Parmesan, 1 Eidotter, wenig Muskatnuß, Salz

Der Reis muß gut und körnig in Milch gekocht sein (½ l wird genügen). Bevor man ihn abnimmt, setzt man Butter und Salz hinzu, wenn er nicht mehr kocht auch die übrigen Zutaten. Der Rest geschieht nach dem vorigen Rezept. Viele ziehen Bomboline aus Reis denen aus Kartoffeln vor.
Die Menge reicht für 6 Personen.

24 Zweifarbige Minestra

Es handelt sich um eine wohlschmeckende, leichte Suppe, die von den Frauen in der Toskana gerne zubereitet wird, man sollte sie allerdings nicht in der Romagna, dem klassischen Land der Tagliatelle (Nudeln), auf den Tisch bringen, weil man dort lieber etwas Festes zwischen den Zähnen hat.

180 g Mehl, 60 g Butter, 40 g Parmesan, 4 dl Milch, 2 Eier und 2 Dotter, Salz, etwas Muskat, 1 Handvoll Spinat

Der Spinat wird gekocht, das Wasser gut ausgedrückt und dann durch ein Sieb geschlagen. Man zerläßt die Butter, setzt das Mehl zu und rührt gut durch. Dann gießt man nach und nach die warme Milch zu, salzt und rührt während des Kochens, bis eine einheitliche Masse entsteht.
Man nimmt sie vom Feuer, und wenn sie nur noch lauwarm ist, verrührt man sie mit den Eiern, wobei man auch Parmesan und Muskat zusetzt. Dann teilt man den Teig in zwei gleiche Teile. Die eine Hälfte versetzt man mit soviel Spinat, daß sie grün gefärbt ist – aber nicht mehr. Das Ganze gibt man in einen Spritzbeutel (oder ein entsprechendes Gerät) mit runden Löchern und drückt es in die kochende Fleischbrühe. Diese Arbeit ist zweimal auszuführen, zuerst mit der gelben, dann mit der grünen Masse.
Die Menge genügt für 8 bis 10 Personen.

25 Zuppa ripiena

Nehmt die halbe Brust eines Kapauns oder eines großen Huhns, 1 Scheibe halbfetten Schinken und 1 Stückchen Mark. Macht daraus eine Pasta wie mehrmals beschrieben, setzt noch etwas geriebenen Parmesan und Muskat zu und legiert mit 1 Ei. Genügend Salz ist im Schinken.
Nehmt ein altbackenes, längliches Brot und schneidet es in Scheiben von der Dicke eines halben Fingers, entfernt die Kruste und bestreicht die Hälfte der Brotscheiben mit der Paste. Dann drückt ihr auf jede dieser Scheiben eine Scheibe ohne Belag, aber sehr fest. Dann schneidet ihr die Doppelscheiben in kleine Stücke, die ihr je nach Geschmack in ausgelassenem Speck, Öl oder Butter bratet.
Wenn die Suppe auf den Tisch gebracht werden soll, tut man die gerösteten Würfelchen in die Suppenterrine und gießt die kochende Fleischbrühe darüber.

26 Pilzsuppe

Zur Pilzzeit läßt sich eine Suppe bereiten, mit der man an jeder herrschaftlichen Tafel Ehre einlegen kann.
Kaiserling ist der in Rezept Nr. 294 beschriebene orangegelbe Pilz. Man nimmt davon 600 g, wenn sie gesäubert und geputzt sind, bleiben noch etwa 500 g übrig. Sie werden sorgfältig gewaschen und in kleine dünne Scheiben oder auch in Stückchen geschnitten. Man mischt 50 g Speck mit etwas Petersilie, setzt es zum Feuer, gibt 50 g Butter und 3 EL Öl hinzu. Wenn alles gebräunt ist, schüttet man die Pilze hinein, salzt sie wenig und läßt sie halbgar kochen, dann gießt man Pilze und Zutaten zusammen in die Fleischbrühe und läßt sie noch einmal 10 Minuten kochen. Man gibt 1 Ei und 1 Eidotter mit einer Handvoll Parmesan in die Suppenterrine, dazu noch geröstete Brotstückchen in die Minestra und gießt diese langsam unter ständigem Umrühren in die Terrine. Die Suppe muß auf jeden Fall dünnflüssig bleiben.
Die Menge kann für 6 oder 7 Personen ausreichen, will man nur die Hälfte ansetzen, genügt 1 Ei.

27 Suppe aus gelbem Kürbis

1 kg gelber Kürbis wird geschält und in dünne Scheiben geschnitten, dann wird er in 2 Schöpfkellen Brühe gekocht und durch ein feines Sieb geschlagen. Man verrührt 60 g ausgelassene Butter mit zwei gestrichenen Eßlöffeln voll Mehl, und wenn es leicht gebräunt ist, gießt man Brühe zu. Man fügt den durchpassierten Kürbis mit dem Rest der Brühe hinzu, die für 6 Personen bemessen sein sollte. Das Ganze wird kochend über geröstete Brotstückchen gegossen, den geriebenen Parmesan nimmt man bei Tisch nach Bedarf aus einem gesonderten Gefäß.

28 Suppe aus Erbsenpüree

Da die Erbsen durchgeschlagen werden, müssen es nicht die zartesten sein. 400 g geschälte Erbsen können für 6 Personen genügen, die modern – also mit wenig Suppe – speisen. Man kocht sie in Fleischbrühe mit einem Gewürzsträußchen aus Petersilie, Sellerie, Mohrrüben und etwas Basilikum, das man nachher wegwirft. Wenn die Erbsen gar sind, gibt man 2 in Butter geröstete Scheiben Brot zum Einweichen dazu und passiert dann alles durch ein feines Sieb. Man verlängert die Suppe mit Brühe und – wenn vorhanden – mit Fleischsauce, gießt sie dann über in Butter geröstete Würfelchen aus feinstem, altbackenem Brot.

29 Gesundheitssuppe

Diese Suppe gibt es in den verschiedensten Qualitäten aus beliebigen Gemüsesorten. Nehmen wir zum Beispiel an, man entscheidet sich für Mohrrüben, Sauerampfer, Sellerie und Weißkohl. Diesen schneidet man so fein wie Nudeln, bringt ihn über dem Feuer zum Schwitzen und preßt ihn gut aus. Mohrrüben und Sellerie schneidet man in etwa 3 cm lange Scheibchen und setzt sie zusammen mit dem Kohl und dem von Stengeln gereinigten Sauerampfer mit wenig Salz, einer Prise Pfeffer und einem Stückchen Butter aufs Feuer. Wenn das Gemüse Fett und Gewürz angenommen hat, läßt man es mit Fleischbrühe zu Ende kochen. Inzwischen bereitet man das Brot vor, das von bester Qualität und mindestens 1 Tag alt sein sollte. Es wird in kleine Stückchen geschnitten, in Butter, Öl oder Speck gebraten. Da Brot das Fett nur schwer annimmt, wirft man es erst hinein, wenn genügend Fett oder Öl zum Sieden gebracht ist. Danach gibt man das geröstete Brot in die Suppenterrine und gießt die kochende Fleischbrühe mit dem Gemüse darüber.

30 Sauerampfersuppe

200 g Sauerampfer, 1 Staude Gartenlattich

Man weicht das Gemüse ein, läßt es gut abtropfen, schneidet es in schmale Streifen und setzt es auf. Wenn es gar ist, gibt man eine Prise Salz und 30 g Butter hinzu. Man gibt 2 Eidotter mit etwas lauwarmer Brühe in die Terrine, dann setzt man unter Umrühren das Gemüse zu und übergießt das Ganze mit soviel kochender Fleischbrühe, wie für die Suppe benötigt wird. Dann wirft man in kleine Stückchen geschnittenes und geröstetes Brot hinein. Den Parmesan bringt man in einer eigenen Schale auf den Tisch.
Diese Minestra kann für 5 Personen reichen.

31 Suppe aus Fleischsauce

Um sich ins rechte Licht zu setzen, entlehnen manche Köche dem Wortschatz unserer Nachbarn ebenso volltönende wie nichtssagende Namen, wenn ich ihnen folgen wollte, müßte ich dieses Gericht »soupe mitonnée« nennen. Hätte ich mein Buch nach dem Geschmack solcher Leute mit ausländischen Namen farciert, wer weiß, wie mein Ansehen gestiegen wäre? Wir sollten uns aber aus Selbstachtung und um der Verständlichkeit willen der schönen und harmonischen Sprache unseres Landes bedienen, deshalb nenne ich, wenn es möglich ist, jede Suppe bei ihrem Namen. Das gute Gelingen dieser Suppe hängt davon ab, ob man eine gute Sauce zu machen versteht (Rezept Nr. 4), was auch gelernt sein will.

Für 4 Personen müßten 500 g saftiges Rindfleisch und einige Hühnerhälse genügen. Außer der Sauce gehört zu dieser Suppe viel Gemüse, je nach Jahreszeit eine Mischung aus Sellerie, Mohrrübe, Wirsingkohl, Sauerampfer, Zucchini, Erbsen etc. Dazu eine Kartoffel, die wie die Zucchini in Stücke geschnitten wird, während man das übrige Gemüse fein zerkleinert. Alles wird gekocht, in Butter gebräunt und mit der erwähnten Fleischsauce übergossen. Einen halben Finger dicke Brotscheiben werden geröstet und in Stückchen aufgeschnitten. Man nimmt einen Tiegel, der hübsch aussieht, weil er auf den Tisch gebracht werden muß, und bereitet darin die Suppe auf folgende Weise: eine Schicht Brotstücke, eine Schicht Gemüse, darüber pulverisierter Parmesankäse und so weiter – Brot, Gemüse, Käse. Am Schluß gießt man die Sauce darüber ohne umzurühren, bedeckt den Tiegel mit einem Teller und einer Serviette; vor dem Servieren muß er noch ½ Stunde am Feuer warm gehalten werden.
Ich weise darauf hin, daß es sich um eine »zuppa asciuta« (trokkene Suppe) handelt, es ist aber gut, daß man etwas Sauce zurückhält, um sie nach Bedarf zusetzen zu können, wenn die Suppe zu trocken geraten ist.

32 Zuppa Regina

Nach dem Namen zu schließen müßte es sich um die beste aller Suppen handeln. Gewiß gehört sie zu den besten, der Titel ist trotzdem eine leichte Übertreibung. Man bereitet sie aus dem weißen Fleisch eines gebratenen Huhns, das man von Haut und Sehnen befreit hat, und zerkleinert es gut mit dem Wiegemesser. Dann wird es zusammen mit 5 oder 6 geschälten (süßen) Mandeln und in Brühe oder Milch aufgeweichtem Weißbrot (ohne Kruste, etwa ⅕–⅙ der Fleischmenge) im Mörser (oder einem Mischgerät) zerstoßen. Nachdem die Masse sehr gut zerkleinert ist, wird sie durch ein Haarsieb geschlagen, in die Suppenschüssel getan und mit einer Kelle warmer Fleischbrühe verrührt.
Man schneidet das Brot in Stückchen, röstet es in Butter und legt es auch in die Terrine. Dann gießt man die kochende Fleischbrühe darüber, rührt um und serviert – Parmesan gesondert.

Die Mandeln haben vorwiegend den Zweck, die Brühe milchig zu machen, die Flüssigkeit darf aber nicht zu dick geraten. Manche geben auch noch gekochtes und zerdrücktes Eigelb in die Brühe.

33 Suppe auf spanische Art

Man zerschneidet 1 Hühnerbrust in kleine Stücke und setzt sie in Butter, mit Pfeffer und Salz, zum langsamen Garen auf ein schwaches Feuer. Reicht die Butter nicht aus, kann man etwas Brühe zusetzen. Man nimmt das Fleisch heraus, läßt abtropfen und gibt in die verbliebene Flüssigkeit 1 faustgroßes Stück Weißbrot (ohne Kruste), das man zu einem festen Brei verrührt. Diesen gibt man zusammen mit dem gekochten Fleisch, 2 Eidottern und wenig Muskat in den Mörser (entsprechendes Gerät), zerstampft, mischt gut und bringt die Masse dann an einen kühlen Ort, wo sie fest wird. Wenn man sie braucht, was auch am nächsten Tag sein kann, streut man das Nudelbrett mit Mehl ein, legt den Teig darauf und zieht ihn zu einem fingerdicken oder noch dünneren Stäbchen aus. Mit einem in Mehl getauchten Messer teilt man es in viele kleine Stückchen, aus denen man dann mit den in Mehl getauchten Händen Kügelchen von Haselnußgröße oder kleiner formt. Die wirft man in kochende Brühe, läßt 5 bis 6 Minuten kochen, gießt dann in die Terrine, in der sich zuvor in Butter oder Öl geröstete Brotstückchen befinden. Besser ist es noch, wenn man statt des Brotes die Zuppa ripiena (Rezept Nr. 25) nimmt.
Man erhält so eine wahrhaft köstliche Suppe für 10 bis 12 Personen.

34 Suppe aus Eierbrot

Diese Minestra ist anspruchslos, da sie aber häufig bei ausländischen Gerichten verwendet wird, beschreibe ich sie.

3 Eier, getrennt, 30 g Mehl, 1 Stück Butter, nußgroß

Zuerst verknetet man die 3 Dotter mit Mehl und Butter, setzt dann die 3 Eiklar hinzu und bäckt das Ganze in einer glatten Form heraus, deren Boden mit einem fettigen Papier bedeckt ist. Ist das Brot gar und abgekühlt, wird es in kleine Stückchen von beliebiger Form aufgeschnitten, mit kochender Brühe übergossen und serviert – Parmesan gesondert auf den Tisch bringen. Die Menge reicht für 6 oder 7 Personen.

35 Reis nach Jägerart

Als Kind reiste ich einmal mit einem Pferdehändler zu einer Messe nach Rovigo, für damalige Verhältnisse eine weite Reise. Am Abend des zweiten Tages, einem Samstag, kamen wir nach einer langen Fahrt ohne jede Unterbrechung müde und ausgehungert in Polesella an. Natürlich versorgten wir zuerst unser wertvolles Pferd, gingen dann in die ebenerdige Gaststube, die in solchen Lokalen Küche und Speisesaal zugleich ist: »Was gibt es zu essen?« fragte mein Freund die Wirtin. »Ich habe nichts mehr!« gab sie zur Antwort. Dann dachte sie etwas nach und fügte hinzu: »Ich habe für morgen ein paar Hühnern den Hals umgedreht und könnte Reis machen.« »Dann macht ihn schnell«, sagten wir, »sonst verhungern wir.« Die Wirtin machte sich an die Arbeit, und ich folgte ihr aufmerksam, um zu sehen, wie sie ein solches Reisgericht improvisierte.
Sie zerlegte das Huhn, wobei sie Kopf und Füße zur Seite tat. Dann setzte sie eine Pfanne mit Speck, Knoblauch und Petersilie auf das Feuer, und als alles Farbe bekommen hatte, legte sie das Huhn hinein. Sie setzte noch etwas Butter, Salz und Pfeffer zu, und als das Fleisch braun war, gab sie es in einen Topf mit kochendem Wasser. Dann schüttete sie den Reis hinein, und ehe sie den Topf vom Feuer nahm, würzte sie noch mit einer guten Handvoll Parmesan. Man muß den riesigen Reisteller gesehen haben, den sie vor uns aufbaute. Wir fanden aber den Grund heraus, der Reis diente als Minestra, als Vorspeise und als Beilage.
Um die Kochkunst der Wirtin von Polesella ein wenig zu ergänzen: statt Speck – wenn er nicht gerade von der besten, der rosi-

gen Sorte ist – nimmt man besser feingehacktes Fleisch, Tomatensauce (oder -mark) paßt sehr gut dazu, und weil der Reis leicht am Huhn haftet, darf er nicht zerkocht und klebrig sein.

36 Wachteln mit Reis

Schinken und ¼ Zwiebel werden zerhackt und mit Butter ans Feuer gesetzt. Wenn die Zwiebel Farbe bekommen hat, legt man die ausgenommenen und gerupften Wachteln ganz dazu. Salzen und pfeffern, und wenn die Wachteln braun sind, nimmt man sie aus der kochenden Brühe heraus, in die man jetzt den Reis schüttet. Sobald er gar ist, setzt man noch Parmesan zu und serviert ihn in Brühe oder »asciuto« mit den Wachteln.
Vier Wachteln und 400 g Reis mögen für 4 Personen ausreichen.

37 Malfattini

In Gegenden, wo man fast täglich Teigwaren mit Ei im Hause herstellt, gibt es keine Köchin, die sie nicht hervorragend machen kann, besonders weil sie sehr einfach sind. Ich notiere sie hier aber für Gegenden, wo sie unbekannt sind.
Die einfachsten Malfattini macht man aus Mehl. Man verrührt es mit Ei und knetet auf dem Nudelbrett einen festen Teig daraus. Diesen schneidet man in Scheiben von einem halben Finger Dicke, die man zum Trocknen der Luft aussetzt. Dann werden sie mit dem Wiegemesser körnig zerkleinert, zu Stückchen von der Größe eines halben Reiskorns. Man gibt sie noch durch ein Sieb, damit die Körner gleich groß sind – oder man schabt auch gleich den ganzen Teig mit einem Sieb. Auf keinen Fall soll man sich jenen anschließen, die Malfattini so groß wie einen Spatzenschnabel machen, so sind sie schwer verdaulich. Aus demselben Grund kann man statt Mehl auch Semmelbrösel nehmen, oder auch etwas Parmesan und anregendes Gewürz zusetzen. Wenn es frische Erbsen gibt, kann man sie mit dem Rezept Nr. 308 verbinden, man kann auch fein zerkleinertes Mangold zusetzen oder sonstwie komponieren. Übrigens habe ich bemerkt, daß in Florenz, wo man

sehr viel aromatische Kräuter in der Küche verwendet, der Dill unbekannt ist, den man anderswo gerne mit Mangold mischt, was ein gutes Aroma ergibt.

38 Cuscussu

Der Kuskus ist ursprünglich ein arabisches Gericht, das im Laufe der Zeit und der Verbreitung in der halben Welt manche Wandlung erfahren hat. In Italien wird er von jüdischen Mitbürgern als Minestra verwendet, zwei von ihnen waren so freundlich, mich davon kosten zu lassen und mir zu zeigen, wie man ihn zubereitet. Ich habe ihn zur Probe auch in meiner Küche zubereitet, das Rezept stimmt also, ich bin aber nicht sicher, ob ich es gut weitergeben kann. Folgende Menge kann für 6 oder 7 Personen ausreichen:

750 g Kalbsbrust, 150 g nur Mageres vom Kalb ohne Knochen,
300 g grobkörniger Grieß, 1 Hühnerleber, 1 hartgekochtes Ei,
1 Eidotter, verschiedenes Grünzeug wie Zwiebel, Wirsing, Sellerie,
Mohrrübe, Spinat, Mangold etc.

Man schüttet den Grieß in einen großen, flachen, irdenen Topf oder in eine verzinnte Kupferpfanne, gibt nicht zuviel Salz und Pfeffer zu, dann setzt man spärlich Wasser zu, indem man tropfenweise etwa 2 Fingerbreit (eines Trinkglases) darüber verteilt. Dann arbeitet man den Grieß mit der flachen Hand durch, damit er locker und körnig aufgehen kann. Später setzt man mehr Wasser und 1 EL Öl zu und knetet auf dieselbe Weise, insgesamt sollte man den Teig länger als eine halbe Stunde bearbeiten. Danach gibt man den Grieß auf einen Suppenteller und bedeckt ihn mit einem Leinentuch, dessen überstehende Enden man unter dem Teller fest mit einer Schnur zusammenbindet.
Die Kalbsbrust (als ganze Scheibe) setzt man mit 3 l Wasser auf das Feuer, um Brühe zu kochen. Nachdem man abgeschäumt hat, setzt man den Teller mit dem Grieß auf den Tiegel, aber so, daß er etwas Abstand zu der Brühe hat. Der Teller soll nicht so fest schließen, daß kein Dampf entweichen kann. Der Grieß bleibt 1¼

Stunden so stehen und gart im Dampf, dann hebt man ihn ab, um während des Kochens Zusätze in die Brühe zu tun, und stellt ihn wieder hin wie zuvor.
Die 150 g mageres Fleisch zerkleinert man mit dem Messer, zerbröckelt 1 Stück Weißbrot darüber, setzt Pfeffer und Salz zu und bereitet daraus Klößchen, etwas größer als eine Haselnuß, die man in Öl brät.
Auch das Gemüse wird etwas zerkleinert, dann wirft man als erstes die Zwiebel ins Öl, wenn sie Farbe angenommen hat, folgt das übrige, Pfeffer und Salz zugeben, häufig umrühren und das abgesonderte Wasser verkochen lassen. Wenn das Gemüse fast trokken ist, Fleischsauce oder Brühe und Tomatensauce zugießen, dann zusammen mit der in kleine Stücke geschnittenen Hühnerleber und den Klößchen kochen lassen.
Man nimmt den Grieß ab und setzt ihn in einer Kasserolle aufs Feuer, ohne zu kochen, gibt den Eidotter und einen Teil der Sauce zu, rührt um und gießt ihn auf eine flache Schale. Er ist fast trokken, erhärtet schnell und wird mit Stückchen von hartgekochtem Ei garniert. Den Rest der Sauce gibt man noch in die Brühe. Diese teilt man auf so viele Tassen auf, wie Tischgäste vorhanden sind, dazu bringt man selbstverständlich den Grieß auf den Tisch. Jeder Gast nimmt ein Stück des Grießkuchens auf seinen Teller und gibt eßlöffelweise nach Belieben aus der Tasse die Brühe zu. Die gekochte Kalbsbrust wird später serviert.

39 Minestrone

Das Wort Minestrone bringt mir ein Jahr großer Ängste ins Gedächtnis und ein seltsames Erlebnis.
Ich weilte während der Badesaison des Jahres 1855 in Livorno, und die Cholera, die hier und da in den italienischen Provinzen aufflackerte, hielt jedermann in Furcht vor einer allgemeinen Epidemie, die dann auch nicht auf sich warten ließ. An einem Samstagabend ging ich in eine Trattoria und fragte: »Was für Minestra gibt es?« »Minestrone« wurde mit geantwortet. »Also gut, dann Minestrone«, antwortete ich. Ich speiste, machte noch einen Spaziergang und begab mich zu Bett. Ich hatte auf der Piazza del Vol-

tone in einer neugebauten, weißen Villa Quartier genommen, die ein gewisser Domenici bewirtschaftete. In der Nacht revoltierte es in meinem Leib, daß es zum Fürchten war. Ständig war ich zu jenem Kabinett unterwegs, das man in Italien nicht »die Bequemlichkeit«, sondern Unbequemlichkeit nennen sollte. »Verfluchte Minestrone, auf dich falle ich nie mehr herein«, sagte ich zornig vor mich hin, obwohl sie vielleicht keine Schuld hatte.
Am Morgen fühlte ich mich erschöpft und fuhr mit dem ersten Zug wieder nach Florenz, wo es mir sofort besser ging. Der Montag brachte dann die traurige Nachricht, in Livorno sei die Cholera ausgebrochen, und Domenici sei als ihr erstes Opfer gestorben.
Gewiß, diese Geschichte hat nur zufällig mit Minestrone zu tun, trotzdem widme ich dieser seitdem besondere Aufmerksamkeit.
Nach Erprobung verschiedener Rezepte habe ich endlich eine Zusammenstellung nach meinem Geschmack gefunden (aber ihr könnt sie nach eigenem Belieben, nach der Gegend und den zur Verfügung stehenden Gemüsen abwandeln).
Das Fleisch wird wie üblich gekocht, dann wirft man eine Handvoll geschälte oder grüne Bohnen in die Brühe. (Wenn sie trocken sind, werden sie vorher halbgar gekocht.) Wirsing, Spinat und etwas Mangold werden fein aufgeschnitten, in frischem Wasser eingeweicht, in einer Kasserolle (mit Deckel) trocken aufgesetzt, bis das Wasser heraus ist, dann abgießen und mit dem Schaumlöffel ausdrücken. Zu einer Minestrone für 4 oder 5 Personen zerkleinert man 40 g fetten Schinken, 1 Knoblauchzehe und etwas Petersilie, bräunt alles in der Pfanne und gießt es in die Kasserolle, hinzu kommt noch sehr fein zerkleinert Sellerie, Mohrrübe, 1 Kartoffel, 1 Zucchino und sehr wenig Zwiebel. Man schüttet die Bohnen hinein, manche legen eine Speckschwarte darauf oder geben etwas Tomatensauce zu, dann Salz und Pfeffer, schließlich wird das Ganze mit Fleischbrühe zum Kochen gebracht. Als letztes setzt man noch so viel Reis zu, daß die Minestrone fast trocken wird, und vor dem Abnehmen gibt man noch eine ordentliche Prise Parmesan hinein.
Ich muß aber darauf hinweisen, daß dies keine Minestra für einen schwachen Magen ist.

40 Grieß-Passatelli

150 g feinkörniger Grieß, 30 g geriebener Parmesan, 6 dl Milch,
2 Eier und 2 Eidotter, Salz, Muskat und Zitronenschale

Kocht den Grieß in der Milch, und wenn er nicht fest genug ist, setzt noch ein bißchen zu. Wenn er gar ist, läßt man abkühlen, gibt die Eier hinein und dann die übrigen Zutaten.
Man drückt die Masse durch eine Spritze mit ziemlich großen, runden Löchern, die man über der kochenden Brühe hin und her bewegt, und läßt kochen, bis die Passatelli erhärtet sind.
Die Menge kann für 6 oder 7 Personen reichen.

41 Reis mit Zucchini

Das Gewicht der Zucchini soll der Reismenge entsprechen. Man zerschneidet sie in Stückchen von Haselnußgröße, gibt sie mit Butter in eine Pfanne und wirft sie, wenn sie etwas geröstet, aber noch fest sind, in den halbgaren Reis, wo beides zusammen gar wird.
Der Reis darf nicht zuviel Flüssigkeit haben, und die Zucchini dürfen nicht zerkochen, statt Brühe kann man in Wasser kochen und die Masse trocken halten: Die Würze kommt dann durch die Tomaten-Salsa nach Rezept Nr. 99 hinzu. Auch diese setzt man, wie den Parmesan, während des Kochens zu.

42 Französische Zwiebelsuppe

Man kann diese Suppe mit Milch oder Brühe ansetzen, die folgenden Mengen reichen für 5 Personen:

250 g Weißbrot, 80 g geriebener Gruyèrekäse, 50 g Butter,
40 g geriebener Parmesan, 3 gequirlte Eier, 2 große, weiße Zwiebeln,
etwa 1½ l Milch oder Brühe

Die Zwiebeln werden in sehr dünne Scheiben geschnitten und mit der Butter zum Feuer gesetzt. Wenn sie anfangen braun zu wer-

den, werden sie mit der Brühe (bzw. Milch) so gekocht, daß man sie durch ein feines Sieb passieren und wieder in die Flüssigkeit zurückgeben kann. Das in Scheiben oder Würfel geschnittene Brot wird geröstet und schichtweise in die Suppenschüssel gelegt, nach jeder Schicht gießt man Ei, Gruyère und Parmesan darüber.
Zum Schluß gießt man die kochende Brühe (oder Milch) darüber und serviert.
Wenn man sie mit Milch macht, sollten die Eier ausreichend gesalzen sein. Was die Zwiebeln betrifft: Wer sich gesundheitlich nicht auf der Höhe fühlt, sollte diese Suppe meiden.

43 Gamberi mit Fleischsauce

Nimmt man als Richtmaß einmal eine Suppe für nur 4 Personen, so genügen 150 g Gamberi. Man wäscht sie und setzt sie mit 2 Kellen Brühe aufs Feuer. Sind sie gar, so nimmt man sie heraus; in die verbleibende Flüssigkeit gibt man 30 g in Butter geröstetes Brot. Die Gamberi zerstößt man im Mörser (entsprechendes Gerät), passiert sie durch ein feines Sieb und gibt sie wieder in die Flüssigkeit. Man setzt Fleischsoße nach Rezept Nr. 4 hinzu, wenn sie in der Küche zufällig nicht fertig ist, kann man sie aus 100 g Fleisch schnell herstellen, außerdem in Speck oder Öl geröstete Brotwürfel und gießt den Rest der Brühe zu, um die Suppe zu verlängern.
Serviert wird mit geriebenem Parmesan.

44 Suppe des Maestro Stefani

Der berühmte Dichter Dr. Olindo Guerrini, Bibliothekar der Universität Bologna, scheint sich ein Vergnügen daraus zu machen, die großen Kochkünstler der Vergangenheit auszugraben und aus ihren Rezepten erstaunliche Schlußfolgerungen zu ziehen, über die moderne Köche lachen mögen. Er hat mir in liebenswürdiger Weise folgendes Rezept mitgeteilt. Er fand es in einem »Die Kunst gut zu kochen« betitelten Büchlein des Signor Bartolomeo Stefani aus Bologna, Hofkoch des Serenissimo Duca di Mantova in der Mitte des 16. Jahrhunderts, einer Zeit, in welcher in den Küchen viele Kräuter und Gewürze gebraucht (und mißbraucht) wurden und man zum Beispiel Zucker und Zimt auch zu Fleischbrühe, gekochtem Fleisch und Braten nahm. Ich weiche etwas von seinen Vorschriften ab und beschränke mich bei dieser Suppe auf die Gewürze Petersilie und Basilikum neben dem üblichen Pfeffer und Salz. Sollte der alte Bologneser Koch mich im Jenseits treffen und mir Vorwürfe machen, so werde ich antworten, daß sich der Geschmack zum Besseren gewandelt hat. Aber wie das so geht, ist man von einem Extrem ins andere verfallen, und man beginnt heute, Kräuter und Gewürze auch da zu verdammen, wo es nützlich und notwendig wäre, sie anzuwenden. Ich werde ihm auch mitteilen, daß sich einige Damen an meiner Tafel schrecklich aufregten, weil ich ein bißchen Muskat zugesetzt hatte. Und hier das Rezept einer Suppe für 6 Personen:

120 g Kalbs- oder Lammhirn, 3 Hühnerleber, 3 Eier,
1 EL Petersilie und Basilikum, Saft ¼ Zitrone

Das Hirn wird erhitzt, um es abhäuten zu können, die Hühnerleber werden in Butter gebraten und dann in Fleischbrühe gekocht, Salz und Pfeffer zugeben.
Petersilie und Basilikum werden kleingehackt, dann kommen sie mit den Eiern, dem Zitronensaft sowie etwas Pfeffer und Salz in einen Topf und werden verquirlt. Man übergießt in kleinen Güssen mit nicht heißer Fleischbrühe, um die Suppe zu verlängern. Als letztes gibt man das Hirn und die kleingehackten Hühnerleber hinein, setzt den Topf auf ein kleines Feuer zum Eindicken, wobei man ständig umrührt, aber das Aufkochen vermeidet. Man gibt in Butter oder Öl geröstete Brotstückchen in die Suppenterrine, streut eine Handvoll geriebenen Parmesan darüber und gießt die Suppe zu.
Diese Minestra ist schmackhaft und gehaltvoll. Mir wäre das Hirn allerdings etwas zu weich und weichlich, ich würde statt dessen Kalbsgekröse nehmen. Bei dieser Gelegenheit ist zu bemerken, daß die Menschen in manchen Städten in der Absicht, leichter zu essen, nun vorwiegend weiche und flüssige Nahrung zu sich neh-

men, so daß ihr Magen auf die Dauer nichts Handfestes mehr verträgt.

TROCKENE SUPPEN

45 Tortelli

200 g Quark oder Ziegenkäse (oder beides gemischt), 40 g Parmesan,
1 Ei und 1 Dotter, 1 Spur Muskat und Gewürz nach Geschmack,
1 Prise Salz, 1 EL zerkleinerte Petersilie

Man schlägt sie in Teigblättchen, die etwas größer sind, als die für die Cappelletti ausgestochen wurden (Ø etwa 8 cm). Man kann sie auch nur einmal zu einem Halbmond zusammenlegen, aber die Form der Cappelletti ist zu bevorzugen. Man kocht sie ausreichend in Salzwasser, hebt sie heraus und gibt noch Butter und Käse zu. Mit der angegebenen Menge lassen sich 24 oder 25 Tortelli machen, und da sie groß sind, reichen sie für 3 Personen.

46 Suppe aus »trockenem« Erbsenpüree

400 g geschälte frische Erbsen, 40 g fetter und magerer Schinken,
40 g Butter, 1 frische Zwiebel, nicht größer als ein Ei,
1 kleine Mohrrübe, wenig Petersilie, Sellerie und Basilikum

Der Schinken wird mit dem Messer zerkleinert und mit den anderen Zutaten vermischt. Er wird mit Butter, wenig Salz und 1 Prise Pfeffer auf das Feuer gesetzt. Wenn die Masse braun ist, gießt man soviel Wasser zu, wie für die Suppe gebraucht wird, und sobald es kocht, schüttet man die Erbsen und 2 in Butter geröstete Brotscheiben dazu, läßt alles zusammen kochen und gießt es durch ein feines Sieb. Ist so das Püree für 6 Personen fertig, gibt man es über das Brot, das man wie bei der Suppe aus Erbsenpüree Nr. 28 vorbereitet hat.

47 Bohnensuppe

Man sagt mit Recht, die Bohnen seien das Fleisch der Armen, und in manchen Gegenden Italiens, wo es für das Stück Fleisch zu einer guten Minestra für die ganze Familie nicht reicht, sind Bohnen ein gesunder, nahrhafter und nicht zu teurer Ersatz dafür. Mehr noch: Bohnen werden langsam verdaut und stillen für längere Zeit das Hungergefühl. Aber . . . es gibt ein »aber« wie bei so vielen Dingen im Leben, und ihr habt mich schon verstanden. Um euch etwas vorzusehen, nehmt ihr Bohnen mit dünner Haut, oder ihr schlagt sie durch.
Um die Bohnensuppe schmackhafter und aromatischer zu machen, gibt man einer Suppe für 4 bis 5 Personen entsprechend viel Geröstetes hinzu: Dazu nimmt man 1/4 Zwiebel, 1 Knoblauchzehe, 1 Prise Petersilie und 1 gutes Stück weißen Sellerie. Man zerkleinert alles sehr fein mit dem Wiegemesser, setzt es dann mit einem guten Schuß Öl auf das Feuer – auch Pfeffer sollte man ausreichend zusetzen. Wenn es genug gebräunt ist, gießt man 2 Kellen Bohnenbrühe hinein, setzt noch etwas Tomatensauce zu, läßt es kochen und gießt es in den Topf mit garen Bohnen.
Wer etwas Gemüse in der Suppe haben will, kann dazu Rotkohl nehmen, der zuerst gekocht wird und dann ein wenig mit der oben beschriebenen Gewürzmischung brät.
Man gießt die Suppe über vorher geröstete und in Stückchen aufgeteilte Brotscheiben.

48 Linsensuppe

Wenn Esau sein Erbrecht wirklich für einen Teller Linsensuppe verkauft hat, müssen die Linsen ein uralt bekanntes Nahrungsmittel und er sehr hungrig gewesen sein. Mir scheint, daß das Aroma der Linsen angenehmer ist als das der Bohnen, auch die Gefahr der Lärmbelästigung ist geringer.
Diese Suppe läßt sich auf die gleiche Art bereiten wie die Bohnensuppe. Außerdem eignet sich die Brühe aus durchpassierten Linsen (ebenso wie die aus Bohnen mit dünnen Schalen) für eine Reis-Minestra, die man auf die gleiche Weise würzt wie die Boh-

nen- und Linsensuppe. Man muß aber die Brühe etwas strecken, weil der Reis sehr viel aufnimmt. Um die richtige »Trockenheit« zu wahren, wartet man ab, bis der Reis gar ist, und setzt dann erst die Linsenbrühe zu.

49 Zuppa di magro mit Muscheln

Zunächst nach Rezept Nr. 57 Risotto mit Muscheln zubereiten. Für eine Menge, die für 7 oder 8 Personen reicht, genügen 2 Knoblauchzehen und ¼ Zwiebel. Man gewinnt eine ausgezeichnete Suppe auch ohne Butter und Parmesan, wenn der geröstete Zusatz (s. Bohnensuppe) gut ist. Das Brot wird in Scheiben geröstet und dann aufgeschnitten. Ein paar Stückchen getrockneter Pilze runden den Geschmack ab.

50 Fischsuppe

Der Fisch, der die beste Brühe gibt, ist die Meeräsche, die im August in der Adria besonders gut gedeiht und über 2 kg schwer wird. Steht Äsche nicht zur Verfügung, so kann man auch andere (barschartige) Fische nehmen, deren Fleisch zwar keine so würzige Brühe gibt wie das der Äsche, die zum Ausgleich aber schmackhafter und verdaulicher sind.
Will man eine Suppe für 7 oder 8 Personen kochen, so nimmt man eine Äsche (oder was sonst bevorzugt) von wenigstens 1 kg Gewicht, schabt den Fisch gegen die Schuppen, nimmt ihn aus und kocht ihn in der angemessenen Wassermenge.
Man nimmt eine ausgiebige Gewürzmischung aus Zwiebel, Knoblauch, Petersilie, Mohrrübe und Sellerie, die man mit Öl, Salz und Pfeffer ans Feuer setzt. Wenn sie Farbe bekommen hat, unterbricht man das Rösten mit Tomatensauce und kocht das Ganze mit Fischbrühe auf. Die Fischbrühe wird durchgeseiht, einen kleinen Teil davon nimmt man ab und kocht darin kleingeschnittenen Sellerie, Mohrrübe und trockene Pilze, um den Duft zu verstärken.
Das vorher geröstete Brot schneidet man in kleine Stücke, legt es

in die Terrine und gießt die kochende Brühe sowie ihren zuvor gesondert behandelten Teil darüber, bei Tisch wird der Parmesan extra serviert.

51 Kartäusersuppe

500 g kleine Fische verschiedener Arten genügen zu einer Suppe für 4 oder 5 Personen.
Man macht eine Würzmischung aus ¼ Zwiebel, Petersilie und Sellerie, röstet sie etwas in Öl und legt die Fische hinein; wenn zu wenig Flüssigkeit vorhanden, gibt man etwas Wasser und Tomatensauce zu. Pfeffer und Salz nicht vergessen. Wenn der Fisch gut gar ist, gießt man das für die Suppe nötige Wasser zu. 1 l Flüssigkeit sollte im ganzen übrigbleiben. Man gibt alles durch ein Sieb, läßt es noch einmal aufkochen und gießt es langsam in die Suppenschüssel, in die man vorher 2 Eier und 3 EL Parmesan getan hat. Bevor die Suppe auf den Tisch kommt, gibt man noch in kleine Würfel geschnittenes Brot hinein, das man vorher nur geröstet oder auch in einem beliebigen Fett (Butter, Öl, Speck) gebraten hat. Wenn Ei und Parmesan nicht klumpen sollen, kann man beides auch vorher zusammen verquirlen und unter ständigem Umrühren in die kochende Brühe gießen.
Man erzählt sich, dem Großherzog von Toskana habe diese Suppe in einem Kloster so gut geschmeckt, daß er seinen Koch hinschickte, um ihre Herstellung zu erlernen. Aber obwohl der Mann sonst sehr geschickt war, schmeckte die Suppe nicht so gut wie im Kloster. Die asketischen Eremiten hatten dem Granduca nämlich nicht gestehen mögen, daß sie statt Wasser Hühnerbrühe zugaben.

52 Suppen- oder Fadennudeln mit Fischbrühe

Der Ombrina (Umberfisch, eine Barschart), eine der feinsten Fischarten, wird natural, also ohne jede Würze gekocht und liefert eine Brühe, die sich so gut wie Fleischbrühe zu einer leichten Minestra eignet.

Folgende Mengen sollten für 3 bis 4 Personen genügen.

500 g Ombrina, 120 g Suppen- oder Fadennudeln, 30 g Butter, 1 l Wasser

Der Fisch wird in besagtem Wasser gekocht und gesalzen. Wenn er gar ist, gießt man die Brühe durch ein Sieb und kocht daraus die Minestra, indem man Tomatensauce zugibt, um den Fischgeruch zu dämpfen. Man gibt die Butter in die Terrine und gießt die Minestra darüber. Der Parmesan kommt wieder in einer gesonderten Schale auf den Tisch.

53 Suppe aus Püree von trockenen Erbsen

½ l Erbsen wird in 2 l Wasser gekocht. Inzwischen bereitet man den Soffritto (die mehrmals beschriebene geröstete Gemüsemischung) aus Zwiebel, Mohrrübe, 2 Stück Stangensellerie (fingerlang) und einigen Stengeln Dill (nicht unerläßlich). Das Ganze wird zerkleinert und in Butter gebräunt. Die Erbsen werden halbgar abgegossen, bekommen Salz und Pfeffer und werden mit dem Soffritto vermengt, dann fügt man Tomatensauce und das Kochwasser der Erbsen hinzu und läßt sie gar kochen. Das Ganze wird durch ein feines Sieb passiert, wenn das Püree zu fest ist, warmes Wasser zugegossen. Abschmecken, weil wahrscheinlich noch etwas Butter zugesetzt werden muß. Auch das in Würfelchen geschnittene Brot wird in Butter geröstet. Der Geschmack ist dem einer Minestra aus Fleischbrühe ebenbürtig, die Menge langt für 10 oder 12 Personen.

54 Tagliatelle con Prosciutto

Ich nenne sie Tagliatelle, weil sie genau wie Taglierini in Wasser gekocht und trocken gewürzt werden, der Teig aber dicker ausgerollt und in breitere Streifen geschnitten wird. Es handelt sich jedoch in beiden Fällen um einen Teig aus Eiern und Mehl, wenn er gut und fest werden soll, darf er keine Spur Wasser enthalten.

Eine große Scheibe Schinken von 1 cm Dicke (fett und mager) wird in kleine Stückchen geschnitten. Ungefähr die gleiche Menge Sellerie und Mohrrübe wird fein zerkleinert. Diese drei Dinge werden mit 1 Stück Butter, das der Menge der Würze entspricht, auf das Feuer gesetzt. Wenn sie gebräunt sind, setzt man Tomatensauce oder Tomatenmark und eine kleine Schöpfkelle Brühe (wenn nicht vorrätig auch Wasser) hinzu.
Die Nudeln werden gekocht und des Schinkens wegen sehr vorsichtig gesalzen. Man nimmt sie heraus und gibt über die trockenen Nudeln die Sauce und Parmesan. Man kann auch Salsicce (Mett der dünnen Rindswurst) zusetzen, die man entsprechend zerkleinert und wie den Schinken behandelt.
Wer den Buttergeschmack liebt, gibt die Hälfte der Butter erst zu der Sauce, wenn sie vom Feuer genommen ist.
Auf dieselbe Art kann man auch Spaghetti mit Salsicce zubereiten.

55 Grüne Nudeln

Man kann sie zur Minestra asciutta nehmen, sie sind leichter und bekömmlicher als die nur mit Ei angesetzten. Um ihnen die grüne Farbe zu geben, kocht man Spinat gar, preßt ihn gut aus und zerkleinert ihn mit dem Wiegemesser. 2 Eier und eine Handvoll Spinat verknetet man auf dem Nudelbrett mit soviel Mehl, daß es einen festen Teig gibt, der gut durchgearbeitet sein muß. Man walzt ihn mit der Nudelrolle sehr fein aus, wenn er des pflanzlichen Zusatzes wegen daran kleben bleibt, stäubt man etwas Mehl darauf. Man wickelt den ausgerollten Teig in ein Tuch. Wenn er trocken ist, schneidet man ihn in Streifen, die etwas breiter sind als Suppennudeln, aber Vorsicht, die Länge der Nudeln verrät das Geschick des Kochs. Kurz aufkochen, dann abgießen und sie wie die Spaghetti alla rustica im Rezept Nr. 83 oder wie Makkaroni und Nudeln in den Rezepten Nr. 70 und Nr. 54 würzen.
Die Menge reicht für 4 oder 5 Personen.

56 Nudeln nach Art der Romagna

Kurze Rechnungen, lange Nudeln, sagen die Bologneser, und sie haben recht, denn lange Rechnungen machen den Ehemann wütend, und kurze Nudeln zeugen vom Ungeschick der Ehefrau, und wenn sie so auf den Tisch kommen, gemahnen sie an Küchenabfälle. Darum halte ich es für falsch, sich der Sitte der Fremden anzupassen, die Fadennudeln, Suppennudeln und den Inhalt der Minestra in winzige Stückchen zerkleinern, denn diese italienischen Gerichte sollen ihren Nationalcharakter bewahren.

Man rollt den Teig aus wie in Nr. 54. Die Nudeln werden kurz gekocht, herausgenommen und in einer Kasserolle noch einmal für einen Moment auf das Feuer gesetzt, damit sie trockener sind. Dann setzt man die Würze aus dem Rezept Nr. 83 hinzu.

Für meinen Geschmack ist das eine feine Minestra, aber um sie gut zu verdauen, braucht man eine Luft wie in der Romagna.

Ich reiste einmal in Gesellschaft einiger Florentiner (ein zahnloser Greis, ein Mann mittleren Alters und ein junger Advokat), die in Modigliana eine Erbschaft zu regeln hatten. Wir stiegen in einem Gasthaus ab, das, wie man sich vorstellen kann, vor vierzig Jahren an diesem kleinen Ort recht bescheiden war. Der Wirt gab uns als Minestra nur Tagliatelle und als Beilage Schweinewurst, die ziemlich grob und hart war, so daß der Alte sie nur mühsam zerkleinerte. Er hatte aber genau wie die anderen einen solchen Appetit, daß er alles gut, ja vorzüglich fand. Ich hörte sie mehrmals sagen: »Oh, könnten wir doch diese Luft nach Florenz mitnehmen.«

Und da wir gerade in der Gegend sind, erlaubt ihr mir eine kleine Geschichte: Als in Florenz noch die Francesconi in Umlauf waren, lebte dort ein Graf aus der Romagna, der mit dem Marchese di Forlimpopoli befreundet war. Der Mann war ziemlich aufgeblasen, hatte wenig Geld und einen eisernen Magen. In dieser Zeit konnte man in Florenz mit sehr wenig auskommen, unter allen großen Städten konnte man dort am billigsten leben. Es gab mehrere Gaststätten mit den üblichen Minestre, drei Gerichte zur Auswahl, dazu Früchte oder Süßspeise sowie Brot und Wein für 1 toskanische Lira. Die Portionen waren nicht besonders groß, aber wer nicht gerade ausgehungert war, wurde satt, und auch die hochgestellten Herrschaften besuchten diese Gasthäuser. Aber der eitle Romagnese wollte dort nicht gesehen werden. Und was, glaubt ihr, stellte er an, um sich ein besonderes Ansehen zu geben und trotzdem wenig Geld auszugeben? Er ging alle paar Tage in das vornehmste Hotel, wo man vornehm für einen halben Francone speiste, dafür wurde man aber ausgiebig nach Verlangen bewirtet. Dort ließ er auftragen und schlug sich den Bauch so voll, daß er anschließend zwei Tage Diät halten konnte, am ersten aß er nichts, am zweiten nur etwas Brot, Käse und Aufschnitt. Vielleicht kann euch das als Beispiel und Rezept dienen?

57 Risotto mit Muscheln

Ich notiere dieses Risotto mit den Mengen, mit denen es in meiner Küche mehrmals hergestellt wurde.

1,35 kg Muscheln (mit Schale gewogen), 500 g Reis

Um die Muscheln von dem Sand zu befreien, der in den Schalen eingeschlossen ist, wäscht man sie zuerst, legt sie dann in frisches, gesalzenes Wasser, besser noch Meerwasser. In das Gefäß legt man einen umgestülpten Teller, die Muscheln dann auf die schrägen Flächen. Nach frühestens 2 Stunden nimmt man sie heraus, läßt abtropfen und setzt sie mit soviel Wasser auf den Herd, wie man später für den Reis benötigt. Wenn sie sich geöffnet haben, nimmt man sie aus den Schalen und bewahrt das Wasser auf. Wenn sich aber am Boden noch etwas Sand angesammelt hat, muß man es umgießen.
Man macht ein Soffritto (gebräunte Gewürz- und Kräutermischung) aus Öl, Knoblauch, wenig Zwiebel, Petersilie, Mohrrübe und Sellerie, wenn es gut gebräunt ist, gibt man die von den Schalen befreiten Muscheln, ein paar getrocknete Pilze, 1 Prise Pfeffer und etwas von dem aufbewahrten Kochwasser hinzu. Einige Minuten später schüttet man auch den Reis in die Würze und kocht ihn mit dem Rest des Wassers. Man kostet, um zu prüfen, ob das in den Muscheln und den Zutaten enthaltene Salz ausreicht, wenn nicht, würzt man nur mit Tomatensauce oder -mark, 1 Stückchen Butter und 1 Prise Parmesan.

Man kann lebende Muscheln eine Weile frisch halten, wenn man sie in einem Säckchen fest zusammengepackt an einem kühlen Ort aufbewahrt, im Winter habe ich Muscheln so bis zu 6 Tagen frisch erhalten. Man sollte aber vorsichtig sein, denn wenn Mollusken nicht frisch sind, verursachen sie leicht Beschwerden.

58 Risotto mit Schlei

Schleie sind als Speisefische nicht gesucht, vielleicht weil sie etwas stark riechen und für schwache Mägen etwas schwer sind. Verrät man seinen Gästen aber nicht, welchen Fisch sie essen, kann man sogar Lob ernten.
Zu einer Minestra für 7 Personen nimmt man 500 g Reis und etwa 400 g Schlei. Man zerkleinert 2 Knoblauchzehen, etwas Petersilie, einige Blätter Basilikum (falls der Geschmack zusagt), 1 große Mohrrübe und 2 ca. 20 cm lange Stückchen Stangensellerie. Man setzt das Gemenge mit Öl, Salz und Pfeffer in einer Kasserolle auf das Feuer und legt sogleich die schon ausgenommenen und in Stücke zerlegten Fische (einschließlich der Köpfe) hinein. Man wendet sie oft, damit sie nicht am Boden ansetzen. Wenn sie ausreichend gebräunt sind, gießt man zuerst Tomatensauce darüber, dann Wasser in kleinen Güssen, und zwar soviel, wie man zum Kochen des Reis braucht – aber lieber etwas sparsamer als zuviel. Man läßt kochen, bis die Schleie zerfallen, gibt dann alles durch ein feines Sieb, so daß Flossen, Gräten etc. zurückbleiben. In dieser Sauce wird der Reis gekocht, der möglichst trocken und körnig bleiben soll. Um den Geschmack zu verfeinern, kann man noch ein paar getrocknete Pilze und etwas Butter zusetzen. Man stellt geriebenen Parmesan auf den Tisch, aber manche nehmen ihn zu diesem Gericht nicht.

59 Schwarzer Reis mit Tintenfisch alla fiorentina

Der Invertebrat (wirbelloses Tier, sepia officinalis) aus der Ordnung der Mollusken und der Familie der Kopffüßler wird in Florenz Calamaio (Tintenfaß) genannt, vielleicht weil ihm die Natur

zu seiner Verteidigung ein Beutelchen mit einer schwarzen Flüssigkeit geschenkt hat, mit der man schreiben kann.
Die Toskaner, besonders die Florentiner, verstehen so wenig von Gemüse, daß sie zu diesem Gericht Mangold nehmen, was mir zu passen scheint wie der Milchmann in den Paternoster. Den übermäßigen Verzehr von Gemüse halte ich für einen der Gründe für die schwache Konstitution einiger Bevölkerungsgruppen, die dann bei einer grassierenden Influenza wenig Widerstandskraft haben.
Man häutet und zerlegt die Tintenfische, um die ungenießbaren Teile wie Kalkschulp (Os sepiae), Mund-Apparatur, Augen und Verdauungsorgane zu beseitigen. Man legt den Tintenbeutel beiseite, wäscht alles sorgfältig und zerschneidet es in kleine Stücke.
2 nicht zu große Zwiebeln – besser noch: 1 Zwiebel und 2 Knoblauchzehen – werden sorgfältig zerkleinert und in einer Kasserolle mit gutem Öl in ausreichender Menge aufgesetzt. Wenn die Zwiebeln gebräunt sind, legt man die Tintenfische dazu, läßt sie braten, bis sie anfangen gelb zu werden, und setzt etwa 600 g Mangold zu, den man von den großen Rippen befreit und etwas zerkleinert hat. Man rührt um und läßt etwa ½ Stunde kochen. Dann schüttet man 600 Reis dazu (dem Naturalgewicht der Calamari entsprechend) und gießt die Tinte hinein. Wenn der Reis gut mit der Sauce durchtränkt ist, nimmt man ihn vom Feuer und läßt ihn mit warmem Wasser zu Ende garen. Es ist eine allgemeine Regel, daß der Reis nicht zu sehr gekocht sein darf, »asciutto« heißt in diesem Falle, daß er beim Servieren in der Schüssel wirklich ein trockenes Häuflein bildet. Parmesan wird gesondert serviert, da die übrigen Ingredienzien schon nicht leicht verdaulich sind.
Jetzt teile ich euch eine andere Art mit, dieses Risotto zuzubereiten, damit ihr nach eurem Geschmack wählen könnt. Kein Mangold und keine Tinte – wenn die Calamari, wie oben beschrieben, anfangen sich gelb zu färben, schüttet man den Reis hinein, nimmt den Topf vom Feuer und setzt zum Garen warmes Wasser und Tomatensauce oder Tomatenmark zu, 1 Stückchen Butter fördert den Geschmack. Wenn der Reis fast gar ist, kommt der Parmesan hinein.

Man kann auch, wenn der Reis fast gar ist, die nach Rezept Nr. 58 vorbereiteten Erbsen hinzufügen, wodurch das Gericht erheblich schmackhafter wird.

60 Risotto mit Erbsen

Reis! – Ein Nahrungsmittel, das dick macht. Die Türken geben es ihren Frauen, damit sie – wie ein bekannter Gelehrter sagt – ein weiches Kissen abgeben.

500 g Reis, 100 g Butter, Parmesan nach Geschmack,
1 Zwiebel mittlerer Größe

Die Zwiebel wird mit dem Wiegemesser fein zerkleinert und mit der Hälfte der Butter aufs Feuer gesetzt. Wenn sie eine bräunliche Farbe angenommen hat, schüttet man den Reis dazu und rührt so lange um, bis er den Soffritto (Zwiebel und Butter) aufgenommen hat. Dann gießt man mit einer Kelle nach und nach warmes Wasser hinein, man achte aber bei langsamem Kochen darauf, daß der Reis nicht an der Oberfläche zerkocht, während er in der Mitte halb roh bleibt. Man salzt, gibt den Rest der Butter zu, nimmt den Reis vom Feuer und läßt ihn trocken garen. Bevor man ihn ganz vom Ofen nimmt, setzt man in entsprechender Menge die, nach Rezept Nr. 308, vorbereiteten Erbsen hinzu und gibt noch mit einer Handvoll Parmesan die rechte Würze. Die Menge wird für 5 Personen ausreichen.

61 Risotto mit Pilzen

Zu diesem Gericht nehme ich Steinpilze, man kann aber auch andere verwenden. Pilze vom halben Gewicht der Reismenge, weil sie noch gewaschen und geputzt werden müssen. Man zerkleinert wenig Zwiebel, Petersilie, Sellerie und Mohrrübe. Handelt es sich um eine Mahlzeit aus 300 g Reis für 3 Personen, so setzt man obige Würzmischung mit 3 EL Öl auf das Feuer. Hat sie Farbe angenommen, gibt man Tomatensauce und Wasser hinzu, salzt und

pfeffert und kocht anschließend eine ganze Zehe Knoblauch darin, die man aber herausnimmt und fortwirft, bevor man das Ganze durch das Sieb passiert. Die durchgeschlagene Flüssigkeit setzt man mit den etwa auf die Größe eines Maiskorns zerkleinerten Pilzen wieder zum Feuer, wenn die Pilze gar sind, stellt man sie beiseite. Der Reis wird roh mit Butter gebräunt, dann vom Feuer gezogen. Man gießt mit der Kelle langsam warmes Wasser zu und läßt ihn gar werden. Wenn er halb gar ist, rührt man die Pilze darunter, und vor dem Sevieren würzt man noch mit Parmesan.
Statt frischer Pilze lassen sich auch getrocknete verwenden.

62 Risotto mit Tomaten

500 g Reis, 100 g Butter, ausreichend Parmesan

Man schüttet den Reis über die ausgelassene Butter, wenn er sie aufgesogen hat, setzt man vorsichtig warmes Wasser zu. Ist er halb gar, so gibt man ihm mit der Tomaten-Salsa des Rezepts Nr. 99 Geschmack, und ehe man ihn vom Feuer nimmt, kommt noch eine Handvoll Parmesan dazu. Zu der würzenden Salsa kann man statt der Prise Öl auch etwas Hackfleisch nehmen oder von der in Rezept Nr. 5 beschriebenen Tomatensauce.

63 Risotto alla milanese (I)

500 g Reis, 80 g Butter, Safran soviel, wie für die Farbe notwendig, ½ Zwiebel mittlerer Größe

Das Kochen geschieht wie in Rezept Nr. 60.
Um dieses Risotto bekömmlicher und schmackhafter zu machen braucht man Fleischbrühe.
Wenn man einen bronzenen Mörser im Haus hat, kauft man ungemahlenen Safran, zerkleinert ihn und verrührt ihn mit ein wenig warmer Brühe, bevor man ihn dem Reis zusetzt, den man dann mit Parmesan serviert. Safran hat eine anregende Wirkung, er stimuliert den Appetit und fördert die Verdauung.

64 Risotto alla milanese (II)

Dieses Risotto ist komplizierter und liegt schwerer im Magen als das vorige, schmeckt aber würziger.
Man nimmt zu einer Mahlzeit für 5 Personen:

500 g Reis, 80 g Butter, 40 g Rindermark, ½ Zwiebel, ⅔ Glas guten Weißwein, Safran nach Bedarf, desgleichen Parmesan

Die Zwiebel wird zerkleinert, mit dem Mark und der Hälfte der Butter aufgesetzt. Wenn alles durchgebräunt ist, schüttet man den Reis hinzu, einige Minuten später auch den Wein und läßt mit der Brühe langsam garkochen. Bevor man den Topf vom Feuer nimmt, wird er noch mit der restlichen Butter und Parmesan versetzt, außerdem bringt man geriebenen Parmesan auf den Tisch.

65 Risotto alla milanese (III)

Auswahl genug! Hier noch ein Risotto alla milanese, das als Beleg dafür dient, daß ein experimenteller Geist auch die übrigen Rezepte nach eigenem Geschmack abwandeln kann.

300 g Reis, 50 g Butter, ¼ Zwiebel mittlerer Größe, Marsala (2 Fingerbreit eines Trinkglases), ausreichend Safran

Die feingehackte Zwiebel wird mit der Hälfte der Butter geröstet. Man schüttet den Reis hinein und kurz darauf den Marsala, in der Brühe kochen lassen. Wenn der Reis gar ist, setzt man den Rest der Butter und den in etwas Brühe verrührten Safran zu. Zum Schluß eine kleine Handvoll Parmesan.
Ausreichend für 3 Personen.

66 Risotto mit Gamberi

Man erzählt sich, eine Gamberessa habe eines Tages vorwurfsvoll zu ihrem Töchterchen gesagt: »Dio mio, wie verdreht du herum-

rennst! Kannst du nicht geradeaus gehen?« Das Töchterchen antwortete: »Gerne, Mama, aber mach es mir einmal vor.«
Etwa 300 g Gamberi auf 700 g Reis genügen für 8 Personen.
Man zerkleinert ½ Zwiebel, 3 Zehen Knoblauch, dazu entsprechend viel Mohrrübe, Sellerie und Petersilie und setzt es mit der entsprechenden Menge Öl zum Feuer. Ich halte Knoblauch in diesem Falle für notwendig, um den weichen Geschmack der Krebse auszugleichen. Wenn die Würze gebräunt ist, wirft man die Gamberi hinein, setzt Pfeffer und Salz zu. Man rührt häufig um. Wenn alle Krebse rot geworden sind, gießt man Tomatensauce oder Tomatenmark hinzu und kurz darauf soviel warmes Wasser, wie der Reis braucht. Man läßt nicht zu lange kochen, weil die Krebse schnell gar sind. Dann hebt man sie heraus, schält die Größten und legt sie beiseite. Die übrigen zerstößt man im Mörser, passiert sie durch ein Haarsieb und gibt sie wieder in die Brühe, in der sie gekocht wurden.
Man zerläßt ein Stückchen Butter in einer Kasserolle und schüttet den Reis dazu. Ständig umrühren, bis der Reis von der Butter glänzt, dann in kleinen Mengen die Brühe dazugießen. Sobald der Reis gut halb gar ist, gibt man die beiseite gelegten Gamberi hinein und vor dem Servieren noch eine Handvoll Parmesan dazu.
Wenn bei diesem trockenen Risotto zufällig Fleischbrühe vorrätig ist, bedient euch ihrer, weil der Geschmack dadurch voller und delikater wird.

67 Risotto mit Fischbrühe

Wenn ihr einen Qualitätsfisch gekocht habt, etwa eine Meeräsche, wie in Rezept Nr. 321 beschrieben, könnt Ihr die durchgeseihte Brühe zu einem Risotto oder einer Suppe verwenden. Ihr zerkleinert ¼ Zwiebel, 1 oder 2 Knoblauchzehen, Petersilie, Mohrrübe und Sellerie und setzt es mit Öl, Salz und Pfeffer auf das Feuer. Wenn es gebräunt ist, gießt ihr Tomatensauce oder in einer Kelle Brühe aufgelöstes Tomatenmark hinzu. Ihr laßt ein bißchen kochen, schiebt den Topf zum langsamen Garkochen auf die Seite, schüttet den Reis hinein und gießt nach und nach die kochende Brühe dazu. Wenn der Reis halbgar ist, setzt ihr 1

Stückchen Butter zu, und wenn er völlig gar ist eine Handvoll Parmesan. Der Suppe könnt ihr ein paar getrocknete Pilze zusetzen und den Parmesan getrennt servieren.

68 Maccheroni alla francese

Ich sage »alla francese«, weil ich das Rezept in einem französischen Kochbuch fand, wie es jedoch häufig bei gedruckten Rezepten vorkommt, beruhen sie auf zuwenig Praxis, deshalb mußte ich die Zutaten mengenmäßig verändern.

300 g lange Makkaroni, 70 g Butter, 70 g Gruyèrekäse,
1 kleine Schale Brühe

Man läßt die Makkaroni in nicht zu stark gesalzenem Wasser fast garkochen. Dann setzt man die Brühe auf. Wenn sie kocht, wirft man den geriebenen Gruyère und die Butter hinein, gut umrühren, dann sofort über die abgetropften Makkaroni schütten. Ich sage sofort, weil sich sonst der Gruyère am Boden absetzt und teigig wird. Anschließend werden die Nudeln gar gekocht, wobei immer etwas Sauce vorhanden sein muß. Wenn man sie abhebt, wird die obige Menge Parmesan zugesetzt, außerdem gibt man noch geriebenen Parmesan auf den Tisch für jene, die es etwas pikanter lieben.
Diese Minestra – wie auch die Maccheroni alla bolognese – eignet sich für fleischlose Tage. Es genügt ein Schälchen Fleischbrühe vom Tag vorher. Will man sie trockener, so nimmt man statt Brühe Milch.
Übrigens kann man statt Gruyère auch Emmentaler verwenden.

69 Maccheroni alla napoletana

Zu 300 g Makkaroni, die für 3 Personen genügen, röstet man in einem Tiegel oder der Kasserolle 2 große Zwiebelscheiben mit 30 g Butter und 2 EL Öl. Wenn die Zwiebeln, die beim Rösten natürlich zerfallen, ordentlich gebräunt sind, drückt man sie mit einem

Löffel aus und wirft sie weg. In die heiße Flüssigkeit gibt man 500 g Tomaten und 1 gute Prise grob zerkleinertes Basilikum. Pfeffer und Salz zugeben. Die Tomaten müssen vorher geschält und in Stücke geschnitten sein, manche nehmen auch noch nach Möglichkeit die Samenkerne heraus, aber das muß nicht sein.
Inzwischen werden die Makkaroni in einem großen Topf mit viel Wasser gekocht, aber nicht zu stark. Man seiht sie ab, gießt die eingekochte Sauce darüber und tut außer 50 g Butter noch Parmesan darauf.

70 Makkaroni auf Bologneser Art

Die Bologneser nehmen zu dieser Minestra die sogenannten »Pferdezähne« mittlerer Größe, und sie eignen sich gut dazu. Sie sollten jedoch nicht aus zu dünnem Teig sein, weil sie sonst beim Kochen zusammengedrückt werden. In der Toskana kümmert man sich wenig um diesen Mangel. Die Vorliebe für leichte Speisen führt zur Herstellung sogenannter »gentili«, dünnwandiger Teigwaren mit großem Hohlraum, die beim Kochen so zusammenpappen, daß sie schon unerfreulich anzusehen sind, geschweige denn zu essen.
Am besten eignen sich für eine Minestra Teigwaren mit hartem Korn, die man schon an ihrer Naturfarbe erkennt. Es kommt aber vor, daß minderwertige Qualität durch Gelbfärbung mit Safran maskiert wird.
Die folgenden Mengen reichen als Zutaten für 500 g Teigwaren und mehr:

150 g mageres Kalbfleisch (am besten Filet), 50 g Dörrfleisch,
40 g Butter, ¼ Zwiebel, ½ Mohrrübe, 2 fingerlange Stückchen weißer oder grüner Stangensellerie, 1 kleine Prise Mehl, etwas Brühe

Man salzt nur sehr wenig, weil Dörrfleisch und Brühe schon salzig sind. Dazu etwas Pfeffer und je nach Geschmack noch ein wenig Muskatnuß.
Das Fleisch wird in kleine Stückchen geschnitten, Trockenfleisch, Zwiebel und pflanzliche Zutaten mit dem Wiegemesser zerklei-

nert, dann wird alles zusammen mit der Butter aufgesetzt, und wenn das Fleisch Farbe bekommen hat, fügt man die Prise Mehl und Brühe hinzu und läßt aufkochen.
Die gekochten Makkaroni müssen gut abtropfen und werden mit Parmesan bestreut. Dann werden sie mit der fertigen Sauce übergossen, die man auch noch mit etwas getrockneten Pilzen, Trüffelscheibchen oder einer mit dem Fleisch gekochter und in Stückchen geschnittener Hühnerleber anreichern kann. Man kann der fertigen Sauce auch noch ½ Glas Sahne zusetzen. Jedenfalls ist es gut, wenn die Makkaroni nicht allzu trocken, sondern mit genug Sauce auf den Tisch kommen.
Da es sich um weitgehend trocken servierte Teigwaren handelt, sei hier die Bemerkung eingeflochten, daß es gut ist, sie nicht zu sehr zu kochen – aber natürlich angemessen. Wenn die »Pasta« noch fest ist, schmeckt sie besser und verdaut sich leichter. Das scheint zwar ein Widerspruch zu sein, aber es ist so, weil die zu weiche Minestra wenig gekaut wird, als Ganzes in den Magen gelangt und klumpt. Sie muß also zerkleinert werden, denn durch das Kauen wird Speichel erzeugt, und dieser enthält ein Ferment, das Stärke und Stärkemehl in Zucker und Dextrin verwandelt. Der Speichel ist also wichtig, er erleichtert außerdem das Schlukken und fördert durch seine alkalische Natur die Absonderung von Magensäften, sobald er mit der zerkauten Nahrung in den Magen gelangt.
Wenn die »Pferdezähne« etwas größer und länger sind, heißen sie in der Toskana Cannelloni (Röhrennudeln), dies ist aber auch die Bezeichnung für mit Hackfleisch gefüllte und mit Käse überbakkene Teigwaren.

71 Makkaroni mit Makrele

Das Rezept dieser Minestra verdanke ich einer geistvollen Witwe, deren sizilianischer Gatte gerne palermitanische Gerichte kochte.

500 g lange neapolitanische Makkaroni, 500 g frische Makrele,
6 Sardellen, 300 g wilder Fenchel, auch junger Fenchel genannt,
ausreichend Öl

Von den Makrelen entfernt man Kopf, Schwanz und Gräten, schneidet sie längs in 2 Hälften, bestreicht sie mit Mehl, brät und salzt sie ein wenig und stellt sie zur Seite. Die in Salzwasser gekochten Makkaroni werden gut abgetropft und beiseite gestellt. Desgleichen wird der Fenchel gekocht, ausgepreßt, fein zerkleinert und beiseite gestellt.
Die Sardellen putzt man, entnimmt die Gräten und läßt sie in viel Öl zerkochen. In diese Salsa gießt man den Fenchel mit wenig Salz und Pfeffer und läßt 10 Minuten mit Tomatensauce kochen. Wenn alles bereit ist, nimmt man eine feuerfeste Form oder eine Pfanne und gibt schichtweise Makkaroni, Makrelen und Fenchelsauce aufeinander. Man stellt das Gefäß zwischen zwei Feuer zum Durchbacken und serviert es warm.
Ich möchte annehmen, daß es für 5 oder 6 Personen langt.

72 Pappardelle aus Arezzo

Benötigt wird eine Hausente, die man in einer Kasserolle mit einem Stück Butter, Pfeffer und Salz brät. Wenn sie gebräunt ist, setzt man eine sehr fein zerkleinerte Mischung aus Schinken, Zwiebel, Sellerie und Mohrrübe zu, die man unter der öfter gewendeten Ente zergehen läßt. Man schöpft den größten Teil der Flüssigkeit heraus und kocht sie mit Fleischbrühe, der man nach und nach etwas Wasser zusetzt – gerade soviel, daß es eine Sauce für die Minestra di Pappardelle gibt.
Man nimmt 1 Stückchen Rindermilz, kratzt den Inhalt heraus, brät sie noch unter der schon garen Ente und gibt sie in die Sauce, der auch Tomate und etwas Muskatnuß gut bekommt.
Man macht einen Teig mit Eiern wie für Tagliatelle und zerschneidet ihn mit dem Laufrädchen in mehr als fingerbreite Streifen. Man kocht sie wenig, gibt dann die Sauce, die fein zerkleinerte Entenleber, Parmesan, und, wenn nötig ein Stückchen Butter dazu. Diese Pappardelle serviert man als Minestra, die Ente als zweiten Gang.

73 Pappardelle und Kaninchen

Das Kaninchen wird gewaschen und in größere Stücke geschnitten, als man zum Braten nehmen würde. Es wird in einer Kasserolle aufgesetzt, die entstehende Flüssigkeit wird abgegossen. Wenn es gut gebräunt ist, setzt man etwas Butter und Öl zu, außerdem eine fein zerkleinerte Mischung aus der Leber des Tieres, einem Stückchen Dörrfleisch und den üblichen Würzkräutern wie Zwiebel, Sellerie, Mohrrübe und Petersilie. Pfeffer und Salz nicht vergessen. Mehrmals umrühren und wenden. Wenn alles durchgebräunt ist, gießt man Tomatensauce und Wasser zu, läßt kochen und gibt am Ende noch ein Stück Butter hinein. Aus der Sauce macht man unter Zusatz von Parmesan eine Minestra di Pappardelle (in Sauce gekochte Nudeln). Das Kaninchen bringt man mit etwas von der Sauce als zweiten Gang auf den Tisch.

74 Pappardelle und Hase (I)

Da Hasenfleisch an sich trocken und weniger würzig ist, braucht man eine gehaltvolle Fleischsauce, um eine Minestra für Feinschmecker zu bereiten. Die folgenden Zutaten genügen für 5 Personen; dazu braucht man einen ausgerollten Teig aus 3 Eiern, den man von Hand oder mit dem Gerät in fingerbreite Streifen schneidet – oder auch 500 bis 600 g fertig gekaufte Nudeln. Weiterhin:

beide Filetstücke eines Hasen (mit Nieren 180–200 g), 50 g Butter, 40 g magerer Schinken, ½ Zwiebel mittlerer Größe, ½ Mohrrübe, 1 fingerlanges Stück Sellerie, Muskatnuß, ausreichend Parmesan, 1 EL Mehl, 6 dl Fleischbrühe

Die Filets werden soweit nötig gehäutet und in kleine Stücke geschnitten. Dann zerkleinert man sehr fein mit dem Wiegemesser ein Gemisch (Battuto) aus dem mageren Schinken, der Zwiebel, dem Sellerie und der Mohrrübe, setzt es mit ⅓ der Butter und mit dem Hasenfleisch auf das Feuer und fügt noch Pfeffer

und Salz hinzu. Wenn das Fleisch gebräunt ist, streut man das Mehl darauf, übergießt es und läßt es mit der Sauce garkochen. Am Ende setzt man der Sauce noch den Rest der Butter und Muskat zu.
Die in Salzwasser gekochten Pappardelle gießt man ab und gibt sie – ohne sie noch einmal zum Feuer zu setzen – mit der Sauce in die Schüssel. Statt der Filetstücke kann man auch die Keulen nehmen.

75 Pappardelle und Hase (II)

Hier noch ein einfacheres Rezept, zu dem man die gleiche Menge Hasenfleisch und Nudeln braucht.
Der »Battuto« besteht diesmal aus 50 g Schinken (eher fett als mager), einer kleinen Zwiebel, Sellerie, Mohrrübe und sehr wenig Petersilie. Man setzt ihn mit 40 g Butter auf das Feuer. Sobald er gebräunt ist, gibt man die gesalzenen und gepfefferten Fleischstücke hinein. Auch sie werden angebraten und dann zum Garen nach und nach mit soviel Brühe und Tomatensauce übergossen, daß ausreichend Flüssigkeit vorhanden ist. Wenn das Fleisch gar ist, hebt man es heraus und zerkleinert es (nicht allzu stark) mit dem Wiegemesser.
Dann macht man aus 30 g Butter und 1 EL Mehl das, was die Franzosen »roux« (Mehlschwitze) nennen, ich würde sagen »intriso« (Einbrenne), und wenn es angebräunt ist, gießt man das zerkleinerte Fleisch und die zugehörige Brühe hinein, gibt weitere 30 g Butter und etwas Muskat dazu. Aus dieser Sauce und Parmesan macht man die Minestra.
Macht mir nur nicht den Vorwurf, daß ich bei diesen Minestre häufig Muskatnuß empfehle. Mir scheint sie zu bekommen – wenn sie euch nicht bekommt, wißt ihr, was ihr zu tun habt.

76 Ravioli

300 g Quark, 50 g geriebener Parmesan, 2 Eier, 1 Handvoll gekochter Mangold, etwas Muskat oder Würze nach Geschmack, Salz

Der Quark wird durchgeschlagen, wenn er zu molkig ist, preßt man ihn vorher mit einem Tuch aus.
Der Mangold wird von den Stengeln befreit, ohne Wasser gegart, abgetropft und mit dem Wiegemesser fein zerkleinert.
Man verknetet das Ganze, nimmt es eßlöffelweise heraus und legt es auf das mit Mehl bestreute Nudelbrett. Man rollt die einzelnen Klümpchen gut und gibt ihnen die länglichrunde Form von Fleischklößchen. Die angegebene Menge ergibt etwa 2 Dutzend Ravioli. Zum Kochen wirft man sie in ungesalzenes, brodelndes Wasser und nimmt sie mit dem Schaumlöffel heraus, damit sie trocken bleiben. Man gibt Sauce oder Käse mit Butter dazu und serviert sie als Minestra oder Beilage zu geschmortem Fleisch.
Will man sie nicht völlig garkochen, sondern nur soviel, daß sie fest werden, dann gibt man jeweils nur wenige in den Kochtopf, damit sie nicht zerbrechen.

77 Ravioli Romagnese

Die Romagnesen lieben – vielleicht weil das Klima kräftige Speisen verlangt oder auch aus Gewohnheit – im allgemeinen gekochtes Gemüse fast so sehr wie eine Mücke im Auge, im Gasthaus kann man gelegentlich hören: »Cameriere, das Fleisch bitte ohne Spinat.« Oder auch: »Damit (zeigt auf den Spinat) kannst du dein Kabinettchen anstreichen.«
Lassen wir also Mangold oder Spinat weg, so ergeben sich Ravioli nach Art der Romagna.

150 g Quark, 50 g Mehl, 40 g geriebener Parmesan, 1 Ei und 1 Dotter, Salz

Man verknetet das Ganze wieder wie vorher, bringt es auf das mit Mehl bestreute Nudelbrett und rollt es zur Zylinderform. Man zerschneidet die Rolle in 14 oder 15 gleichgroße Stückchen und rundet sie ab. Dann werden sie in ungesalzenem Wasser 2 oder 3 Minuten gekocht, man gibt Käse und Fleischsauce dazu, oder man serviert auch als Beilage zu Schmorbraten oder Frikandeau (gespickte Kalbskeule).

78 Ravioli alla Genovese

Eigentlich sollte man sie nicht Ravioli nennen, weil die richtigen Ravioli nicht mit Fleisch gemacht und nicht in Teig gewickelt werden.

½ Brust eines Masthähnchens, 1 Lammhirn und etwas Gekröse,
1 Hühnerleber

Man setzt alles zusammen aufs Feuer, und wenn es anfängt Farbe zu bekommen, kocht man es in Fleischbrühe. Dann hebt man es trocken heraus, gibt noch eine Scheibe fetten und mageren Schinken zu und zerkleinert alles sehr fein mit dem Wiegemesser.
Danach setzt man noch einige gekochte und durchpassierte Spinatblätter, geriebenen Parmesan, Muskatwürze und 2 Eidotter hinzu. Gut verkneten und dann wie die Cappelletti des Rezepts Nr. 6 in Teigblättchen packen, die Menge reicht für etwa 60 »Ravioli«.
Für eine Minestra werden sie in Fleischbrühe gekocht, sonst serviert man sie auch mit Käse und Butter oder mit Fleischsauce.

79 Spaghetti mit Sardinen

Für eine appetitliche Minestra mit wenig Flüssigkeit (di magro) 350 g Spaghetti sind mehr als genug für eine Mahlzeit von 4 Personen, und dafür genügen 5 Sardinen (etwa 20 cm lange Heringsart, nicht Ölsardinen). Sie werden gewaschen, geschuppt, entgrätet, etwas mit dem Wiegemesser zerkleinert und dann mit gutem Öl in ausreichender Menge und etwas Pfeffer zum Feuer gesetzt. Sie sollen nicht kochen, wenn sie erhitzt sind, setzt man noch 50 g Butter und etwas Tomatensauce zu und nimmt sie ab. Mit der Sauce übergießt man die Spaghetti, die in wenig gesalzenem Wasser so gekocht werden, daß sie noch etwas fest sind.

80 Spaghetti mit Seehecht

500 g Spaghetti, 300 g Seehecht oder Kabeljau, 60 g Butter, 4 EL Öl, 4 EL Marsala, Muskatnuß

1 mittlere Zwiebel wird zerkleinert und mit der Hand ausgedrückt, damit sie weniger scharf ist. Man setzt sie mit dem Öl auf das Feuer. Wenn sie anfängt zu bräunen, gibt man den in kleine Stücke geteilten Seehecht hinein, setzt Pfeffer und Salz zu. Sobald er braun gebraten ist, gießt man Tomatensauce hinein und läßt ihn kochen. Danach gibt man den Fisch durch ein feines Metallsieb und setzt, falls notwendig, noch etwas warmes Wasser zu. Das Durchpassierte wird mit der Butter, dem Marsala und etwas Muskatwürze aufs Feuer gesetzt, wenn es kocht (eventuell muß die Sauce auch noch etwas einkochen) übergießt man die in Salzwasser gekochten Spaghetti damit und gibt Parmesan dazu.
Die angegebene Menge reicht für 5 Personen. Diese Minestra ist sehr beliebt.

81 Spaghetti mit Calamari

Zu einer Minestra für 5 Personen nimmt man 3 Tintenfische mittlerer Größe, die zusammen etwa 650–700 g wiegen. Man häutet sie und beseitigt Kalkschulp, Mundapparat, Augen, Verdauungstrakt und Tintenbeutel, den einige zwar dabei lassen, der mir aber unangenehm ist.
100 g Weißbrot ohne Kruste, 1 gute Prise Petersilie, 1 Knoblauchzehe und die Tentakel, deren jeder Tintenfisch 2 hat, werden sehr fein zerkleinert, man würzt mit Öl und verhältnismäßig viel Pfeffer und Salz. Damit füllt man den Hohlraum des Tintenfischs, die Stelle der Mundöffnung wird mit ein paar Nadelstichen verschlossen. 1 mittelgroße Zwiebel wird zerkleinert und ausgepreßt, um ihr die Schärfe zu nehmen und mit wenig Öl auf das Feuer gesetzt. Wenn sie gebräunt ist, legt man die Tintenfische hinein und würzt noch mit Pfeffer und Salz. Man wartet, bis sie die Farbe ändern, und bringt sie dann mit sehr viel Tomatensauce auf kleinem Feuer zum Kochen. Bei Bedarf nach und nach Wasser

zusetzen. Man läßt alles 3 Stunden kochen, sorgt aber dafür, daß genug Sauce übrigbleibt, um damit und mit Parmesan die 500 g Spaghetti zu übergießen, die dadurch einen hervorragenden Geschmack bekommen. Die Calamari bleiben bei dieser Art der Zubereitung zart und liegen nicht schwer im Magen – man serviert sie wie geschmorten Fisch.

82 Spaghetti zur Fastenzeit

Mancher Leser wird sagen: »Das mag eine magere Minestra sein.« Mir schmeckt sie aber, und wenn ihr sie zum Beispiel für junge Leute bereitet, könnt ihr sicher mit Beifall rechnen.
Man zerkleinert Nüsse und vermischt sie mit Semmelbrösel, gibt Puderzucker und Gewürze zu, und nachdem man die Spaghetti abgegossen hat, würzt man sie zuerst mit Öl und Pfeffer und gibt reichlich von der zerstampften Masse darüber.
Für 400 g Spaghetti, die für 5 Personen reichen, nimmt man:

60 g geschälte Nüsse, 60 g Semmelbrösel, 30 g Puderzucker,
1 gehäuften EL feiner Gewürze

83 Spaghetti rustikal

Die Römer gaben ihren Kranken Knoblauch zu essen, damit sie gesunden sollten, König Alfons von Kastilien dagegen haßte es derart, daß er für jene eine Strafe verhängte, die nach Knoblauch duftend bei Hofe erschienen. Die klügeren Ägypter verehrten es in Gestalt einer Gottheit, vielleicht weil sie seine Heilkräfte erkannt hatten, und es heißt ja, daß es tatsächlich Hysteriker besänftigt, urintreibend wirkt, den Magen stärkt, die Verdauung fördert, und da es auch ein Wurmmittel ist, dient es angeblich der Verhütung von Cholera und ähnlichen Krankheiten. Trotzdem sollte man darauf achten, daß man es in den Soffritti (geröstete Zutaten) nicht zu stark verwendet. Es gibt viele Menschen, die, weil sie wenig von der Kochkunst verstehen, einen Horror vor Knoblauch haben, weil der Atem danach riecht, wenn man es roh oder

schlecht zubereitet verzehrt hat. Sie verbannen es deshalb aus ihrer Küche, aber diese fixe Idee beraubt sie eines gesunden und schmackhaften Nahrungsmittels wie der folgenden Minestra, die ich zubereite, wenn mein Magen Schwierigkeiten macht.
Man nimmt 2 Knoblauchzehen, 1 gute Prise Petersilie und, wenn man es mag, ein wenig Basilikum. Die Zutaten werden zerkleinert und mit viel Öl aufgesetzt, wenn der Knoblauch anfängt braun zu werden, wirft man 6 oder 7 kleingeschnittene Tomaten hinein, Pfeffer und Salz dazu. Wenn sie gar sind, wird die Sauce durchgeschlagen. Man übergießt damit Spaghetti oder »trocken« bereitete Fadennudeln für 4 oder 5 Personen. Die Nudeln und Spaghetti müssen nur kurz in viel Wasser gekocht sein und kommen dann sofort auf den Tisch. Dann saugen sie nicht soviel Flüssigkeit auf. Natürlich kann man die Sauce auch für Tagliatelle verwenden.

84 Spaghetti mit Erbsen

Eine leicht und schnell zubereitete Minestra für den Alltag der Familie, die aber gut und schmackhaft ist, wenn man sie sorgfältig macht. Außerdem kann man mit diesen »trockenen« Minestren (minestre asciutte) die Einförmigkeit der üblichen und faden Gerichte mit gekochtem Fleisch angenehm auflockern.

500 g Spaghetti, 500 g geschälte Erbsen, 70 g magerer Schinken

Der Schinken, 1 frische Zwiebel, frischer Knoblauch, einige Stengel Sellerie und Petersilie werden zerkleinert und mit Öl aufgesetzt. Wenn die Zutaten anfangen sich zu bräunen, schüttet man die Erbsen mit einigen zerkleinerten Dill-Stengeln hinein (falls Dill vorhanden). Salz und Pfeffer wie üblich und kochen.
Die Spaghetti werden mit der Hand auf halbe Fingerlänge zerkleinert, in Salzwasser gekocht, gut abgeseiht, mit den Erbsen vermengt und mit geriebenem Parmesan in einer eigenen Schüssel serviert.
Die Menge sollte für 6 oder 7 Personen ausreichen.

85 Spaghetti mit Balsamella

Die »Balsamella« ist eine angerührte Sauce, die gut zu Spaghetti schmeckt. Zu einer Mahlzeit für 4 Personen nimmt man 300 g Spaghetti, die wie üblich gekocht werden. Die entsprechende Balsamella besteht aus:

3 dl nicht entrahmter Milch, 20 g Butter, 5 g Mehl (½ EL)

86 Minestra aus durchpassiertem Gemüse

Man nimmt Mangold, Spinat, einen Strunk Lattich und Weißkohl (Mengen nach Bedarf). Vom Mangold entfernt man die gröbsten Stengel. Das ganze Gemüse wird grob zerkleinert und einige Stunden in frischem Wasser stehen gelassen.
Die Würzmischung bereitet man aus 1 kleinen Zwiebel und allen erreichbaren Kräutern wie Petersilie, Sellerie, Mohrrübe, einigen Blättern Basilikum und Dill. Man zerkleinert alles wie beim Battuto üblich und setzt es mit 1 Stückchen Butter auf das Feuer. Wenn alles gut gebräunt ist, legt man das leicht abgetropfte Gemüse hinein und setzt noch einige in Stücke geschnittene Tomaten und rohe Kartoffelscheiben zu. Pfeffern und salzen und unter häufigem Umrühren kochen lassen. Wenn das Gemüse zusammengefallen ist, gießt man heißes Wasser zu und läßt es weiter kochen, bis es zerfällt. Dann passiert man alles durch ein Haarsieb, auf dem Faseriges und Kerniges zurückbleibt. Die durchgeschlagene träge Flüssigkeit wird mit den üblichen Gewürzen abgeschmeckt und braucht auf jeden Fall einen Zusatz an Butter. Man verwendet die Sauce zu gekochtem Reis oder als Suppe. Sie soll aber nicht zu stark eingedickt sein.
Der Parmesan kommt separat auf den Tisch.

Antipasti

Antipasto (nicht zur Pasta gehörig) nennt man im Grunde all die leckeren Kleinigkeiten, die man sowohl vor der Minestra zu sich nimmt, wie es in großen Teilen Italiens geschieht, als auch nachher, wie in der Toskana üblich, was mir übrigens vernünftiger erscheint: sowohl Austern und Rauchfleisch als auch Fettes wie Schinken, Salami, Mortadella und Zunge. Auch Säuerliches wie Hering, Sardine, Kaviar oder Thunfisch kann als »Vorspeise« dienen, wenn man es mit Butter aufbereitet. Aber natürlich ist daneben auch Süßes sehr beliebt, wie die im folgenden beschriebenen Crostini (eigentlich »geröstete Brotschnitte«).

87 Crostini mit Kapern

50 g Essigkapern, 50 g Puderzucker, 30 g Rosinen, 20 g Pinienkerne, 20 g magerer und fetter Schinken, 20 g kandierte Früchte

Die Kapern werden grob gehackt, die Rosinen von Stielen gereinigt und gut gewaschen, die Pinienkerne in 3 Stückchen zerteilt, der Schinken in winzige Stückchen geschnitten und die kandierten Früchte werden gleichfalls etwas gehackt.
Man mischt in einem kleinen Topf 1 gehäuften TL Mehl und 2 TL von obigem Puderzucker, läßt es auf dem Feuer braun werden und gießt dann ½ Glas Wasser mit etwas Essig dazu. Man läßt kochen, bis sich die Klümpchen gelöst haben, schüttet alle übrigen Zutaten auf einmal hinein, läßt weitere 10 Minuten kochen und schmeckt dabei mehrmals ab, um den kräftigen süßen Geschmack zu kontrollieren. Ich habe absichtlich nicht die Essigmenge angegeben, weil die verschiedenen Qualitäten nicht gleich stark wirken. Die noch warme Mischung streicht man auf Brotscheiben, die in gutem Öl gebraten oder auch nur geröstet (Toast) sind. Man kann die abgekühlten Crostini bei der Mahlzeit auch zwischen den Gängen servieren, um den Appetit der Gäste anzuregen. Am besten eignet sich zu Crostini ein bestimmtes englisches Brot (heute als Toastbrot im Handel).

88 Crostini mit Trüffeln

Am besten nimmt man die Endkrusten eines Brotes und schneidet sie senkrecht zur Schnittfläche in Scheiben, man kann aber auch ganze Brotscheiben nehmen, die man gefällig aufteilt. Man röstet sie etwas und streicht auf die heißen Scheiben Butter. Darüber streicht man die nach Rezept Nr. 222 zubereiteten Trüffel und feuchtet sie noch mit der restlichen Sauce an.

89 Crostini mit Hühnerleber

Ihr wißt sicher, daß man, um die Hühnerleber zu entnehmen, zuerst die Gallenblase beseitigen muß, ohne sie zu verletzen, eine Manipulation, die man am besten in einer Schüssel mit Wasser vornimmt.
Man nimmt 1 Scheibe weiße Zwiebel, 1 Stückchen Fettes vom Schinken, einige Blätter Petersilie, etwas Sellerie und Mohrrübe, etwas Öl und Butter, dazu Pfeffer und Salz und setzt alles zusammen mit den Hühnerlebern aufs Feuer. Alle Zutaten in kleinen Mengen, sonst wird die Mischung zu pikant oder gar penetrant. Wenn sie halbgar sind, hebt man die Hühnerlebern heraus, gibt 2 oder 3 getrocknete (eingeweichte) Pilze dazu und zerkleinert die Leber sehr fein mit dem Wiegemesser. Dann gibt man sie wieder in den Kochtopf, setzt noch etwas Brühe zu und läßt alles zu Ende kochen. Vor dem Servieren legiert man mit feinen Semmelbröseln und träufelt ein wenig Zitronensaft hinein. Diese Crostini müssen weich sein, darum hält man die Würzmischung flüssig oder taucht die Brotscheiben vor dem Bestreichen sehr vorsichtig ein wenig in Fleischbrühe.

90 Crostini mit Hühnerleber und Salbei

Man zerkleinert sehr wenig Zwiebel zusammen mit fettem und magerem Schinken, setzt alles mit etwas Butter ans Feuer, und wenn es gut gebräunt ist, gibt man die fein gehackte Leber mit ein paar Salbeiblättern (4 oder 5 auf 3 Lebern) hinein. Pfeffer und Salz

zusetzen, abwarten, bis die Leber feucht ist, dann noch etwas Butter, und 1 TL Mehl. Jetzt gießt man zum Kochen Brühe nach. Ehe man sie vom Feuer nimmt, kommen noch 3 oder 4 TL geriebener Parmesan hinein, man schmeckt ab und würzt eventuell nach.
Als Crostini nimmt man etwa 1 cm dicke Scheiben altbackenes Weißbrot, die man auf einer Seite reichlich mit der abgekühlten Paste bestreicht. Wenn man sie nach einigen Stunden allein oder als Beilage zum Braten servieren will, quirlt man zuvor 1 Ei mit etwas Wasser, taucht die Crostini einzeln mit der unbestrichenen Seite in das Ei und gibt sie mit dieser Seite nach unten noch einmal in die Pfanne.

91 Crostini mit Hühnerleber und Sardelle

2 Hühnerlebern, 1 Sardelle

Die Hühnerlebern werden in Butter gebraten, wenn sie alle Butter aufgesogen haben, gießt man Fleischbrühe zu. Sie bekommen 1 Prise Pfeffer, aber kein Salz. Wenn sie gar sind, werden sie zusammen mit der gewaschenen und gesäuberten Sardelle kleingehackt. Dann kommt alles in den Topf, in dem die Lebern gebraten wurden, noch etwas Butter dazu und das Ganze erhitzen, ohne es kochen zu lassen. Man bestreicht frisches Weißbrot damit.

92 Crostini mit Milz

120 g Hammelmilz, 2 Sardellen

Die Milz wird abgezogen, dann mit Butter und Fleischbrühe gekocht. Statt Fleischbrühe kann man auch eine Mischung aus wenig Zwiebel, Öl, Butter, Salz, Pfeffer und sonst passenden Gewürzen nehmen. Diese Zutaten werden zusammen mit den Sardellen fein zerkleinert, in den Topf mit der Milz gegeben und mit 1 TL Semmelbrösel legiert. Weiteres Kochen ist nicht notwendig. Man gibt die Paste auf Brotscheiben, die man zuvor am Ofen getrocknet, aber nicht geröstet, und mit Butter bestrichen hat.

93 Stockfisch Montblanc

Der Namengebung in der Küche kann man oft nicht mehr folgen, zumal dieses Gericht dem Aussehen nach nicht »montebianco« (weißer Berg), sondern »montegiallo« (gelber Berg) heißen müßte. Die Franzosen haben diesen Ausdruck etwas zu kühn mit »Brandade de morue« (Stockfisch-schwenken) übersetzt, obwohl sich das Wort »brandir« (schwenken) eigentlich nur anwenden läßt, wenn man ein Schwert, eine Hellebarde oder sonst etwas Heroisches »schwenkt«. Hier wird aber nur ein hölzerner Kochlöffel »geschwenkt«.
Aber davon abgesehen verdient das Gericht eure volle Aufmerksamkeit, denn es macht aus dem ganz gewöhnlichen Stockfisch eine Delikatesse, mit der man in jeder Gesellschaft glänzen kann.

500 g eingeweichter, fleischiger Stockfisch, 200 g feinstes Öl, 1 dl Sahne oder vollfette Milch

Der sorgfältig gereinigte Fisch (Flossen, Gräte usw.) wird noch etwa 340 g wiegen. Er wird im Mörser zerkleinert und dann mit der Sahne auf ein mäßiges Feuer gesetzt. Man rührt ständig um, bis er die Sahne (oder Milch) völlig aufgesogen hat. Dann setzt man in winzigen Portionen (wie bei der Herstellung von Mayonnaise) Öl hinzu, wobei man ständig »die Waffe schwenkt«, also den Kochlöffel. Sobald alles gar ist, nimmt man den Fisch ab und serviert ihn kalt mit einer Beilage von rohen, sehr fein geschnittenen Trüffelscheibchen oder Crostini aus geröstetem Brot. Ist das Gericht gelungen, sondert es auf dem Teller kein Öl ab.
Die Menge reicht für 8 Personen.

Salse

Die beste Salsa, die ihr euren Gästen bieten könnt, ist ein freundliches Gesicht und wahre Herzlichkeit. Brillat-Savarin sagte: »Einen Gast haben heißt, während der ganzen Zeit, die er unter eurem Dach ist, für sein Glück sorgen!«
Die wenigen Stunden, die man sich einem eingeladenen Freund widmen kann, werden heute oft schon im voraus verdorben durch gewisse Sitten, die sich immer mehr ausbreiten: Ich denke da zum Beispiel an die regelmäßigen Pflichtbesuche, oder auch an den Zwang, nach der Mahlzeit der Dienerschaft des Hauses ein entsprechendes Trinkgeld zu geben. Wenn ich für eine Mahlzeit bezahlen muß, gehe ich lieber gleich ins Gasthaus, denn aus Freundschaft darf keine Kette von Verpflichtungen werden. Auch Standard-Einladungen nach Art eines »jour fixe«, die formell und ohne jede Spontaneität zustande kommen, können in eine wahre Belästigung ausarten.

94 Salsa verde

Für die grüne Salsa zerkleinert man mit dem Wiegemesser Essigkapern, 1 Sardelle, wenig Zwiebel und sehr wenig Knoblauch. Am besten zerdrückt man alles noch mit der Klinge eines Tafelmessers und gibt es in eine Saucenschüssel. Man fügt eine ordentliche Portion Petersilie mit ein wenig Basilikum hinzu, beides natürlich fein gehackt, und verrührt das Ganze mit gutem Öl und Zitronensaft. Diese Salsa eignet sich zu gekochtem Hühnerfleisch oder kaltem Fisch, auch zu gekochten oder »verlorenen« Eiern.
Fehlen Kapern, so kann man auch Peperoni verwenden.

95 »Sauce Ravigote«

Diese »pikante Kräutersauce« sollte in keiner italienischen Küche fehlen. Sie eignet sich zu gekochtem Fisch, verlorenen Eiern und ähnlichen Gerichten.
Sie besteht aus Petersilie, Basilikum, Kerbel, Pimpernelle (oder Fenchelart), einigen Blättern Sellerie und 1 kleinen Zwiebel. Hinzu kommt 1 Sardelle (oder 2 kleine) und Kapern. Alles wird

fein zerkleinert, im Mörser zerrieben und durch ein Sieb geschlagen. Man gibt es mit Eidotter, Öl, Essig, Salz und Pfeffer in eine Schale, verrührt gut und kann servieren. Ich nehme 20 g Kapern und 1 Eidotter, das übrige mag jeder nach eigenem Geschmack komponieren.

96 Salsa mit Kapern und Sardelle

Diese für einen schwachen Magen wenig geeignete Salsa nimmt man gewöhnlich zum Schnitzel. Es gehört dazu ½ EL Kapern, man drückt den Essig aus, dann zerkleinert man sie und 1 sorgfältig gesäuberte Sardelle mit dem Wiegemesser. Das Ganze wird mit Öl zum Anwärmen auf das Feuer gesetzt, Pfeffer, Salz und Butter hinzu und das Schnitzel damit übergießen, sobald es vom Rost genommen ist. In diesem Falle sollte man nur wenig Butter nehmen, weil sie sich im Magen mit dem Essig der Kapern nicht gut verträgt.

97 Salsa für »Pasta asciutta«

Wenn mir ein Bild erlaubt ist, so möchte ich diese Salsa mit einer jungen Frau vergleichen, deren Schönheit nicht auf Anhieb verblüfft, deren Charme sich aber erweist, wenn man davon kosten darf.

500 g Spaghetti, 100 g frische Pilze, 70 g Butter, 60 g Pinienkerne, 6 Sardellen, 7 oder 8 Tomaten, ¼ einer großen Zwiebel, 1 TL Mehl

Man gibt die Hälfte der Butter in eine Kasserolle und röstet die Pinienkerne darin, nimmt sie heraus, gibt sie mit dem Mehl in den Mörser und zerstößt sie. Die Zwiebel wird fein zerkleinert und in der zuvor für die Pinienkerne ausgelassenen Butter kräftig gebräunt, dann schneidet man die Tomaten hinein, gibt Pfeffer und Salz zu. Wenn sie geröstet sind, schlägt man sie durch. Die Sauce kommt wieder auf das Feuer, man gibt die in sehr dünne Scheibchen (nicht größer als ein Kürbiskern) geschnittenen Pilze hinzu

und schließlich die Pasta aus Pinienkernen mit der restlichen Butter, die man, wenn nötig, durch etwas Wasser verlängern kann. Das Ganze kocht ½ Stunde, nach Bedarf wird die Salsa mit Wasser flüssiger gehalten. Endlich gibt man ein wenig von dieser Salsa zu den Sardellen, setzt sie auf das Feuer, läßt aber nicht aufkochen. Die gekochten Spaghetti gießt man ab und gibt die Salsa darüber. Auf jede Portion legt man 1 Sardelle, Parmesan verbessert auch in diesem Falle den Geschmack.
Die Mahlzeit reicht für 5 oder 6 Personen.

98 Weiße Salsa

Diese Salsa ist gut zu gekochtem Spargel oder Blumenkohl.

100 g Butter, 1 EL Mehl, 1 EL Essig, 1 Eidotter, Salz und Pfeffer, Brühe oder Wasser nach Bedarf

Zuerst röstet man das Mehl mit der Hälfte der Butter, bis es nußfarben ist, dann setzt man in kleinen Mengen die Fleischbrühe oder Wasser zu, rührt ständig um, läßt nicht zu stark aufkochen und gibt inzwischen noch den Rest der Butter und den Essig hinein. Man nimmt den Topf vom Feuer und rührt noch das Eidotter hinein – die Flüssigkeit sollte ausreichen, damit das Mehl sie nicht eindickt. Für die marktüblichen Spargelbündel sollten 70 g Butter mit entsprechend weniger Mehl und Essig reichen.

99 Salsa aus Tomaten

In der Romagna gab es einen Pfarrer, der seine Nase in alles stekken mußte und in jeder Familienangelegenheit – wie man so sagt – seine Finger hatte. Da er aber ein ehrenwerter Mann war und mit seinem Eifer doch mehr Gutes als Schädliches ausrichtete, so ließ man ihn gewähren. Die witzigen Romagnesen hatten ihn »Don Pomodoro« (Ehrwürden Tomate) getauft, weil ja auch die Tomaten überall dabeisein müssen. Auch eine mit dieser Frucht bereitete Salsa ist eine Bereicherung für die Küche.

Man zerkleinert 1 kleine Zwiebel, 1 Knoblauchzehe, 1 fingerlanges Stückchen Sellerie, einige Blätter Basilikum, beliebig viel Petersilie und gibt alles mit Pfeffer, Salz und ein wenig Öl aufs Feuer, wo man noch 7 oder 8 Tomaten hineinschneidet. Man rührt von Zeit zu Zeit um, bis sich eine einheitliche Flüssigkeit gebildet hat, die man durch das Sieb schlägt.
Diese Salsa ist sehr vielseitig verwendbar, ich werde gegebenen Orts darauf hinweisen. Besonders eignet sie sich für gekochtes Fleisch, mit Käse und Butter für die Pasta asciutta und für das im Rezept Nr. 62 beschriebene Risotto.

100 Salsa Mayonnaise

Es handelt sich um eine der besten Salse, schmackhaft vor allem zu gekochtem Fisch. Man quirlt in einer Schüssel 2 rohe, frische Eidotter und setzt dann fast tropfenweise (anfangs besonders langsam) 6 oder 7 EL Olivenöl hinzu – auch mehr, falls mehr absorbiert wird. Dann fügt man den Saft 1 Zitrone hinzu. Eine gelungene Salsa sieht aus wie eine feste Creme, manchmal muß man aber 20 Minuten darauf hinarbeiten.
Man kann des Erfolges sicherer sein, wenn man mit den beiden rohen Eidottern auch ein hartgekochtes zerquirlt.

101 Pikante Salsa (I)

Man nimmt 2 EL Essigkapern, 2 Sardellen und 1 Prise Petersilie. Man zerkleinert alles sehr fein und gibt es mit 1 guten Prise Pfeffer und viel Öl in eine Schale. Wenn es nicht fest genug wird, setzt man noch Essig oder Zitronensaft zu. Diese Salsa eignet sich für gekochten Fisch.

102 Pikante Salsa (II)

Wenig Zwiebel, Petersilie, einige Blättchen Basilikum, magerer Schinken und Essigkapern werden sehr fein zerkleinert und mit gutem Öl auf ein nicht zu starkes Feuer gesetzt; wenn die Zwiebel gebräunt ist, gibt man Fleischbrühe dazu. Man läßt alles noch ein bißchen (langsam) kochen, nimmt ab und setzt noch 1 oder 2 zerkleinerte und mit Zitrone gewürzte Sardellen zu.
Diese Salsa paßt zu verlorenen Eiern, Kotelett oder Schnitzel, in letzterem Falle muß nicht gesalzen werden.

103 Gelbe Salsa für gekochten Fisch

Die angegebene Dosierung reicht für einen Fisch von 300 bis 400 g.
In einer kleinen Kasserolle werden 20 g Butter mit 1 gehäuften TL Mehl aufgesetzt, wenn das Mehl nußbraun ist, gießt man nach und nach 2 Kellen Fischbrühe dazu. Wenn das Mehl beim Kochen nicht mehr in Erscheinung tritt, nimmt man die Salsa ab, gibt 2 EL Öl und 1 Eigelb hinzu und rührt gut um. Als letztes noch den Saft ½ Zitrone sowie ausreichend Pfeffer und Salz. Man läßt sie abkühlen und gießt die Sauce über den gekochten Fisch, der mit Petersilie garniert auf den Tisch kommt.
Diese Salsa muß das Aussehen einer nicht zu festen Creme haben, damit der Fisch sie richtig annehmen kann. Wer kalten Fisch nicht mag, kann Fisch und Salsa auch warm servieren.

104 Salsa olandese

70 g Butter, 2 Eigelb, 1 EL Zitronensaft, Salz und Pfeffer,
½ Eierschale voll Wasser

Die Butter wird gesondert zerlassen, ohne daß sie allzu heiß wird. Die Eidotter und das Wasser gibt man in eine Schüssel, die man auf ganz leichtes Feuer oder auf den Herdrand stellt und mit dem Schaumlöffel bearbeitet, dann setzt man nach und nach die ausgelassene Butter hinzu. Wenn die Mischung dicker wird, gießt man den Zitronensaft hinein, als letztes Pfeffer und Salz zugeben. Man bereitet diese Salsa unmittelbar vor dem Servieren, sie schmeckt delikat zu gekochtem Fleisch oder ähnlichem und reicht für eine Menge von etwa 500 g.

105 Salsa für gegrillten Fisch

Diese einfache aber gute und gesunde Salsa besteht aus Eigelb, Sardelle, gutem Öl und Zitronensaft. Die Eier mit Schale werden 10 Minuten gekocht, dann nimmt man pro Eigelb 1 Sardelle und schlägt alles durch ein Metallsieb, die Fische vorher natürlich gesäubert und entgrätet. Das Ergebnis wird mit Öl und Zitronensaft cremig gerührt. Mit dieser Salsa übergießt man den gegrillten Fisch oder bringt sie auch gesondert auf den Tisch.

106 Salsa mit Kapern für gekochten Fisch

50 g Butter, 50 g Essigkapern, 1 gehäufter TL Mehl, Salz, Pfeffer, Essig

Diese Menge reicht für etwa 500 g Fisch. Die Butter, besonders in gebratenem Zustand, ist für einen schwachen Magen an sich schon fett genug. Trifft sie, wie hier und in anderen Rezepten, mit Säuren (Essig, Zitrone etc.) zusammen, so möge der Koch die Konstitution der Gäste bedenken.
Der Fisch wird gekocht und in seiner Brühe warm gehalten. Inzwischen bereitet man die Salsa, indem man das Mehl zunächst mit der Hälfte der Butter aufsetzt, umrührt, und, wenn es zu bräunen beginnt, die andere Hälfte der Butter zusetzt.
Man läßt aufbrodeln und gießt eine Kelle voll Fischbrühe hinein, dann würzt man mit Salz und Pfeffer und zieht den Topf vom Feuer. Die Hälfte der Kapern wird zerkleinert, dann schüttet man sie mit den unzerkleinerten und einem Tropfen Essig in den Topf. Die Salsa muß auf jeden Fall noch abgeschmeckt werden – sie soll flüssig-cremig sein.

Der noch warme Fisch kommt in die Schüssel, die Salsa wird gleichfalls warm darüber gegossen, den Fisch verziert man mit Petersilienblättern und serviert.

107 Salsa mit Thunfisch

Diese Salsa kann man zu gekochtem Fleisch wie zu gekochtem Fisch servieren.

50 g Thunfisch in Öl, 50 g Essigkapern, 2 Sardellen,
2 hartgekochte Eidotter, 1 gute Prise Petersilie, Saft ½ Zitrone,
1 Prise Pfeffer, ausreichend Öl

Die Fische werden gesäubert, dann zusammen mit dem Thunfisch, Kapern und Petersilie mittels Wiegemesser zerkleinert. Danach wird die Mischung mit den Eidottern zusammen im Mörser zerstoßen, man tropft etwas Öl hinein, um alles leichter durch das feine Sieb schlagen zu können, gibt noch mehr Öl und Zitronensaft zu, bis man eine zähe Flüssigkeit erhält.

108 Genueser Salsa zu gekochtem Fisch

40 g Pinienkerne, 15 g Essigkapern, 1 Sardelle, 1 hartgekochter Eidotter, Fleisch von 3 Oliven (aus Salzlake), ½ Knoblauchzehe, 1 gute Prise Petersilie ohne Stengel, 1 Handvoll in Essig aufgeweichtes Weißbrot (ohne Kruste), 1 Prise Pfeffer und 1 Prise Salz

Petersilie und Knoblauch werden sehr fein zerkleinert, dann mit allen übrigen Zutaten zusammen im Mörser zerstoßen und durch das Sieb geschlagen. Darauf setzt man 60 g Öl und 1 Tropfen Essig zu, schmeckt aber vorher ab, um die richtige Dosierung zu finden. Diese Salsa mundet vorzüglich und ist für 600 g Fisch ausreichend.

109 Salsa mit Trüffeln

1 nußgroßes Stück Zwiebel, 1/2 Knoblauchzehe und etwas Petersilie wird fein zerhackt, mit 20 g Butter aufgesetzt, und wenn es Farbe hat, gießt man 2 Fingerbreit Marsala (Trinkglas) hinzu, in den man 1 gehäuften TL Mehl verrührt hat. Die Salsa wird mit Pfeffer, Salz und Gewürz nach persönlichen Geschmack versehen und ständig umgerührt. Wenn das Mehl gebunden hat, gießt man etwas Fleischbrühe zu und wirft dann sehr fein geschnittene Trüffelscheibchen hinein. Man läßt den Topf noch kurz auf dem Feuer, serviert die Salsa dann zu gebratenem Hammelkotelett, Schnitzel oder anderen Braten.
Ich muß darauf hinweisen, daß Wein in den Speisen nicht jedem Magen bekömmlich ist.

110 Balsamella

Diese Salsa ist der französischen Béchamel-Sauce gleichwertig, nur ist diese komplizierter zu bereiten.
Man gibt 1 Stück Butter so groß wie 1 Ei und 1 EL Mehl in einen Topf und verrührt beides gut. Wenn es anfängt braun zu werden, setzt man nach und nach unter ständigem Umrühren 1/2 l Milch erster Qualität zu und rührt weiter, bis aus der Flüssigkeit eine milchfarbene Creme geworden ist. Dies ist die Balsamella. Ist sie zu fest, so gibt man noch etwas Milch hinzu, ist sie zu flüssig, so verrührt man noch etwas Butter mit Mehl, gibt es hinein und setzt die Balsamella noch einmal aufs Feuer. Diese Salsa ist sehr ergiebig, man kann nach Bedarf die Menge der Zutaten proportional ändern. Eine gute Balsamella und die schon früher beschriebene Fleischbrühe sind Grundlage und Geheimnis der feinen Küche.

111 Salsa mit Peperoni

Man nimmt große, grüne Peperoni, öffnet sie, nimmt die Kerne heraus und teilt sie der Länge nach in 4 oder 5 Streifen. Man erhitzt sie in einer Schüssel mit etwas Öl, um sie leichter schälen zu

können. Dann setzt man 1 fein zerkleinerte Knoblauchzehe mit Öl und Butter zum Feuer, und wenn sie angebräunt ist, wirft man die geschälten Peperoni hinein, salzt sie, läßt sie die Würze etwas aufsaugen und schüttet Tomatensauce hinzu.
Man läßt sie nicht zu sehr kochen, weil sonst die Peperoni das Pikante velieren. Man serviert diese Salsa zu gekochtem Fleisch.

Eier

Nach dem Fleisch sind Eier die nahrhaftesten Lebensmittel. Als der berühmte Physiologe Maurizio Schiff seinen Lehrstuhl in Florenz hatte, bewies er, daß das Eiklar nahrhafter ist als das Dotter, das stark fetthaltig ist, und daß rohe oder wenig gekochte Eier schwerer verdaulich sind als gekochte, weil der Magen zwei Arbeitsgänge zu verrichten hat statt eines einzigen: das rohe Ei muß zuerst koaguliert werden (Eiweiß aussondern, was im Mund beginnt) und ist danach erst verdaulich. Das beste ist wieder einmal der Mittelweg, keine ganz rohen Eier, aber auch keine zu hart gekochten. Im Frühjahr sind Eier am schmackhaftesten. Frische Eier gibt man Wöchnerinnen zu trinken, und der Volksmund behauptet, sie könnten auch Jungvermählten dienlich sein.
Da kannte ich einmal einen Gastwirt, einen großen, kräftigen und nicht übermäßig klugen Taugenichts, der seine Gesundheit durch ausschweifendes Leben geschädigt hatte, zum Arzt ging und von ihm den Rat bekam, jeden Morgen zwei rohe Eier zu trinken. Es ergab sich nun der günstige – oder auch ungünstige – Zufall, daß zum Gasthaus ein großer Hühnerhof gehörte und der Mann die Eier frisch von der Henne bekam. Nach einigen Tagen kam dieser Tor nun auf den Gedanken: »Wenn 2 Eier so gesund sind, wieviel gesünder sind dann erst 4 Eier«, und er verschlang ihrer 4. Und dann: »Wenn 4 Eier gut sind, dann sind 6 bestimmt noch besser«, und nichts wie runter mit den 6. So steigerte er sich auf 12 bis 14 rohe Eier pro Morgen, bis er schließlich mit einer gepfefferten Magenverstimmung auf der Nase lag, ins Bett mußte und dort ausreichend Zeit fand, die verschlungenen Eier »auszubrüten«.

112 Trinkeier und harte Eier

Auch Trinkeier läßt man mindestens 2 Minuten kochen, harte Eier 10 Minuten, gerechnet von der Sekunde an, in der man sie ins kochende Wasser legt. Will man sie nicht ganz hart, so ist 6 Minuten das Höchstmaß. In jedem Falle werden sie sofort nach dem Herausnehmen mit kaltem Wasser abgeschreckt.

113 Verlorene Eier

Wenn das Wasser kocht, schlägt man die Eier auf und läßt sie aus geringer Höhe hineingleiten. Wenn das Eiklar gut geronnen ist und das Dotter nicht mehr zittert, hebt man sie mit dem Schaumlöffel heraus und gibt Salz, Pfeffer, Käse und Butter zu. Will man eine Salsa, so wählt man die nach Rezept Nr. 101, oder man bereitet eine eigene aus einer zerkleinerten und in warmer Butter aufgelösten Sardelle und gehackten Essigkapern. Diese Salsa eignet sich aber nicht für jeden Magen. Man kann verlorene Eier auch auf einer fingerdicken Schicht Kartoffelpüree oder auf mit Butter zubereitetem Spinat servieren.

114 Geschlagene Eier

Dies ist ein Zwischengericht oder auch eine Vorspeise. Für drei Personen benötigt man:

4 Eier, 40 g Butter, 1 dl Sahne

Man setzt die Butter aufs Feuer, und wenn sie brät, gießt man die gequirlten Eier hinein, pfeffert und salzt und gibt unter ständigem Rühren ganz langsam die Sahne hinzu. Wenn sich die Masse verfestigt hat, streicht man sie auf 3 etwa fingerdicke, geröstete Brotscheiben, die man zuvor (noch warm) mit Butter getränkt hat. Geriebener Parmesankäse darüber und servieren.

115 Dotter auf dem Kanapee

Es widerstrebt mir, solchen Köstlichkeiten dumme und häufig lächerliche Namen zu geben, aber wer verstanden werden will, muß sich dem allgemeinen Sprachgebrauch fügen.
Verteilt man die hier angegebene Menge auf 5 Personen, so kann man sie vor dem Frühstück oder vor dem Mittagessen servieren. Man nimmt dazu 5 über fingerdicke, etwa handtellergroße Brotscheiben ohne Kruste und macht in der Mitte einer je-

den ein Loch, das aber nicht ganz durchgeht. Man brät die quadratischen Brotschnitten in Butter und legt sie in eine Schale, die auf dem Ofen steht. Danach gibt man in jede der Höhlungen 1 Eigelb, das nicht zerlaufen darf und bereitet getrennt eine Balsamella aus knapp 3 dl Milch, 40 g Mehl und 40 g Butter. Man nimmt sie vom Feuer, gibt 3 gehäufte EL Parmesan, 1 Spur Zimt oder Muskatnuß und Salz hinzu. Man läßt abkühlen und gießt die Balsamella über die warmgehaltene Schüssel, so daß die Eidotter und das Brot bedeckt werden. Das Ganze wird noch einmal der Oberhitze ausgesetzt, aber so, daß die rohen Eidotter nicht allzu fest werden. Es kommt warm auf den Tisch.

116 Gefüllte Eier (I)

Nachdem die Eier wie in Rezept Nr. 112 hart gekocht sind, schneidet man sie der Länge nach in 2 Hälften und nimmt die Dotter heraus. Für je 2 Eier nimmt man eine Sardelle, die man säubert, entgrätet und dann mit wenig Petersilie und noch weniger Zwiebel zerkleinert. Dem setzt man die Eidotter zu und so viel Butter, daß sich das Ganze mit der flachen Klinge eines Tafelmessers zu einer Paste verarbeiten läßt. Dieses Gemenge häuft man in die Höhlungen der Eier; die so gefüllten halben Eier legt man auf ein Teller und gießt die Salsa Mayonnaise des Rezepts Nr. 100 darüber. Man kann sie auch ohne Salsa mit Salz, Pfeffer, Öl und Essig servieren, in jedem Falle sind sie schmackhaft und scheinen dem Magen willkommen zu sein.

117 Gefüllte Eier (II)

Als Vorspeise zur Mahlzeit genügen für 6 Personen:

6 Eier, 30 g Butter, 20 g Brot (weiß, ohne Kruste),
2 gehäufte EL Parmesan, 1 Prise getrocknete Pilze,
ein paar Blättchen Petersilie, ausreichend Salz

Die Eier werden hart gekocht, der Länge nach aufgeschnitten und

die Dotter beiseite getan. Der Brotteig wird gut mit Milch getränkt und ausgedrückt. Die Pilze werden in lauwarmem Wasser aufgeweicht.
Das Ganze wird sehr fein zerkleinert und die Masse wieder in die 12 halben Eier gehäuft, die man dann auf einem Teller auf einer Schicht von nach Rezept Nr. 316 passierten Kartoffeln (aus 350 g rohen Kartoffeln) anordnet. Statt auf Kartoffeln kann man sie auch auf eine Schicht Spinat, Erbsen oder auf anderes Gemüse legen. Bevor man serviert, wird alles noch einmal zusammen angewärmt.

118 Verschiedene Frittate

Wer wüßte nicht, wie man eine Frittata macht? Und wer auf dieser Welt hätte noch nie im Leben eine solche Eierspeise bereitet? Aber trotzdem ist es nicht überflüssig, daß man ein paar Worte dazu sagt. Die Eier für das Omelette sollte man nicht zu sehr quirlen. Man verrührt etwas mit einer Gabel, und wenn Eiklar und Eigelb sich vermischt haben, hört man auf. Man kann ganz einfache, aber auch ziemliche raffinierte Omelettes machen. Hat man sich ein solches Omelettchen nach Florentiner Art um die Gabel gewickelt und mit einem Haps verschwinden lassen, so möchte man am liebsten immer mehr. Sie geraten in dem vorzüglichen Öl der Toskana besonders gut, auch, weil sie nur auf einer Seite gebraten werden, was sich in fast allen Fällen empfiehlt. Wenn die untere Seite gebraten ist, stürzt man die Pfanne über einen Teller, den man in der Hand hält und begibt sich zu Tisch.
Alle Arten von Grünzeug, sei es nur gekocht oder in Butter vorgeröstet, lassen sich im Omelette verwenden, es kann aber auch schon etwas Parmesan, vielleicht mit etwas Petersilie gemischt, ausreichen. Hervorragend, aber schwer verdaulich ist das Omelette mit Zwiebeln. Zum Besten gehören nach meinem Geschmack die mit Spargel und Zucchini. Bei Spargel wird der grüne Teil mit Butter gebraten und mit etwas Parmesan den Eiern zugesetzt. Bei Zucchini nimmt man die kleinen länglichen, schneidet sie in runde Scheiben, salzt sie ein wenig; wenn sie Wasser absondern, wälzt man sie in Mehl und brät sie in Öl oder ausgelassenem

Speck, bis sie braun werden, und gibt sie zu den Eiern. Auch die nach Rezept Nr. 307 bereiteten Erbsen ergeben eine ausgezeichnete Füllung für Omelette.
Man kann auch Omelettes mit Konfitüre machen, dann gibt man beliebige Fruchtkonserven oder eingedickten Saft aus den fertigen Kuchen. Viele mögen das, mir ist es zu süßlich.

119 Omelette mit Zwiebeln

Nehmt weiße, große Zwiebeln, zerschneidet sie in 3 cm dicke Stücke und laßt sie wenigstens eine Stunde lang in frischem Wasser stehen. Bevor ihr sie mit Speck oder Öl in die Pfanne gebt, müssen sie gut mit einem Tuch trocken gedrückt werden. Wenn sie anfangen Farbe zu bekommen, werden sie etwas gesalzen, auch die Eier werden gesalzen und über die Zwiebeln gegossen. Vorsicht, dieses Omelette brennt leicht an.

120 Omelette mit Spinat

Man wäscht den Spinat, läßt ihn gut abtropfen und ohne Wasser gar werden, anschließend wirft man ihn wieder in kaltes Wasser. Er wird ausgepreßt, grob zerkleinert und kommt mit Salz, Pfeffer und 1 Stück Butter in die Pfanne. Man wendet häufig um, und wenn das Fett aufgesogen ist, gießt man die gesalzenen und geschlagenen Eier darüber. Das Omelette wird auf einer Seite gebraten, mit Hilfe eines Tellers gewendet und mit einem weiteren Stück Butter auf der anderen Seite gebraten. Den Eiern kann man nach Belieben etwas Parmesan zusetzen.
200 g roher Spinat, insgesamt 40 g Butter und 4 Eier sind angemessene Mengen.

121 Omelette mit grünen Bohnen

Die Bohnen werden in Salzwasser gekocht und in 2 oder 3 Stücke geschnitten. Pfeffern und salzen, dann kommen sie mit Butter und Öl in die Pfanne. Die Eier werden mit 1 Prise Parmesan und etwas Salz verrührt und, wenn die Bohnen anfangen runzlig zu werden, darüber gegossen.

122 Omelette mit Blumenkohl

Um diesen Eierkuchen aus einem wenig pikanten Gemüse schmackhaft zu machen, sollte man die Zutaten exakt abmessen.

300 g ohne Blätter und Strunk gekochten Blumenkohl, 60 g Butter, 2 gehäufte EL geriebenen Parmesan, 1 EL Öl, 6 Eier

Zerkleinert den Blumenkohl sehr fein und gebt ihn zu der Butter und dem Öl in die Pfanne – Pfeffer und Salz dazu. Das Ei wird mit Parmesan verrührt und, wenn der Blumenkohl das Fett aufgesaugt hat, darüber gegossen. Das Omelette soll dünn sein, damit man es nicht wenden muß. Ist die Pfanne klein, so macht man aus der Menge lieber zwei.

123 »Eierlocken« als Beilage

Man kocht 1 Bündel Spinat und gibt es durch das Haarsieb. Dann schlägt man 2 Eier mit Pfeffer und Salz und gibt nur so viel von dem Spinat hinein, daß sie grün werden. Man setzt die Pfanne nur mit einigen Tropfen Öl auf das Feuer, so daß sie eben angefeuchtet ist. Sobald sie warm ist, gibt man eine Portion Ei hinein und bewegt die Pfanne so, daß es sich zu einem papierdünnen Omelette verteilt. Wenn es gar und trocken ist, notfalls muß es auch umgedreht werden, nimmt man es heraus und wiederholt dasselbe mit dem restlichen Ei noch zweimal. Diese drei kleinen Kuchen rollt man nun zusammen und zerschneidet sie in so feine Streifen wie Suppennudeln. Die Scheibchen läßt man noch ein wenig in Butter braten, würzt sie mit Parmesan und nimmt sie als Beilage zu gedämpfter Kalbsschnitte oder ähnlichen Gerichten. Diese Beilage sieht nicht nur gut aus, und wenn sie ohne Spinat bereitet wird, wird mancher Gast kaum erraten, woraus sie gemacht ist.

124 Omelette mit Kalbsniere

Man nimmt 1 Kalbsniere, schneidet sie der Länge nach auf und beläßt ihr nach Möglichkeit alles Fett. Man gibt Salz, Pfeffer und Öl dazu und grillt sie auf dem Rost. Anschließend schneidet man sie quer in dünne Scheiben. Im Verhältnis zur Größe der Niere rührt man Ei mit Pfeffer und Salz ein, gibt 1 Prise fein zerkleinerte Petersilie zu, wirft die Nierenscheibchen in das Ei, rührt um und brät das Ganze in Butter. Diese Paste e Pastella (Teig und Rührteig) Omelette wird nur einseitig gebraten.

Paste e Pastelle

125 Pasta matta

Diese Pasta heißt nicht »matta« (verrückt, hier narrensicher), weil sie Dummheiten macht, sondern wegen der Einfachheit, mit der diese Grundlage so vieler Gerichte zubereitet wird.
Man verknetet Mehl mit der entsprechenden Menge Wasser und Salz und macht einen Teig daraus, der sich mit der Nudelrolle auswalzen läßt.

126 Blätterteig

Das Gute an diesem Teig ist, daß er beim Aufgehen blätterig wird und sehr leicht ist, aber die Zubereitung ist für den Ungeübten sehr schwierig. Am besten sieht man einmal zu, wie ein geübter Meister so etwas macht. Ich will aber trotzdem versuchen, die Vorgänge möglichst genau zu beschreiben.

200 g feinstes Mehl, 150 g Butter
oder auch
300 g Mehl, 200 g Butter

Im Winter knetet man das Mehl mit warmem (nicht kochendem) Wasser ein. Salz wie üblich, 1 EL Aquavit und 1 nußgroßes Stück Butter, die man von obigen 150 oder 200 g abnimmt. Daraus knetet man einen nicht zu festen und nicht zu weichen Teig, den man wenigstens ½ Stunde lang gut durcharbeitet, zuerst mit der Hand, dann indem man ihn mit Wucht auf das Nudelbrett »klatscht«. Man formt daraus einen rechteckigen Laib (wie ein Brot), wickelt ihn in ein Leintuch und läßt ihn etwas ruhen. Inzwischen bearbeitet man auf dem Nudelbrett mit der in Wasser angefeuchteten Hand auch die Butter, bis sie gleichmäßig weich ist, dann formt man auch sie zu einem kleinen Ziegel und legt sie in eine Schüssel mit kaltem Wasser. Wenn der Mehlteig geruht hat, nimmt man die Butter aus dem Wasser, trocknet sie mit einem Tuch ab und bestäubt sie allseits ausgiebig mit Mehl.
Nun rollt man den Mehlteig mit der Nudelrolle nur so weit aus, daß man die Butter darin einpacken kann. Diese legt man mitten

darauf, faltet die Ränder des Teigs zusammen und verknetet sie mit den Fingern, wobei man darauf achtet, daß der Teig allseits fest an der Butter anliegt und keine Luftblasen entstehen. Jetzt beginnt man vorsichtig – zunächst von Hand, dann mit der Rolle – den Teig wieder auszubreiten, gleich beim ersten Mal so dünn wie möglich, aber auch so, daß keine Butter austritt. Geschieht dies doch, so streut man sofort Mehl auf die Stelle, an der die Butter sichtbar wird. Auch Nudelbrett und Rolle müssen öfter mit Mehl eingestäubt werden, damit der Teig auf dem Brett gleitet und nicht an der Rolle haftet. Nach dem ersten Ausrollen wird der Teig so zusammengefaltet, daß drei Schichten übereinanderliegen wie drei Blätter eines Buches. Dann rollt man ihn wieder zu mäßiger Dicke aus. Diesen Vorgang wiederholt man im ganzen sechsmal und läßt den Teig dazwischen jeweils 10 Minuten ruhen. Beim siebten Ausrollen faltet man den Teig dann nur einfach zusammen und bringt ihn auf die günstigste Dicke, also etwas dünner als 1 cm. Außer bei diesem letzten Mal muß man darauf achten, daß der Teig immer möglichst rechteckig ausgerollt wird, dreimal so lang wie breit; sollte durch eingeschlossene Luft Blasen entstehen, so sticht man sie mit einer Nadel auf.

Besser als das übliche Nudelbrett eignet sich ein Marmortisch, weil er kälter und geschliffen ist. Im Sommer braucht man unbedingt Eis, sowohl um die Butter nach dem Durchkneten wieder fest zu machen, als auch um den Teig besser bearbeiten zu können.

Mit diesem Teig bäckt man, wie ihr wißt, die »vol-au-vent« (Blätterteigpastete), das Feingebäck mit Marmelade oder eingemachten Früchten und Torte mit Marzipanfüllung. Als Pastete kann man sie auch mit einem feinen Gemisch aus Fleisch, Hühnerleber und Kalbsgekröse füllen. In allen Fällen erziehlt man den appetitlichen Goldschimmer, indem man die Oberfläche mit Dotter bestreicht. Verwendet man Blätterteig mit Süßem, so wird er in warmem Zustand noch mit Puderzucker bestäubt.

127 Blätterteig mager

Man nimmt Butter vom halben Gewicht des Mehls, setzt aber das Stückchen für den Teig eigens hinzu.
Das Weitere nach dem vorigen Rezept.

128 Pastella für Gebackenes

100 g Mehl, 1 EL feines Öl, 1 EL Aquavit, 1 Ei, getrennt, Salz, warmes Wasser nach Bedarf

Man verrührt das Mehl mit dem Eigelb und den übrigen Zutaten, gibt nach und nach Wasser zu, bis man einen nicht zu flüssigen Teig erhält. Das Ganze wird mit dem Kochlöffel gut durchgerührt, dann läßt man es einige Stunden ruhig stehen. Wenn es gebraucht wird, setzt man noch das geschlagene Eiweiß zu. Diese Pastella läßt sich zu mancherlei Art von Gebackenem verwenden, besonders für Früchte und Gemüse.

129 Rührteig für gebackene Fleischbeilagen

3 gehäufte EL Mehl, 2 EL Öl, 2 Eier und 1 Prise Salz werden gut verrührt.
Die Mischung ist nicht sehr fest und dient als Umhüllung für gebackenes Hirn, Rindermark, Kalbsgekröse, Lammhoden, Kalbskopf und ähnliches. Das alles wird je nach Beschaffenheit mehr oder weniger lang gekocht – auch Hirn und Mark, die beim Kochen fest werden. Das Wasser wird gesalzen, und wenn man das Gekochte oder Überbrühte herausnimmt, bekommt es noch zusätzlich Salz und Pfeffer. Die einzelnen Fleischarten werden etwa halbfingerlang aufgeschnitten, die Lammhoden können ganz bleiben, das Hirn in etwa nußgroße Stücke, das Kalbfleisch etwas größer. Man wälzt die Stücke in Mehl und bäckt sie dann in reinem Schmalz oder Öl.
Dieses weiß Gebackene paßt zu Leber oder Kalbskoteletts. Die Leber zerschneidet man in sehr dünne Scheiben, die Koteletts zer-

hackt man mit dem Messer oder zerkleinert sie auch mit dem Wiegemesser und preßt sie dann wieder in eine gefällige Form. Man gibt Pfeffer und Salz zu, taucht das Fleisch in gequirltes Ei und läßt es dann einige Stunden stehen. Vor dem Backen wälzt man es in feinen Semmelbrösel, wenn nötig mehrmals. Zu diesem gebakkenen Fleisch gibt man immer Zitronenscheiben.

130 Teig für Fleischpasteten

250 g Mehl, 70 g Butter, 1 gute Prise Salz, Milch zum Einrühren

Diesmal ist kein übermäßiges Kneten notwendig. Man gibt dem Teig Brotform, wickelt ihn in ein feuchtes, mit Mehl bestreutes Tuch und läßt ihn ½ Stunde ruhen. Diese Teigmenge könnte für eine Pastete reichen, die größer ist, als die in Rezept Nr. 281 beschriebene Wildbretpastete.

131 Teig für Wildbretpastete

Dieser Teig entspricht dem in Rezept Nr. 282 beschriebenen Teig für Hasenpastete.

Füllungen

132 Füllung für Hühner

Etwa 100 g mageres Kalbfleisch, ein Stückchen Kalbsbrust und das Hühnerklein. Statt Kalbfleisch und Kalbsbrust kann man auch mageres Schweinefleisch, Putenbrust oder einfach Rindfleisch nehmen.
Dieses Fleisch brät man mit einer Schalotte oder Zwiebel, Petersilie, Sellerie, Mohrrübe (alles gut zerkleinert) und Butter, würzt mit Pfeffer, Salz und was man selbst an Gewürzen bevorzugt und gießt dann Fleischbrühe nach. Man hebt das Fleisch aus der Brühe (mit dem Schaumlöffel), zerschneidet es, setzt ein paar getrocknete (eingeweichte) Pilze und 1 Scheibe fetten und 1 Scheibe mageren Schinken zu und zerkleinert alles sehr fein mit dem Wiegemesser. In die verbliebene Sauce gibt man ein Stück Weißbrot ohne Kruste, um damit 1 EL festen Brei zu gewinnen. Diesen, 1 gute Prise Parmesan und 2 Eier fügt man noch dem zerkleinerten Fleisch hinzu und füllt mit der Masse das Huhn, das zugenäht wird. Das Huhn kann man kochen oder schmoren, wenn man es kocht, ergibt es eine ausgezeichnete Brühe. Vorsicht beim Tranchieren, die Füllung soll als Ganzes in Scheiben geschnitten werden.
Eine andere Füllung ist für das Brathuhn, Rezept Nr. 373, beschrieben.

133 Fleischfüllung für Feingebäck aus Blätterteig

Diese Füllung kann man entweder mit gekochtem Kalbfleisch, mit Hühnerleber oder mit Kalbsgekröse machen. Ich finde Kalbsgekröse delikater als alles andere. Auf jeden Fall aber gebe ich, falls die Jahreszeit es erlaubt, diesem Gericht die Würze von Trüffeln zu. Man setzt das Gekröse mit einem Stückchen Butter, Pfeffer und Salz auf das Feuer, und wenn es Farbe angenommen hat, gießt man Fleischsauce Rezept Nr. 4 hinzu, dann zerkleinert man es auf die Größe einer Kichererbse oder weniger. Jetzt fügt man 1 oder 2 EL Balsamella nach Rezept Nr. 110 hinzu, außerdem etwas gesalzene Zunge oder mageren und fetten Schinken in kleine Stückchen geschnitten, 1 Prise Parmesan und etwas Muskatnuß, wobei

man darauf achtet, daß die Ingredienzien abgestimmt sind und nicht ein Gewürz zu stark durchschlägt. Man läßt das Ganze sehr stark abkühlen, damit es fest wird und leichter zu bearbeiten ist. Es gibt zwei Arten, es in den Blätterteig nach Rezept Nr. 126 einzupacken; man kann den Teig in beiden Fällen mit der Form für »offelle di marmellata« nach Rezept Nr. 420 ausstechen oder auch in ovaler Form. Nach der ersten Art wird die oben vorbereitete Masse mit dem Blätterteig zusammen gebacken, nach der zweiten gibt man sie nach dem Backen hinzu. Im ersteren Fall gibt man die entsprechende Menge der Masse mitten auf die ausgestochene Teigscheibe, bestreicht den Rand mit einem in Eigelb getauchten Finger und legt die zweite Scheibe darauf, dann bäckt man alles zusammen. Im zweiten Fall, die für den Koch bequemer ist, kann man den Blätterteig einen Tag vorher backen. Wieder bäckt man beide Teigblättchen gemeinsam, in das obere macht man aber vorher ein Loch von der Größe eines kleinen Geldstücks. Beim Bakken schwillt der Teig etwas, und man kann nachher das obere Scheibchen mit einer Messerspitze abheben, die man oben in das kleine Loch steckt. Man legt das Fleisch hinein und den »Deckel« wieder auf. Dann braucht man die Pasteten vor dem Servieren nur noch kurz anzuwärmen. In beiden Fällen wird nur die Oberfläche der Pastete zum »Vergolden« mit Eidotter bestrichen.
Zur Füllung eines »vol-au-vent« macht man eine Sauce mit grob zerschnittenem Hühnerklein und Kalbsgekröse.

Fritti

134 Fritto mit Füllung

Als Teig nimmt man den nach Rezept Nr. 178 oder auch den Blätterteig von Nr. 126, den man zur Dicke eines Geldstücks ausrollt. Man sticht Scheibchen von etwa 5 cm Durchmesser aus, deren Ränder eine gefällige Wellenlinie bilden, und gibt die Füllung des vorigen Rezepts darauf. Solcher Teigblättchen packt man mehrere aufeinander, feuchtet sie notfalls etwas an, damit sie aufeinander haften. Man bäckt sie und serviert sie warm.

135 Fritto mit Quark

200 g Quark, 40 g Mehl, 2 Eier, 2 knappe TL Zucker,
etwas geriebene Zitronenschale, 1 Prise Salz, 2 EL Aquavit

Man kann jede Qualität von Quark nehmen, vorausgesetzt, er hat nicht angezogen (verkäst), am würzigsten ist allerdings der Quark aus der Gegend von Rom und den Maremmen.
Das obige Gemisch läßt man einige Stunden ruhen und bäckt es. Mit diesen Mengen wird die Mischung nicht allzu fest, aber gerade recht, um zylinderförmige, etwa nußgroße Gebilde daraus zu machen. Man stäubt Puderzucker darüber und serviert sie warm als Beilage zu Fleischgerichten. Ihr werdet sehen, daß der Zucker wenig Einfluß auf den Geschmack hat, weil er verbrennt und eine schöne goldgelbe Farbe hinterläßt.
Um diesen und ähnlichen »Bomben« eine möglichst runde Gestalt zu geben, nimmt man die entsprechende Menge auf einen Löffel, den man zuvor in die kochende Sauce der Pfanne getaucht hat, und formt sie dann mit der Spitze eines gleichfalls in diese Sauce getauchten Tafelmessers.

136 Gebackene Senffüllung

Man nimmt dazu am besten den Mostrich, wie er in der Gegend von Savignano (am Rubikon) hergestellt wird, man kann ihn aber nach Rezept Nr. 499 selbst machen.

220 g Mehl, 30 g Butter, 1 Prise Salz, Milch zum Anrühren

Man bildet aus diesen Ingredienzien einen nicht zu festen Teig und knetet ihn gut durch. Man läßt ihn 1/2 Stunde ruhen und walzt ihn dann mit dem Nudelholz zur Dicke eines kleinen Geldstücks aus. Mit der Form von Nr. 134 sticht man kleine Scheiben aus. Angenommen, es sind ihrer 80, so streicht man auf 40 davon etwas Mostrich und deckt die übrigen 40 darauf, nachdem man zuerst die Ränder mit einem nassen Finger bestrichen hat, damit sie haften. Sie werden gebacken und mit Zucker bestreut.

137 Fritto mit Äpfeln

Nehmt große Äpfel guter Qualität, die nicht überreif sein sollen. Stecht mit einem Blechröhrchen, das zu ähnlichen Zwecken in der Küche vorhanden sein sollte, das Gehäuse heraus, so daß in der Mitte ein Loch bleibt. Die Äpfel werden geschält und dann in Scheiben von weniger als 1 cm Dicke geschnitten. Man legt sie in die Pastella (Rührteig) nach Rezept Nr. 128, dem man 1 Prise »anacio« (Eselskerbel) zusetzen kann, und bäckt sie.
Danach werden sie mit Puderzucker bestäubt und warm serviert.

138 Fritto di Cardoni

Nach Entfernung der Rippen kocht man die Blätter in Salzwasser, schneidet sie in kleine Stücke und brät sie in Butter, wobei man noch etwas Salz zusetzt. Dann bestreut man sie mit Mehl, taucht sie in die Pastella Nr. 128 und bäckt sie. Sie dienen als Beilage zu gebratenem oder geschmortem Fleisch.

139 Gebackener Fenchel

Man beseitigt die härteren Blätter, zerschneidet den Fenchel und kocht ihn in Salzwasser. Bevor man ihn wie oben in die Pastella taucht, drückt man ihn aus und bestäubt ihn mit Mehl.

140 Gebackene Mohrrüben

Wenn es der Jahreszeit wegen keine Zucchini gibt, kann man sie beim Braten durch Mohrrüben ersetzen.
Ohne sie zu schälen, zerschneidet man die Mohrrüben der Länge nach in dünne, fingerlange Scheibchen, salzt sie, und wenn sie nach einigen Stunden feucht sind, drückt man sie in Mehl, schüttelt das überflüssige Mehl ab und wendet sie in gequirltem Ei mehrmals hin und her. Dann nimmt man die Scheibchen einzeln mit den Fingern und legt sie in die Pfanne.

141 Gebackener Pfirsich

Man nimmt Butterpfirsiche, die nicht zu reif sind, schneidet sie in nicht zu dicke Scheiben und umgibt sie wie Apfel und Fenchel mit der Pastella Nr. 128. Nach dem Backen werden sie mit Zucker bestreut. Es ist nicht erforderlich, sie zu schälen.

142 Fritto aus Grieß

70–80 g feinkörniger Grieß, 3 dl Milch, 1 Ei, 3 TL Zucker,
1 nußgroßes Stück Butter, 1 Prise Salz, Zitronenschale als Würze

Man setzt die Milch mit der Butter und dem Zucker auf das Feuer, und wenn sie zu kochen beginnt, gießt man nach und nach unter ständigem Umrühren den Grieß hinein. Man salzt, setzt das Ei zu, und wenn es verrührt ist, hebt man den Grieß ab und gibt ihn in eine mit Butter eingestrichene Schüssel oder auf das fingerdick mit Mehl bestreute Nudelbrett. Man zerteilt den Brei auf Mandelgröße, taucht ihn in gequirltes Ei, wälzt ihn in feinem Grieß und bäckt ihn. Wenn man den Fritto besonders süß haben will, bestreut man ihn noch mit Puderzucker und kann ihn allein servieren oder auch als Fleischbeilage.

143 Grießkügelchen

Ich glaube, dieser Fritto wird überall gut aufgenommen und lohnt die Mühe, die man sich damit macht.

120 g Grieß, 15 g Butter, 1 gehäufter EL Kartoffelmehl (etwa 25 g), 1 Ei und 2 Dotter, 1 gehäufter TL Zucker, Würze von Zitronenschale, 4 dl Milch

Der Grieß wird mit Milch und Zucker gut gekocht, wenn man ihn vom Feuer nimmt, gibt man die Würze und 1 Prise Salz hinzu. Nach dem Abkühlen wird er im Mörser mit dem Ei zusammen zerstoßen, und zwar nacheinander mit jedem der beiden Dotter und dann mit dem ganzen Ei. Zuletzt schüttet man das Kartoffelmehl hinein und verarbeitet alles gut mit dem Stößel. Man gibt das Gemisch auf einen Teller und anschließend teelöffelweise in die Pfanne, wodurch man etwas über nußgroße Pallottole erhält, die man, wenn sie etwas abgekühlt sind, mit Puderzucker bestreut.
Dies ist ein leichter, wohlschmeckender und gutaussehender Fritto.

144 Polentakuchen alla lodigiana

½ l Milch, 100 g gelbes Mehl

Macht daraus eine Polenta und salzt sie, bevor ihr sie abhebt. Gießt sie so heiß auf das Nudelbrett und streicht sie mit einem in Wasser getauchten Tafelmesser knapp bis zu 1 cm Dicke aus. Wenn sie abgekühlt ist, stecht ihr mit einer Form von knapp 5 cm Durchmesser kleine Scheiben aus – wenn ihr die Reste immer wieder verknetet und mit dem Messer ausbreitet, werden es 30 bis 32. Man legt je 2 Scheibchen aufeinander, dazwischen 1 Scheibe Gruyère-Käse, bekommt also 15 bis 16 kleine Kuchen (Fritelle). 2 Eier werden verquirlt, soviel braucht man, um die Kuchen einzustreichen und zu panieren. Sie werden in Schmalz oder Ei herausgebacken und warm zum Braten serviert.

145 Gebackene Schweinsleber

Höher entwickelte Tiere besitzen zwischen Leber und Milz eine weißliche Drüse (das Pankreas), die in den Zwölffingerdarm mündet. Ihr Sekret ist alkalisch und trägt im Verein mit der Galle zur Auflösung der Nahrungsmittel bei. Ihre besondere Aufgabe besteht darin, fette Substanzen in eine Emulsion zu verwandeln, die sie leichter verdaulich macht. Diese Sekrete, die Magensäfte und der Speichel sind also notwendig zu einer vollkommenen Verdauung. Wegen ihrer Ähnlichkeit mit Speicheldrüsen und ihres delikaten Geschmacks wegen ist das Pankreas vielen unter dem Namen Lebergekröse bekannt, das vom Schwein nennt man in der Toskana »stomachino«.
Nach meiner Erfahrung entwickelt Schweinsleber erst ihren vollen Geschmack, wenn man sie (in dünne Scheiben geschnitten) ohne andere Beigaben nur mit dem in kleine Stücke geschnittenen Stomachino (Gekröse) in Speck brät. Man nimmt sie mit etwas von ihrem Fett aus der Pfanne, gibt Salz und Pfeffer zu und preßt in noch heißem Zustand eine Zitrone darüber aus, deren Säure das Fett dämpft. Die dünnen Leberscheiben kann man vor dem Braten auch in Mehl wenden.

146 Mischbraten alla bolognese

Diesen Fritto sollte man besser »feine Fleischklößchen« nennen. Man nimmt ein Stück mageres, geschmortes Kalbfleisch, ein kleines, gekochtes oder in seiner Soße gesottenes Hirn und eine kleine Scheibe fetten und mageren Schinken. Man zerkleinert alles sehr fein mit dem Wiegemesser und zerstößt es dann noch im Mörser. Dann gibt man ein Eidotter – je nach Menge auch 1 ganzes Ei – dazu und etwas Balsamella Nr. 110. Man setzt die Mischung auf das Feuer und rührt um, bis sich das Ei verfestigt hat. Nach Zusatz von geriebenem Parmesan, Muskat und fein zerkleinerten Trüffeln gießt man es in eine Schüssel. Nachdem es gut abgekühlt ist, formt man daraus Kügelchen von der Größe einer kleinen Nuß, wälzt sie in Mehl, taucht sie in gequirltes Ei, danach noch in feine Semmelbrösel, wiederholt diesen Vorgang zweimal und brät sie.

147 Fritto alla romana (I)

Man setzt gehackte Zwiebeln mit Butter auf das Feuer, und wenn sie gut gebräunt sind, brät man ein Stück mageres Kalbfleisch mit Pfeffer und Salz darin. Wenn das Fleisch Farbe angenommen hat, gießt man Marsala darüber und läßt es fertig garen. Man zerstößt es im Mörser und nimmt von der verbliebenen Soße, um es weicher zu machen, wenn nötig gibt man auch etwas Fleischbrühe hinzu und als letztes 1 Eigelb. Die Mischung darf nicht zu fest werden. Darauf nimmt man Waffeln oder nicht zu dünne Oblaten und zerschneidet sie in kleine, gleiche Felder.
Man zerquirlt 1 Ei und das erübrigte Eiklar. Dann nimmt man eine der Waffeln mit den Fingern auf, taucht sie in das Ei und legt sie auf eine Schicht Semmelbrösel. Darauf streicht man 1 etwa nußgroßes Stück von der Mischung, taucht dann eine zweite Oblate in das Ei und drückt sie nur mit einer Seite auf die Semmelbrösel, die später auf der Außenseite sein wird. Man legt diese Waffel auf die untere, so daß sie auf dem Gemisch festklebt, paniert sie wenn nötig noch einmal und wiederholt den Vorgang, bis die Masse verbraucht ist. Sie werden in Öl und Speck gebraten und als Zwischenmahlzeit serviert. 200 g Fleisch ohne Knochen ergeben etwa 20 solcher Happen.

148 Fritto alla romana (II)

Diesen Fritto bereitet man aus einer gebratenen Hühnerbrust, für die Anzahl von Waffeln wie im vorigen Rezept benötigt man folgende Zutaten:

50 g Hühnerbrust, 40 g gesalzene Zunge, 30 g mageren und fetten Schinken, 1 EL Parmesan, 1 kleiner Trüffel oder etwas Muskat

Vom Huhn entfernt man die Haut und zerhackt es – wie auch die Zunge und den Schinken – in sehr kleine Stückchen. Den Trüffel in feine Scheibchen aufschneiden. Man bereitet eine Balsamella aus 2 dl Milch, 30 g Butter und 30 g Mehl.
Wenn diese gar ist, setzt man obige Ingredienzien zu, läßt gut abkühlen und bereitet dann die Waffeln wie im vorigen Rezept.

149 Reiskuchen (I)

*½ l Milch, 100 g Reis, 100 g Mehl, 50 g Sultaninen,
15 g gehackte Pinienkerne (Reiskorngröße), 3 Eidotter und 1 Eiklar,
1 nußgroßes Stück Butter, 2 kleine TL Zucker, 1 EL Rum,
geriebene Zitronenschale, 30 g Sauerteig von Bier, 1 Prise Salz*

Den Sauerteig bereitet man wie für Krapfen nach Rezept Nr. 153 und rührt noch 40 g vom oben angegebenen Mehl ein. Der Reis wird in der Milch nicht zu weich gekocht, man hält etwas Milch zurück, um bei Bedarf nachzugießen. Um zu verhindern, daß er pappt, rührt man mehrmals um und kocht ihn auf nicht zu starker Glut. Man nimmt ihn vom Feuer, wenn er noch lauwarm ist, rührt man den schon aufgegangenen Sauerteig, die restlichen 60 g Mehl, die Eier, die Pinienkerne, den Rum und, wenn nötig, noch etwas Milch hinein. Nachdem er gut durchgearbeitet ist, setzt man noch die Sultaninen zu, stellt die Kasserolle nahe ans Feuer, damit alles bei mäßiger Hitze durchsäuert. Wenn der Teig aufgegangen ist, wirft man ihn eßlöffelweise in die Pfanne, in der sich rundliche, leichte Kuchen bilden. Man nimmt sie heraus, bestreut sie in nicht mehr ganz heißem Zustand mit Puderzucker und serviert sie warm.

150 Reiskuchen (II)

Diese sind einfacher herzustellen als die vorigen, aber trotzdem gut und leicht.

Man kocht 100 g Reis in ½ l Milch möglichst ausgiebig, wobei man 1 nußgroßes Stück Butter, wenig Salz, 1 knappen TL Zucker und geriebene Zitronenschale zusetzt. Wenn er abgekühlt ist, gibt man 1 EL Rum, 3 Eigelb, und 50 g Mehl hinein. Man rührt gut durch und läßt den Teig einige Stunden ruhen. Vor dem Braten setzt man unter langsamem Umrühren noch die 3 geschlagenen Eiklar zu und gibt die Kuchen dann wieder eßlöffelweise in die Pfanne. Mit Puderzucker bestäuben und warm servieren.

151 Grießkuchen

½ l Milch, 130 g Reis, 1 nußgroßes Stück Butter, 1 EL Rum, geriebene Zitronenschale, Salz, 3 Eier

Der Grieß wird in der Milch gekocht, gesalzen, und wenn er abgekühlt ist, fügt man Eier und Rum hinzu. Man brät die Kuchen in Öl oder Speck, gibt Puderzucker darauf und serviert.
Die Menge kann für 4 oder 5 Personen ausreichen.

152 Fritelle aus Pfannkuchen

Wenn ihr nicht wißt, was ein Tondone ist, fragt Stentorello (Hanswurst, Florentiner Volkstheater), der ihn oft und gerne ißt.

250 g Mehl, 6 Eier, 3 dl Wasser, 1 Prise Salz, Zitronensaft oder -schale

Man verrührt das Mehl mit dem nach und nach zugegebenen Wasser und salzt. Diesen Teig gießt man zu Butter, Öl und Speck in eine Pfanne, um ihn hell zu braten, wendet ihn mit Hilfe eines Tellers, brät die andere Seite ebenfalls, und der Pfannkuchen (tondone = der große Runde) ist fertig.
Man zerstampft ihn mit der Würze im Mörser und rührt die Eier hinein, zuerst 2, die anderen 4 einzeln mit dem geschlagenen Eischnee. Gut durchrühren.
Zum Braten wirft man sie wieder eßlöffelweise in die Pfanne, wo sie sehr stark aufgehen. Dann stäubt man sie mit Puderzucker ein. Nach Belieben kann man auch 100 g Malagatrauben zusetzen, muß diese aber vorher 24 Stunden in frischem Wasser aufweichen und die Kerne entfernen. Es kann für 6 Personen reichen, bei der halben Menge für 4.

153 Krapfen (I)

Versuchen wir, das Gericht zu beschreiben, das diesen deutschen Namen trägt, denn wir suchen nach dem Guten und Schönen überall, wo es sich findet. Aber um unserer und der Würde unserer Nation willen ahmen wir die anderen Nationen nicht aus purer Ausländerei blindlings nach.

150 g feines Mehl, 40 g Butter, Bierhefe (nußgroß), 1 Ei und 1 Dotter, 1 TL Zucker, 1 gute Prise Salz

Man nimmt eine Handvoll von dem Mehl auf das Nudelbrett und macht in der Mitte eine Vertiefung. Man gibt die Bierhefe hinein und verknetet alles mit lauwarmer Milch zu einem festen Teig, auf dem man oben ein Kreuzchen einschneidet, um besser zu erkennen, wenn er aufgegangen ist. Diesen Teig legt man in einen Tiegel oder in einen kleinen Topf, an dessen Boden sich ein ganz klein wenig Milch befindet, deckt ihn zu und stellt ihn in die Nähe des Ofens, wo er bei sehr mäßiger Hitze Zeit zum Durchsäuern hat: Ungefähr 20 Minuten werden genügen. Den Sauerteig legt man mitten in das verbliebene Mehl und verknetet ihn mit den Eiern, der ausgelassenen Butter, dem Zucker und dem Salz. Ist er nicht fest genug, dann gibt man so viel Mehl zu, daß er sich bis zu 1 cm Dicke ausrollen läßt. Dann sticht man mit einem Blechring knapp 5 cm große Scheibchen aus.
Angenommen, es ergeben sich deren 24, so nimmt man 1 Ei oder einen ähnlich geformten Gegenstand und drückt mit der Spitze in die Mitte jeder Scheibe eine Vertiefung, und in zwölf der Vertiefungen tut man eine Mischung aus kleingehackter Hühnerleber, Kalbsgekröse, Schinken, gesalzener Zunge und etwas Trüffel (oder Pilze), die mit Sauce und Balsamella zubereitet worden ist. Man befeuchtet die Scheibchen rundum mit einem in Wasser getauchten Finger und legt dann auf jedes eines der 12 leeren Scheibchen. Auf diese Doppelscheibchen drückt man nun ein anderes Blechröhrchen (Form) von ungefähr 3 bis 4 cm Durchmesser, so daß rings um den Rand ein Einschnitt entsteht. Diese 12 gefüllten Küchlein müssen jetzt noch aufgehen, aber bei mäßiger Wärme in der Nähe des Ofens oder im Rohr. Sind sie aufgegangen, so bäckt man sie in Schmalz oder Öl, aber so, daß sie von der Flüssigkeit ganz bedeckt sind, und serviert sie warm als Gebäck oder Zwischenmahlzeit.
Wünscht man eine süße Füllung, so braucht man nur die entspre-

chende Creme oder Fruchtkonserve hineinzugeben und bestreut die fertigen Krapfen mit Puderzucker.

154 Zylinder- und Spritzgebäck

Das Rezept macht zwar ein wenig Arbeit, ist aber ohne besondere Schwierigkeiten durchzuführen.

150 g Wasser, 100 g feinstes Mehl, 1 nußgroßes Stück Butter, 1 Prise Salz, Zitronenwürze, 2 Eier und ein Dotter

Man bringt das Wasser mit Butter und Salz zum Kochen, schüttet dann zügig und unter ständigem Umrühren das Mehl hinein. Auf dem Feuer lassen, bis das Mehl gar ist (10 Minuten) und den Teig dabei ständig in Bewegung halten. Dann nimmt man ihn aus der Kasserolle und streicht ihn auf Fingerdicke aus, damit er schneller abkühlt. Dann rührt man zuerst 1 Eigelb ein, danach 1 gut geschlagenes Eiklar, wieder 1 Eigelb und so fort, bis der Teig schließlich die Konsistenz einer Salbe hat. Will man »Bomben« machen (etwa Zylinderform), so wirft man ihn teelöffelweise in die Pfanne und rundet die Stücke ab. Spritzgebäck gibt man durch den Spritzbeutel, dessen Spritzdüse mit einem sternförmig ausgeschnittenen Plättchen abgeschlossen ist. Beim Austreten der Masse teilt man jeweils Stückchen von 9 bis 10 cm ab. Wenn es etwas abgekühlt ist, streut man Puderzucker darüber. Das Doppelte der obigen Menge kann für 8 bis 10 Personen reichen.
Als »Bombe« kann man dieses Gebäck auch ein wenig füllen, indem man es nach dem Backen etwas aufschneidet und eine delikat gewürzte Fleischmischung hineingibt, dann natürlich ohne Zucker.

155 Bombe composte

Diese »Bomben« müssen zum erstenmal in Bologna »explodiert« sein. Auf diesen Gedanken bringt mich die »Ladung«, die sie an

Mortadella und Käse enthalten. Trotzdem mögt ihr euch damit befassen, denn diese »Waffe« macht ihrem Erfinder Ehre.

180 g Wasser, 120 g Mehl, 30 g Gruyère-Käse,
1 nußgroßes Stück Butter, 30 g Bologneser Mortadella,
3 Eier, 1 Prise Salz

Man setzt das Wasser mit Butter und Salz auf das Feuer. Wenn es zu kochen beginnt, wirft man den Käse in Stückchen hinein, sofort darauf das ganze Mehl, wobei man kräftig umrührt. Der Teig bleibt unter ständiger Bewegung 10 Minuten auf dem Feuer, dann läßt man ihn abkühlen. Man setzt unter ständigem Umrühren die Eier zu, und zwar jedesmal zuerst das Eigelb, dann das geschlagene Eiweiß. Vor dem Backen gibt man die in zentimetergroße Stückchen geschnittene Mortadella dazu. Manchmal wird die Masse infolge der Qualität des Mehls oder weil die Eier sehr klein sind zu fest. Dann setzt man noch ein Ei zu und hat eine Portion für sechs Personen. Wenn diese Bomben gelungen sind, gehen sie auf und sind innen hohl. Zur Herstellung braucht man aber einige Mühe.
Sie werden warm zu Braten oder Leber serviert oder auch mit einem anderen Fritto gemischt.

156 Grießbomben

3 dl Milch (etwa 300 g), 130 g feinkörniger Grieß,
1 nußgroßes Stück Butter, 1 TL Zucker, Salz, Zitronenwürze, 3 Eier

Man setzt die Milch mit Butter und Zucker auf das Feuer. Sobald sie zu kochen beginnt, gießt man vorsichtig den Grieß hinein, damit er nicht klumpt oder ansetzt. Er bleibt auf dem Feuer, bis er gut fest ist, und wird in der Zeit weiter bewegt. Man nimmt ihn ab, salzt ihn und rührt sofort das erste Ei hinein, vor dem Braten dann auch noch die beiden anderen, aber nacheinander und das Eiklar in geschlagenem Zustand. Man formt Kügelchen und legt sie in die Pfanne, wo sie stark aufgehen und zu sehr leichten »Bomben« werden. Wenn sie nur wenig abgekühlt sind, bestreut man sie mit

Puderzucker. Mit schwachem Feuer arbeiten und die Pfanne hin und her bewegen.

157 Gebackene Artischocken

Dieser Fritto ist sehr einfach zu machen, aber, so unglaublich es klingt, man kann ihn auch verderben. In manchen Gegenden kocht man die Artischocken vor dem Braten, was nicht gut ist, in anderen taucht man sie in Rührteig, was nicht nur überflüssig ist, sondern der Frucht auch ihren natürlichen Geschmack nimmt. Die toskanische Zubereitung ist die beste.

Man nehme etwa 2 Artischocken, säubere sie von den lederartigen Blättern, putze sie (Spitzen, Stengel) und halbiere sie. Diese halben Artischocken schneidet man in Stücke oder besser in Scheiben. Jede Artischocke, auch wenn sie nicht besonders groß ist, ergibt 8 bis 10. Man gibt sie in kaltes Wasser, und wenn sie aufgefrischt sind, nimmt man sie heraus und trocknet sie ab, oder man drückt sie auch nur etwas aus, weil das Mehl, in das man sie wirft, besser haftet.

Man schlägt das Eiklar von 1 Ei halb schaumig, rührt das Eidotter hinein und salzt. Dann gibt man die Artischocken in ein Sieb, um das überflüssige Mehl abzuschütteln, anschließend in das Ei, rührt um und läßt sie etwas stehen. Man wirft die Stückchen einzeln in eine Pfanne mit kochendem Fett, wenn sie eine schöne Goldfärbung angenommen haben, nimmt man sie heraus und bringt sie mit Zitronenscheiben auf den Tisch, weil Zitrone bei allem nicht süß zubereiteten Gebackenem die beste Würze ist und Durst auf einen Schluck guten Weines macht.

158 Artischocken-Koteletts

Einige Damen haben sich beklagt, daß in meinem Buch dieses Gericht nicht zu finden sei – ich entschuldige mich und hole es nach. Nehmt 2 große Artischocken, entfernt die harten Blätter und kratzt den Stiel ab. Darauf kocht ihr sie, aber nicht zu sehr, und schneidet sie so heiß der Länge nach in 5 Teile, von dem jedes ein

Stückchen vom Stiel behält. Salzt und pfeffert sie und bereitet folgende Balsamella:

30 g Mehl, 30 g Butter, 20 g geriebener Parmesan, 2 dl Milch

Wenn sie etwas abgekühlt ist, rührt man ein Eidotter, den Parmesan und eine Prise Salz hinein, nimmt die Artischocken-Scheiben einzeln beim Stengel, taucht sie in die Balsamella, legt sie auf eine Schale und gießt mit einem Löffel die restliche Balsamella darüber. Wenn sie nach einigen Stunden kalt sind, gibt man ihnen Farbe mit einem gequirlten Ei, paniert sie und brät sie in Öl oder Schmalz.

159 Gebackene Zucchini (I)

Gebackene Zucchini mag eigentlich jeder, und sie eignen sich vorzüglich als Bereicherung oder Beilage anderer Fritti.
Man nimmt etwa fingerlange Zucchini der länglichen Art, wäscht sie und schneidet sie in knapp zentimeterdicke Scheibchen, beseitigt einen Teil des Kerns und salzt vorsichtig. Nach einer Stunde oder zwei läßt man das entstandene Wasser abtropfen, gibt sie dann, ohne sie ganz zu trocknen, in das Mehl und anschließend in ein Sieb, um das überflüssige Mehl abzuschütteln. Dann kommen sie sofort in die Pfanne mit brodelndem Öl oder ausgelassenem Speck. Zunächst rührt man sie nicht an, damit sie nicht zerfallen, erst wenn sie fest geworden sind, kann man sie mit dem Schaumlöffel bewegen und nimmt sie heraus, wenn sie anfangen zu bräunen.
Man kann sie auch zubereiten wie die Artischocken im Tiegel des Rezepts Nr. 203, aber dann muß man sie in runde Scheiben schneiden.

160 Gebackene Zucchini (II)

Diese gelingen leichter und sind für das Auge angenehmer als die im vorigen Rezept. Man nimmt dazu Zucchini, die so groß und dick sind, daß man sie nicht mit einer Hand umspannt. Man schält sie, um ihnen ein besseres Aussehen zu geben, schneidet sie der Länge nach in 2 Hälften und nimmt in dem Teil, in dem sich die Kerne befinden, das Innere heraus. Dann zerschneidet man sie in lange, gut fingerdicke Streifen, salzt sie und läßt sie einige Stunden lang Wasser ziehen. Vor dem Backen preßt man sie zwischen beiden Handflächen, um das restliche Wasser auszudrücken, dann wirft man sie in Mehl, wälzt sie mit dem Finger und schüttelt in einem Sieb das überflüssige Mehl ab. Sie werden mit viel Fett in der Pfanne gebraten.

161 Ciambelline

Wenn man nicht gesehen hat, wie sie zubereitet werden, wird es vielleicht schwierig. Ich werde mich aber um eine möglichst genaue Beschreibung bemühen. Ich lernte dieses Gebäck unter dem Namen »beignets« (Krapfen, Strudel) kennen, nenne es aber seiner Form wegen lieber Ciambelline.
Man setzt in einer Kasserolle 180 g (ccm) Wasser mit 2 TL Zucker, 1 Prise Salz und einem etwas mehr als nußgroßen Stückchen Butter auf das Feuer. Wenn das Wasser kocht, werden 120 g Mehl zugegeben, möglichst auf einmal, damit sich keine Klümpchen bilden, und unter ständigem Rühren. Man nimmt es bald ab und rührt so in heißem Zustand 1 Ei hinein, beim Abkühlen setzt man in Abständen 2 weitere Eier zu, wobei der Teig ständig glattgerührt werden muß. Man würzt mit Vanille und bereitet auf dem Nudelbrett ein gewisses Quantum Mehl vor, auf das man den Teig gießt. Man taucht die Hände in das Mehl und wälzt den Teig darin, bis er handlich, aber nicht zu fest geworden ist.
Man macht daraus 16 bis 18 Teile und formt sie zu Kügelchen, die etwas größer als eine Nuß sein werden. In jedes dieser Kügelchen drückt man von oben mit der Fingerspitze ein Loch hinein und dreht es dabei auf dem Brett ein paarmal um sich selbst, dann

wendet man es und wiederholt dasselbe von der anderen Seite, bis das Loch groß und schön abgerundet ist. So wird aus dem Kügelchen eine »Ciambellina«. Dann setzt man einen Topf mit großer Öffnung auf den Ofen, und wenn das Wasser heiß, aber nicht kochend ist, wirft man jeweils 3 oder 4 von den Kringeln hinein. Wenn sie sich am Boden festsetzen, hebt man sie leicht mit der Schaumkelle an, wendet sie, und wenn sie an die Oberfläche kommen, nimmt man sie heraus und legt sie auf ein Tuch. Mit der Messerspitze macht man an der Innen- und Außenseite eines jeden kleine Einschnitte (oder in gewissem Abstand auch je 2), damit sie besser aufgehen.
In diesem Zustand kann man sie – wie es gerade in die Arbeit paßt – stundenlang stehenlassen. Sie werden mit viel Fett (Öl oder ausgelassenem Speck) gebacken und dabei mehrmals gewendet, bzw. mit der Pfanne bewegt. Wenn der Teig gut war, schwellen sie zu ungewöhnlicher Größe an. Noch warm – aber nicht heiß – werden sie mit Puderzucker bestreut und serviert, der Schreiber wünscht sich, daß ihre Güte und angenehme Form allen Feinschmeckern sowie den schönen und jungen Damen behagen möge. So sei es.

162 Donzelline

100 g Mehl, 1 nußgroßes Stück Butter, Milch, 1 Prise Salz

Man rührt einen nicht zu festen, aber auch nicht flüssigen Teig an, den man auf dem Brett gut knetet und zur Dicke eines Geldstücks ausrollt. Er wird in mandelförmige Stücke aufgeteilt, in Speck oder Öl gebacken und geht dabei so sehr auf, daß er zart und delikat wird.
Das sind also die Donzelline (wörtl.: Jungfräulein), die man, wenn sie sich etwas abgekühlt haben, noch mit Puderzucker versüßt.

163 »Fritto di chifels«*

Dieser Fritto ist nicht teuer, man kann ihn zu gebratenem Fleisch statt Brot verwenden.

2 Chifels (Kipferl), 2 dl Milch, 20 g Zucker

Man bricht die Spitzen der Kipferl ab und zerschneidet sie in zentimeterdicke Scheibchen, die man in einer Schüssel auslegt. Die Milch wird mit dem Zucker auf das Feuer gesetzt, und wenn sie kocht, gießt man sie über die Scheibchen, um sie etwas einzuweichen. Wenn sie abgekühlt sind, taucht man sie in 2 gequirlte Eier, paniert und brät sie.
Falls man Vanille beigibt und sie später mit Pudezucker bestreut, können sie unter Umständen auch als »piatto dolce« (süße Zuspeise) dienen.

164 Gebackene Makronen

Man nimmt 20 kleine Makronen, befeuchtet sie so mit Rum oder Kognak, daß sie nicht aufweichen, rollt sie in der Pastella nach Rezept Nr. 128, dessen Menge ausreichen dürfte, und brät sie in Schmalz, Butter oder Öl. Sie werden mit Puderzucker bestreut und warm serviert.
Dieser Fritto ist nicht umwerfend, aber im Notfall kann man ihn schnell als Ergänzung einer etwas knappen Mahlzeit herstellen.

165 Crescente

Eine sonderbare Sprache hat man im gelehrten Bologna. Die Tappeti (Teppiche) nennt man dort Panni (Tücher, Lappen), für Fiasco (Flasche) sagt man Zucca (Kürbis) und piangere (weinen) heißt zigàre (etwa zwitschern). Eine geschwätzige, fade oder sonstwie unangenehme Frau, wofür wir Italiener wahrhaftig genug tref-

* österr. f. Hörnchen

fende Ausdrücke haben, nennen sie Sagoma (Schablone, Kauz, Typ). In den Restaurants findet man »Trüffliertes«, »Gerипptes« und dergleichen, daß der Hund verrückt wird. Man hat dort noch manches schöne Wort erfunden, dessen Zusammenhang mit dem bezeichneten Gegenstand oft schwer zu erkennen ist. Als ich zum ersten Mal das Wort Crescente hörte, dachte ich, es wäre vom Mond die Rede. Es handelte sich indessen um »schiacciata« oder »focaccia« (beides bedeutet Kuchen), gewöhnliches Gebäck, das jeder kennt und auch zubereiten kann, mit dem einzigen Unterschied, daß die Bologneser, um es leichter und verdaulicher zu machen, beim Einrühren des Mehls und des Salzes in warmes Wasser noch etwas Schmalz zusetzen.
Es scheint auch, daß der Teig besser aufgeht, wenn man, bevor man ihn in das kochende Fett wirft, die Pfanne vom Feuer abnimmt. Daher vielleicht »crescente«, zunehmend.
Im übrigen sind die Bologneser aufmerksame, fleißige und umgängliche Menschen, die offenherzige Sprechweise bei Männern und Frauen macht eine Unterhaltung mit ihnen zum Vergngügen. Als Boccaccio in einer seiner Novellen über die Frauen Bolognas spricht, ruft er aus: »O einmalige Süße des Bologneser Temperaments! Wie du in diesen Dingen (in Liebesdingen) immer gesiegt hast – nie sah man Tränen, nie wurden Seufzer vernommen. Stets warst du frommen Wünschen und verliebten Begehren wohlgesinnt.«

166 Crescioni

Auch hier heißt es also Crescioni und nicht einfach Tortelli mit Spinat, obwohl die Machart ganz alltäglich ist: Der Spinat wird wieder ohne Wasser gegart, gut ausgepreßt, in grobe Stücke geschnitten und kommt dann in das Bratfett, das mit einem Soffritto (gebräunte Würzmischung) aus Knoblauch, Petersilie, Öl, Salz und Pfeffer angereichert ist. Man kann noch etwas Sapa (Mostsaft) und getrocknete Weinbeeren zusetzen, aus denen man die Kerne entfernt hat; ist beides nicht vorhanden, nimmt man Zucker und Rosinen. Der so vorbereitete Spinat wird in die Pasta matta nach Rezept Nr. 125 eingepackt, den man mit 1 Tropfen Öl sehr fein ausgerollt und aus dem man Scheibchen von etwa 8 cm Durchmesser ausgestochen hat. Diese Scheibchen werden zur Form des Halbmonds gefaltet, zusammengedrückt, daß sie nicht aufgehen, und in Öl gebacken. Sie dienen als Zwischenmahlzeit.

167 Fleischklößchen

Man kann jede Art von Fleisch (auch Reste) dazu nehmen und macht sie wie die Polpette (Klößchen) des Rezepts Nr. 250, ohne Rosinen und Pinienkerne. An deren Stelle kann man mit Knoblauch und Petersilie würzen. Man formt die Kroketten länglich rund, die meisten Arten werden gebacken.

168 Kroketten aus Gekröse

Man nimmt 150 g Kalbsgekröse, brät es mit kleingehackten Zwiebeln in Butter, gibt Salz, Pfeffer und Muskatwürze zu. Dann schneidet man es in Stückchen und rührt 2 EL Balsamella, noch besser 1 Eigelb und 1 Prise Parmesan hinein. Man nimmt es mit dem Löffel in kleinen Portionen heraus, wälzt es in Semmelbröseln und gibt ihm die übliche länglich-runde Form. Man taucht diese Klößchen in geschlagenes Ei, wälzt sie noch einmal in Semmelbrösel und bäckt sie. Man kann sie schmackhafter machen, indem man etwas mageren und fetten Schinken und gesalzene Zunge (kleingehackt) zusetzt und statt Muskatwürze etwas zerkleinerte Trüffel nimmt.
Obige Menge ergibt 10 bis 12 Kroketten, die man als Hauptgericht oder zu anderem Braten servieren kann.

169 Einfache Reiskroketten

½ l Milch, 100 g Reis, 20 g Butter, 20 g geriebener Parmesan, 2 Eier

Der Reis wird in der Milch gekocht, während des Kochens gibt man die Butter zu und salzt. Man nimmt ihn körnig vom Feuer,

setzt den Parmesan zu, dann 1 Ei in den heißen Brei, das sofort verrührt werden muß, damit es sich verteilt. Wenn der Reis abgekühlt ist, nimmt man ihn eßlöffelweise heraus, wälzt ihn in Semmelbrösel und gibt ihm Zylinderform. Obige Menge ergibt etwa 12 Kroketten. Das andere Ei wird zerquirlt und die Klößchen hineingetaucht. Sie werden noch einmal in Semmelbrösel gewälzt und dann gebacken.
Man kann sie so essen, es ist aber üblich, sie als Beilage zu einem Fleischgericht zu geben.

170 Kartoffelklößchen

300 g Kartoffeln, 30 g Butter, 20 g geriebener Parmesan, 2 Eidotter, 1 TL Zucker, Muskatwürze

Die Kartoffeln werden geschält, wenn sie groß sind, in 4 Teile geschnitten, in Salzwasser gekocht und in noch heißem Zustand durch ein feines Sieb geschlagen. Man gibt die Butter (im Winter zerlassene) und die übrigen Zutaten hinein und vermengt alles. Man läßt alles gut abkühlen, zerlegt es in 10 oder 12 Stückchen und gibt ihnen auf einem leicht bemehlten Untergrund die übliche Krokettenform. 1 Ei wird zerquirlt, die Kroketten einzeln hineingetaucht, paniert, in Öl oder Speck gebraten und dann als Beilage zu gebackenem oder gebratenem Fleisch serviert.

171 Gefüllte Kartoffelklöße

300 g Kartoffeln, 2 gehäufte EL Parmesan, 2 Eier, Muskatwürze, Mehl

Die Kartoffeln werden gekocht, abgepellt und warm durch das Sieb auf einen Mehlschleier geschlagen. Man macht eine Höhlung in den Kartoffelbrei, gibt Salz, Muskat, die Eier und den Parmesan hinein, denn knetet man daraus mit möglichst wenig Mehl einen weichen Teig, rollt ihn lange aus und zerteilt ihn in 18 Stückchen. In jedes macht man mit einem mehligen Finger ein kleines Loch und füllt es mit Hackfleisch. Man drückt die Ränder

der Öffnung zusammen, rollt die einzelnen Stückchen zu Kugeln, brät sie in Öl oder Schmalz und serviert sie zu gebackenem Fleisch. Dieses gute Gericht wird nicht zu teuer, denn man kann die Füllung aus dem Hühnerklein eines einzigen Huhns machen, wenn man den Kamm, den zuvor gekochten Magen und die »ungelegten Eier« dazu nimmt. Das alles zerkleinert man, brät es mit Zwiebeln und Butter und fügt nachher noch eine Scheibe in kleine Stückchen zerschnittenen, fetten und mageren Schinken hinzu.
In Ermangelung von Hühnerklein kann man jedes beliebige Fleisch nehmen.

172 Gebackenes auf Stäbchen

2 große Hühnerleber, 40 g gesalzene Zunge, 40 g Gruyère-Käse

Die Hühnerleber gart man in Butter mit Pfeffer und Salz. Dann wird sie in 12 Teile zerlegt, dasselbe geschieht mit dem Käse und der Zunge. Diese 36 Stückchen steckt man auf 12 Zahnstocher, erst die Zunge, in der Mitte den Käse und dann die Leber – zwischen den Stückchen bleibt ein kleiner Abstand. Die 3 Stückchen werden dann mit der Balsamella des Rezepts Nr. 185 gut gedeckt, in gequirltes Ei getaucht, paniert und gebacken.
Man kann auch noch Stückchen gekochten Kalbsgekröses und Scheibchen roher Trüffel mit auf die Stäbchen stecken.

173 Pollo dorato (I)

Ein junges Huhn wird ausgenommen, Kopf und Füße werden beiseite getan, dann wäscht man es gut und taucht es eine Minute lang in kochendes Wasser. Man zerlegt es in den Gelenken, wälzt es in Mehl, gibt Pfeffer und Salz zu und gießt dann 2 verquirlte Eier darüber. Nach wenigstens halbstündiger Ruhe, damit das Ei haftet, rollt man die Stücke in Semmelbrösel, wiederholt diesen Vorgang, wenn nötig, und brät sie wie folgt: Man nimmt eine »sauté« oder eine Pfanne aus verzinntem Kupfer, gibt Öl oder besser noch reinen Speck hinein, und wenn es zu brutzeln beginnt,

legt man das aufgeteilte Huhn hinein und läßt es auf beiden Seiten braten, aber langsam und bei mäßiger Hitze, damit alles gar wird. Es wird heiß mit Zitronenscheiben serviert.
Die Spitze des Brustbeins und die Füße der Hühner können euch sagen, ob das Fleisch zart ist, denn bei alten Tieren erhärtet das Brustbein und gibt dem Druck des Fingers nicht nach, und die ursprünglich schwarzen Füße werden gelblich.

174 Pollo dorato (II)

Das Huhn wird behandelt wie oben, aber in kleinere Stücke geschnitten, wieder mit Mehl bestreut, in 2 verquirlte Eier eingetaucht und gut gesalzen. Man brät es in der Pfanne, gibt noch etwas Pfeffer und Salz zu und serviert mit Zitronenscheiben.

175 Hühnerbrust alla scarlatta

Eine große Hühnerbrust läßt sich in sechs dünne Scheiben schneiden, die bei einer Mahlzeit für 4 oder 5 Personen ausreichen. Man brät sie in Butter, gibt Pfeffer und Salz zu.
Man bereitet eine Balsamella aus 20 g Butter, 40 g Mehl und 2 dl Milch.
Wenn sie fertig ist, gibt man 50 g mit dem Wiegemesser zerkleinerte, gesalzene Zunge hinein, und wenn sie abgekühlt ist, bestreicht man die Scheiben damit von allen Seiten. Man taucht sie in verquirltes Ei, wofür 1 Ei ausreicht, paniert sie, brät sie mit Butter oder Speck in der »sauté« und serviert mit Zitronenscheiben.

176 Huhn nach Jägerart

Man zerkleinert 1 dicke Zwiebel, läßt sie wenigstens ½ Stunde in frischem Wasser stehen, trocknet sie und gibt sie zu Öl oder Speck in die Pfanne. Wenn sie glasig ist, stellt man sie zur Seite. Man zerlegt 1 Huhn in kleine Stücke, brät es in dem restlichen Fett, wenn es gebräunt ist, gibt man die Zwiebel hinzu, dann würzt man

mit Pfeffer, Salz und ½ Glas Sangiovese oder sonst einem erstklassigen Rotwein und etwas Tomatensauce, und nach fünfminütigem Kochen kann man auftragen.
Ich weise darauf hin, daß dieses Gericht nichts für einen schwachen Magen ist.

177 Brathuhn mit Tomaten

Jeder Koch nimmt das Bratfett, das im eigenen Land produziert wird. In der Toskana bevorzugt man Öl, in der Lombardei Butter, in der Emilia Speck, der dort besonders weiß und fest ist und einen Hauch von Lorbeerduft hat, auch schon wenn er roh ist. Das ist mit der Grund, daß in dieser Region alljährlich Armeen junger Hühnchen gezüchtet, geschlachtet und dann mit Speck und Tomaten zubereitet werden.
Wenn ich Fettes brate, bevorzuge ich den Speck grundsätzlich, weil der Braten damit duftiger wird.
Man zerteilt das Huhn in kleine Stücke und tut es ohne weitere Vorbereitung, nur mit Salz, Pfeffer und der ausreichenden Menge Speck, in die Pfanne. Wenn es gar ist, läßt man das überflüssige Fett abtropfen. In die Pfanne wirft man die kleingeschnittenen Tomaten (ohne Kerne) und rührt so lange, bis sie zergangen sind. Dann kommen sie mit dem Huhn auf den Tisch.

178 Castagnole (I)

Man kann dieses Gericht vielleicht nicht als besonders »fein« bezeichnen, es wird aber in der Romagna besonders zum Karneval zubereitet, und da hat man Spaß damit.
Man rührt aus Mehl, 2 Eiern, 1 EL »Fumetto«, geriebener Zitronenschale und Salz einen festen Teig an, den man mindestens so gründlich durchknetet wie Brotteig und setzt während des Knetens in kleinen Dosen 1 EL feines Öl zu. Dann zieht man den Teig in Stangenform aus und zerschneidet ihn in nußgroße Stückchen. Die wirft man in die Pfanne und läßt sie unter ständigem Umrühren auf kleinem Feuer langsam gar werden. Dann streut man Pu-

derzucker darüber und läßt sie abkühlen, weil sie dann besser schmecken als heiß.
Statt des »Fumetto« kann man auch Cognac oder Aquavit nehmen, dann gehen sie aber nicht so richtig auf.

179 Castagnole (II)

Man kann die Castagnole auch etwas anspruchsvoller zubereiten, welche Art mehr zusagt, mag jeder selbst entscheiden.

2 Eier, 2 EL Wasser, 2 EL Fumetto (Cognac, Aquavit), 20 g Butter, 20 g Zucker, 1 Prise Salz

Die beiden Eidotter, der Zucker, der Fumetto, das Wasser und das Salz werden zusammen verrührt. Das Eiklar wird geschlagen, dann verknetet man diese Ingredienzien und die Butter auf dem Nudelbrett mit Mehl zu einem Teig, der sich mit der Hand bearbeiten läßt. Gründliches Kneten verfeinert den Teig. Man macht daraus Kügelchen etwas kleiner als eine Nuß, die man wie die vorigen langsam auf kleinem Feuer und mit viel Fett bäckt.

180 Gebackene Creme (I)

100 g Stärke, 30 g Zucker, 20 g Butter, 4 dl Milch, 2 Eier, geriebene Zitronenschale, 1 Prise Salz

Die Eier werden mit dem Zucker verrührt, dann gibt man die Stärke und die Zitronenwürze hinzu, die Milch in kleinen Portionen und schließlich die Butter. Man setzt das Gemenge zum Feuer, rührt unausgesetzt, wie es bei einer gewöhnlichen Creme geschieht, und wenn es so kondensiert ist, daß es nicht mehr aufgeht, gießt man alles auf ein Brett und streicht es fingerdick aus. Man zerteilt die Masse in mandelgroße Stücke, die abgekühlt in Ei getaucht, in Semmelbrösel gewälzt und mit Speck oder Öl gebacken werden. Man serviert diese Creme warm als Beilage zu anderen Braten.

181 Gebackene Creme (II)

100 g Mehl, 20 g Zucker, 2 Eier, 5 dl Milch, Vanille oder Zitronenschale als Würze

Die Zubereitung genauso wie bei der vorigen Nummer, das Mehl muß aber so lange auf das Feuer, daß es nicht mehr roh ist. Die halbe Menge kann als Zugabe zu anderem Braten für 4 oder 5 Personen ausreichen.

182 Lamm-Coratella alla bolognese

Die Leber wird in Scheibchen, der Rest in kleine Stücke geschnitten und kommt so »natural« in die Pfanne mit Speck. Wenn die Coratella fast gar ist, gießt man alles Fett ab und gibt dafür ein Stückchen Butter in die Pfanne. Man brät weiter und gießt nach kurzer Zeit Tomatensaft oder in Wasser bzw. Fleischbrühe aufgelöstes Tomatenmark hinein. Pfeffern und salzen und in der Salsa servieren.
Durch die Gewohnheit vieler Leute, bestimmte Fleischteile »nicht zu mögen«, entgeht ihnen ein wohlschmeckendes Gericht.

183 Lammbraten alla bolognese

Zum Lammbraten eignet sich am besten das Lendenstück, man kann aber auch Schulter und Hals nehmen. Er wird genauso zubereitet wie die Coratella der vorigen Nummer.

184 Kaninchenbraten

Die Abneigung, die man in Italien vielerorts gegen Kaninchen hegt, scheint mir nicht gerechtfertigt. Sollte das Fleisch nicht so nahrhaft sein wie andere Sorten, so läßt es sich jedenfalls durch Zutaten schmackhaft aufbereiten. Aber es ist an sich schon schmackhaft und bekömmlich und so leicht verdaulich wie

Lammfleisch. Außerdem ist es billiger als Schweinefleisch und eine willkommene Abwechslung. Am besten zubereitet wird es nach dem Rezept der Coratella in Nr. 182.
Zu betonen ist noch, daß gekochtes Kaninchenfleisch eine vorzügliche Brühe ergibt. Die Domestizierung des Kaninchens geht auf älteste Zeiten zurück. Schon Konfuzius sagte um 500 v. Chr., daß diese Tiere würdig seien, den Göttern geopfert zu werden, und er empfiehlt ihre Zucht.

185 Costolette imbottite

Man nimmt Kotelettfleich (ohne Knochen) von Kalb, Hühnerbrust oder Truthahn und zerschneidet es fein – wenn man Wert auf gefällige Form legt, kann man es auch zerhacken und wieder zusammenpressen. Handelt es sich um Kalbfleisch, so werden 170 g Mageres für 6 oder 7 Personen genügen. Man brät sie ohne Zutaten in Butter, salzt sie und stellt sie zur Seite.
Dann bereitet man eine Balsamella aus 70 g Mehl, 20 g Butter und 2 dl Milch, sobald sie vom Feuer ist, salzt man sie, gibt 1 EL Parmesan und 1 Eidotter hinein und rührt gut um. Wenn sie abgekühlt ist, verstreicht man die Balsamella mit einem in Öl getauchten Tafelmesser auf beiden Seiten der Koteletts, taucht sie dann in das verquirlte Ei, paniert sie und brät sie in Öl oder Schmalz.
Sie werden mit Zitronenscheiben serviert.

186 Bracioline di vitello

Man nimmt mageres Kalbfleisch, zerschneidet es in feine Scheibchen (bracioline) und schlägt sie gut mit dem Messer. Die entsprechende Menge Öl oder Butter wird mit einigen ganzen Salbeiblätter in einer Kasserolle aufgesetzt, und wenn die Blätter angebraten sind, wirft man die Bracioline hinein, salzt, pfeffert, und wenn sie bei lebhaftem Feuer 5 oder 6 Minuten gebraten haben, würzt man sie mit Zitronensaft und kann servieren.
Bracioline eignen sich als Zwischen- oder Nebengericht.

187 Saltimbocca alla romana

Ich habe sie in Rom in der Trattoria »Le Venete« gegessen, kann sie also genau beschreiben.
Es handelt sich um Bracioline aus Kalbfleisch mit nur wenig Pfeffer und Salz. Man legt auf jede ein halbes Salbeiblatt (ein ganzes wäre zuviel), und auf den Salbei legt man die Scheibchen mageren und fetten Schinken. Um diese drei Dinge zusammenzuhalten, steckt man einen Zahnstocher hinein und brät sie in Butter, läßt sie aber nur kurz, mit dem Schinken nach unten, auf dem Feuer stehen, damit dieser nicht erhärtet. So bekommt man eine einfache und gesunde Speise.
Aus 300 g magerem Fleisch macht man 10 bis 12 Saltimbocce, die für 3 oder 4 Personen reichen können. Die Bracioline sollen ½ Finger dick und vorher angefeuchtet und gewalzt oder geklopft sein. Man kann dazu eine beliebige Beilage bringen.

188 Gebackenes alla Garisenda

(Garisenda heißt der kleinere Turm des schiefen Turmpaares von Bologna, »Asinelli de Garisenda«, erbaut im Jahre 1119, 50 m hoch).
Meine Damen, die ihr in der Küche wirkt, laßt dieses Gericht nicht in Vergessenheit geraten, denn es wird euren Gatten gefallen, und infolge der darin enthaltenen Zutaten werden sie es euch vielleicht vergelten.
Ihr nehmt ein altbackenes Brot, das nicht schwammig sein soll, beseitigt die Kruste und schneidet es in Stücke von 4 Zentimetern Kantenlänge. Auf jedes Stück legt man zuerst ein Scheibchen fetten und mageren Schinken, dann dünne Trüffelscheibchen und darauf eine Scheibe Gruyère-Käse. Darüber deckt man unbelegte Brotscheibchen, die angedrückt werden, damit sie haften. Es muß natürlich alles sehr dünn geschnitten werden, damit die Garisende nicht zu wuchtig geraten.
Man befeuchtet die Stückchen mit angewärmter Milch und taucht sie, wenn sie genug absorbiert haben, in gequirltes Ei. Dann wälzt man sie in Semmelbrösel (Paniermehl) und wiederholt den Vorgang, bis auch die Ränder bedeckt und abgeschlossen sind.

Gebraten wird in Speck oder Öl, serviert als Einzelgericht oder zu anderem Gebackenen.

189 Hirn, Gekröse, Mark, Hoden etc.

Für das Backen oder Braten solcher Gerichte hält man sich an das Rezept »Pastella per fritti di carne« (Rührteig für gebackene Fleischbeilage) der Nummer 129.

Tramessi

Es handelt sich um das, was die Franzosen »entremets« nennen (aber nicht unbedingt Süßspeisen), also Kleinigkeiten zwischen den Gängen.

190 Crescentine

Wenn Knoblauch ein Mittel gegen Würmer ist, wie man allgemein hört, so ist dies eine einfache und appetitliche Speise für Kinder. Man röstet Brotscheiben auf beiden Seiten und reibt sie noch heiß mit einer Knoblauchzehe ab. Man würzt mit Salz, Öl, Essig und Zucker in angemessener Menge.

191 Gefüllte Donzelline mit Sardellen

220 g Mehl, 30 g Butter, Milch, 1 Prise Salz, 4 Sardellen

Man rührt aus Mehl, Butter, Milch und Salz den festen Teig an, den man ordentlich durchkneten muß, wenn man wünscht, daß er in der Pfanne gut aufgeht.
Man läßt ihn ruhen, zerlegt ihn in 2 Teile und breitet beide Teile etwas aus.
Die Sardellen werden gewaschen, der Länge nach in 2 Teile zerlegt und nach Entfernung der Gräten in viereckige Stückchen zerteilt. Diese verteilt man auf die eine der Teighälften, drückt die andere Hälfte fest darauf und walzt sie so zusammen mit der Nudelrolle sehr dünn aus. Man zerlegt den ausgerollten Teig in mandelgroße Stücke, die man in Öl brät. Die Menge sollte für sechs Personen reichen, man kann sie als Vorspeise oder auch als Beilage zu Fischbraten verwenden.

192 Donzelline aromatische

etwa 180 g Mehl, 2 EL Öl, 2 EL Weißwein oder Marsala,
5 oder 6 Salbeiblätter, 1 Ei, Salz

Der Salbei wird mit dem Wiegemesser fein zerkleinert, dann das Mehl mit sämtlichen Ingredienzien hineingerührt, wobei der Teig ziemlich weich bleiben sollte. Man rollt ihn zur Dicke eines Geldstücks aus, wobei man nach Bedarf etwas Mehl darüber streut, und zerteilt ihn auf Mandelgröße, brät ihn dann in Öl oder Speck. Manche essen die Donzelline auch mit Feigen oder Schinken.
Die Menge ist ausreichend für 4 Personen.

193 Grießklößchen

4 dl Wasser, 120 g Grieß, 50 g Butter, 40 g geriebener Parmesan, 2 Eier, Salz

Der Grieß wird in der Milch gekocht, ehe man ihn vom Feuer nimmt, salzt man und gibt die Hälfte der Butter und des Parmesans dazu. Während er noch gut warm ist, werden die Eier hineingerührt, dann gießt man ihn auf eine flache Unterlage und rollt ihn zur Dicke von 1½ Finger aus. Man läßt ihn abkühlen, um ihn dann in mandelgroße Stückchen aufzuteilen.
Diese Klößchen ordnet man schichtweise auf einer flachen Unterlage an, wobei man die restliche Butter stückchenweise auf den einzelnen Schichten verteilt, desgleichen den verbliebenen Parmesan. Die Oberfläche aber ohne Butter und Parmesan. Das Ganze wird so in den Bakofen (oder entsprechendes Gerät) (im Original »forno da campagna«) geschoben und noch warm als Einzelgericht oder Beilage zu (gekochtem oder gebratenem) Fleisch serviert.

194 Gnocchi alla romana

Ich hoffe, diese Gnocchi nach meinem Geschmack werden auch euch munden, wie sie noch allen geschmeckt haben, denen ich das Rezept mitteilte. Wenn es so ist, und ich lebe noch, dann trinkt einen Schluck auf mein Wohl, betrachte ich aber den Spinat schon von unten, dann sprecht mir ein requiescat.

150 g Mehl, 50 g Butter, 40 g Gruyère-Käse, 20 g Parmesan, ½ l Milch, 2 Eier

Es heißt, bei Tisch sollten nicht weniger Gäste versammelt sein als die Zahl der Grazien und nicht mehr, als die Zahl der Musen beträgt. Solltet ihr aber mehr Gäste haben – was auch kein Charakterfehler ist –, dann verdoppelt einfach die Mengen. Rührt das Mehl mit den Eiern und der in kleinen Rationen zugesetzten Milch in einer Kasserolle an, setzt den Gruyère in kleinen Stückchen zu und setzt es unter ständigem Umrühren auf das Feuer. Wenn das Mehl gar und der Teig fest geworden ist, gebt ihr die Hälfte der Butter hinzu. Man läßt abkühlen, zerteilt den Teig auf einer feuerfesten Unterlage in kleine Stückchen, die man schichtweise aufeinander häuft, indem man nach und nach den Rest der Butter (stückchenweise) und den Parmesan zugibt – aber nicht an der Oberfläche, weil sonst der Parmesan bei Oberhitze bitter wird. Man bäckt, bis die Gnocchi Farbe haben, und serviert sie warm.

195 Makkaroni mit Balsamella

Man nimmt lange Makkaroni nach neapolitanischer Art und kocht sie in Salzwasser zu ⅔ gar. Man gießt sie ab, setzt sie mit einem Stückchen Butter wieder auf das Feuer, und wenn sie das Fett angenommen haben, gießt man so viel Milch zu, daß sie über kleinem Feuer weiterkochen können.
Inzwischen bereitet man eine Balsamella nach Rezept Nr. 110, wenn sie nicht mehr kocht, legiert man mit einem Eigelb und gießt sie über die Makkaroni, dazu eine angemessene Menge geriebenen Parmesan. So zubereitete Makkaroni sind gut zu gekochtem Fleisch oder Schmorbraten, auch zu gedämpften Kalbsschnitten. In diesem Falle nimmt man eine feuerfeste Unterlage, stellt in die Mitte eine Blechform und legt die Makkaroni herum. Sie werden unter Oberhitze leicht angebräunt und vom Feuer genommen. Dann ersetzt man die Blechform durch das Fleisch und kann sevieren. Man kann die Makkaroni natürlich auch getrennt auf den Tisch bringen, aber schon des Aussehens wegen leicht in Oberhitze gebräunt. Man achte aber darauf, daß sie saftig bleiben.

196 Makkaroni mit Semmelbrösel

Wenn wahr ist, was Alexandre Dumas der Ältere sagt, daß die Engländer von Roastbeef und Pudding, die Holländer von gekochtem Fleisch, Kartoffeln und Käse, die Deutschen von Sauerkraut und geräuchertem Speck, die Spanier von Kichererbsen, Schokolade und ranzigem Speck, die Italiener von »Maccheroni« leben, dann braucht man sich nicht zu wundern, daß ich oft und gerne auf sie zurückkomme, besonders, weil ich sie gerne mag. Es hätte nicht viel gefehlt, dann hätte ich mir den schönen Titel Makkaronifresser (Mangia maccheroni) eingehandelt, und das kam so:

Im Jahre 1850 befand ich mich einmal in Gesellschaft einiger Studenten und des Felice Orsini, der mit einem von ihnen befreudet war, in der Trattoria »Tre Re« zu Bologna. In dieser Zeit wurde in der Romagna nur von Politik und Verschwörung geredet. Der Orsini schien zum Putschisten geboren und war begeistert bestrebt, uns zu erläutern, daß ein Aufstand zu erwarten sei, an dessen Spitze er und ein paar andere Anführer, die er namentlich nannte, bewaffnet in Bologna einrücken würden. Da ich ihn so unklug in aller Öffentlichkeit über ein so gefährliches Unternehmen sprechen hörte, das mir ohnedies närrisch erschien, blieb ich zurückhaltend und bemühte mich, in aller Ruhe meine Makkaroni zu essen. Dieses Benehmen versetzte der Eigenliebe des Orsini einen Hieb, er war so gekränkt, daß er jedesmal, wenn er sich meiner erinnerte, die Freunde fragte: »Wie geht's dem Mangia maccheroni?« Ich glaube den netten jungen Mann mit der kräftigen, geschmeidigen Statur, dem rundlichen, bleichen Gesicht mit den feinen Zügen, schwarzen Augen, krausen Haaren und etwas lispelnder Aussprache noch heute vor mir zu sehen. Viele Jahre später sah ich ihn in seinem Café zu Meldola in einem Augenblick, in dem er bebend vor Zorn einen jungen Mann aufforderte, mit ihm nach Florenz zu kommen und ihm zu helfen, an jemandem, der ihn getäuscht und seine Ehre verletzt hatte, eine exemplarische Vendetta zu vollziehen. Eine Verkettung unglücklicher Umstände führte dann zu jenem tragischen Ende, das alle kennen und das alle beklagen (Orsini wurde 1858 nach einem mißglückten Anschlag auf Napoleon III. hingerichtet) und das für Napoleon vielleicht ein Ansporn war, Italien hart zu treffen (Annexion von Savoyen und Nizza 1860). Aber wieder zu den Makkaroni:

300 g lange Makkaroni, 15 g Mehl, 60 g Butter, 60 g Gruyère-Käse,
40 g Parmesan, 6 dl Milch, Semmelbrösel nach Bedarf,
nach Belieben auch stärker würzen

Die Makkaroni werden halbgar gekocht, gesalzen und in einem Sieb abgetropft. Man setzt das Mehl mit der Butter auf das Feuer, rührt ständig um, bis es anfängt, Farbe zu bekommen, gießt in kleinen Dosen die Milch hinzu und läßt etwa 10 Minuten kochen. In diese Balsamella wirft man die Makkaroni und den geriebenen oder zerstückelten Gruyère, stellt die Kasserolle dann auf schwaches Feuer, wo bei langsamem Kochen die Milch absorbiert wird. Man gibt den Rest der Butter und den geriebenen Parmesan hinein. Dann gießt man die Makkaroni in einem kleinen Berg auf eine feuerfeste Unterlage und bedeckt sie vollständig mit Semmelbrösel. Nach dieser Vorbereitung stellt man sie, mit einem eisernen Deckel versehen, in den »forno di campagna« (entsprechende Anordnung, wichtig ist die Oberhitze), und wenn sie gebräunt sind, serviert man sie warm als Zwischenmahlzeit oder noch besser zu einem Fleischgericht.

197 Koteletts im Mantel

Die Koteletts werden zum größten Teil von den Rippen abgelöst, wie üblich geklopft und an den Rändern eingeschnitten, dann gart man sie ohne weitere Zutaten in Butter. In noch heißem Zustand gibt man Pfeffer und Salz zu, dann stellt man sie zur Seite.
Dann bereitet man eine ziemlich feste Balsamella, zu der man in kleinste Stückchen geschnittenen Schinken und gesalzene Zunge, 1 Prise Parmesan, Muskatwürze und in Scheibchen geschnittene Trüffel nimmt (auch gedörrte und eingeweichte Pilze, die aber fein zerkleinert werden müssen). Man läßt gut abkühlen.
Der Anzahl der Koteletts entsprechend setzt man einen Blätterteig nach Rezept Nr. 126 an, bestreicht sie mit der festen Balsamella auf beiden Seiten und hüllt sie dann in den Blätterteig, wobei man

den abgelösten Rippenknochen frei läßt. Sie werden dann mit Eigelb bestrichen, aufrecht um den Rand einer Pfanne angeordnet und gebacken. Man serviert sie warm, die Mühe der Zubereitung wird durch die Dankbarkeit der Gäste honoriert.

198 Koteletts in Papierfolie

Die Franzosen nennen diese Koteletts »côtelettes en papillote« (in Butter- oder Ölpapier gewickelt, grundsätzlich auf dem Rost gebraten). Man kann sie auch auf folgende einfache und appetitliche Art bereiten. Man nimmt Hammelkoteletts, löst wieder die Rippe vom Fleisch und brät sie in der Pfanne. Danach würzt man mit Pfeffer und Salz. Dann bereitet man eine entsprechend große Mischung aus magerem und fettem Schinken mit Petersilie, zerkleinert sie sehr fein, bindet sie mit Butter und Semmelbrösel und bestreicht damit die Koteletts von beiden Seiten. Dann gibt man noch Scheibchen roher Trüffel dazu.
Entsprechend große, weiße Papierblätter werden von beiden Seiten mit Butter oder Öl getränkt, dann wickelt man sie fest um die Koteletts, wobei man die abgelösten Rippen frei läßt. Man setzt sie auf einem Rost auf kleines Feuer und achtet darauf, daß das Papier nicht anbrennt. Wie beim vorigen Rezept auch, kann man vor dem Servieren die Enden der Rippen mit einer weißen Papiermanschette versehen. Dasselbe Rezept läßt sich auf Lammkoteletts anwenden, wenn sie groß genug sind.

199 Kastanienkuchen aus süßem Mehl

Wir Italiener sind für Neuerungen wenig aufgeschlossen, in einigen Provinzen weiß man nicht einmal, daß es neuerdings Kastanienmehl gibt. Aber für jemanden, der nicht unter Blähungen leidet, ist es ein gesundes, kräftiges und nicht zu teures Nahrungsmittel. Ich fragte einen Krämer, warum er diese Ware nicht einführte. »Was wollt Ihr«, antwortete er, »das Zeug ist zu süß. Kein Mensch würde es essen.« »Sind denn die »cottarone«, die Ihr verkauft, etwa nicht süß? Sie finden trotzdem Absatz«, sagte ich

darauf. Probiert es wenigstens einmal, schenkt zur Einführung den Kindern ein Stückchen Kastanienkuchen, dann kommen auch die Alten auf den Geschmack.« Aber es war, als spräche ich gegen eine Mauer.
Wer übrigens nicht weiß, was »cottarone« sind: Es handelt sich um Äpfel und Birnen, meist Fallobst, die mit einem Tropfen Wasser in einem mit einem nassen Tuch bedeckten Kochtopf gebacken werden. Aber jetzt zu der sehr einfachen Zubereitung des Migliaccio.
Ihr nehmt 500 g Kastanienmehl, und da es gerne klumpt, rüttelt ihr es zuerst durch ein feines Sieb. 1 Prise Salz zusetzen. Es wird dann nacheinander (Wasser langsam zusetzen) mit 8 dl lauwarmem Wasser verrührt, bis eine mehlige Flüssigkeit entsteht, in die man 1 Handvoll ganzer Pinienkerne wirft. Manche nehmen statt dessen auch Nußstückchen oder Rosinen. Man gibt ein paar Blättchen Rosmarin dazu. Dann nimmt man einen so großen Topf, daß der Migliaccio 1½ Finger dick den Boden bedeckt – vorher streicht man den Boden mit Öl aus. Wenn der Mehlbrei im Topf ist, gießt man noch 2 EL Öl darüber. Nach dem Garen im Backofen oder zwischen zwei Feuern wird der Kuchen noch warm aus der Form gestürzt.
Man kann mit diesem Mehlbrei auch Pfannkuchen machen.

200 Migliaccio aus Maismehl (I)

Für jemanden, der gerne Maismehl mag, ist das eine ausgezeichnete Mahlzeit, die keine Magensäure provoziert. Die Kinder springen vor Freude in die Luft, wenn die Mama ihnen im Winter einen warmen Maismehl-Migliaccio spendiert.
Das gelbe Mehl kann ruhig etwas grob gemahlen sein.
Man salzt die gewünschte Menge des gelben Mehls sehr gut und rührt sie dann mit kochendem Wasser fest ein, bis am Boden kein trockenes Mehl mehr vorhanden ist. Man gibt in entsprechender Menge Rosinen oder Zibeben (große Rosinen, vor dem Trocknen mit heißem Wasser überbrüht, das Salz, Pottasche und Olivenöl enthält) dazu. In manchen Fällen sind einfach getrocknete Traubenbeeren den Zibeben vorzuziehen, weil die aus unserer Gegend

einen angenehm säuerlichen Geschmack bewahren. Man setzt eine Kupferpfanne mit reichlich fettem Speck auf das Feuer, und wenn es anfängt zu brutzeln, gießt man den Teig hinein, den man je nach Festigkeit mit dem Rührlöffel ausbreiten und glätten muß. Man bestreicht die Oberfläche mit etwas ausgelassenem Speck, streut frischen Rosmarin darüber und gart im Backofen (oder zwischen zwei Feuern), bis der Kuchen Farbe hat, dann stürzt man ihn. Man kann den Teig auch zu Pfannkuchen verwenden, dann ohne Rosmarin.

201 Migliaccio aus Maismehl (II)

Diese Mahlzeit wirkt etwas herrschaftlicher als die vorige.

300 g Maismehl, 100 g Zibeben oder Rosinen, 40 g Schmalz,
30 g Pinienkerne, 3 TL Zucker

Wenn nötig, entfernt man die Kerne der Rosinen. Die Pfanne wird mit dem Schmalz ausgestrichen und mit Mehl bestreut. Das übrige nach dem vorigen Rezept.

202 Reis als Beilage

Bei gekochtem Huhn eignet sich Reis als Zuspeise. Damit er nicht zuviel Fleischbrühe aufsaugt, wird er in Wasser angekocht, dann dämpft man ihn in der Hühnerbrühe weiter. Wenn er fast gar ist, wird er mit dem Schaumlöffel herausgenommen und mit ein wenig Parmesan und Butter gewürzt. Man legiert ihn noch mit Eigelb, für 200 g genügt 1 Ei oder noch besser 2.
Will man den Reis nicht zu gekochtem Hühnerfleisch, sondern zu Kalbfleisch oder Bracioline (Nr. 186) verwenden, so fügt man den obigen Ingredienzien noch 2 oder 3 EL gekochten und durchgeschlagenen Spinat bei. Der Reis ist dann grün und sehr wohlschmeckend.

203 Artischocken im Tiegel

Dieses in der Toskana beliebte Gericht ist nicht teuer und im Verhältnis zum Aufwand sehr gut. Es kann ein Einzelgericht beim familiären Mittagessen, aber auch Vorspeise oder Zwischengericht sein. Ich verstehe nicht, daß es andernorts in Italien unbekannt ist. Die Artischocken werden nach der in Nr. 157 geschilderten Art vorbereitet, und wenn man das überflüssige Mehl abgeschüttelt hat, gibt man sie in eine Pfanne, in der eine ausreichende Menge Öl eben zu brutzeln anfängt. Wenn die Artischockenscheiben von beiden Seiten gebräunt sind, gießt man gequirltes Ei darüber, das aber nicht zu lange mitbraten darf. Salz und Pfeffer streut man zum Teil über die Artischocken, zum Teil gibt man es in das gequirlte Ei.

Statt des Tiegels kann man eine Bratpfanne nehmen, der Geschmack des im Tiegel Gebratenen ist aber unvergleichlich besser.

204 Cacimperio

Wer oft im Gasthaus speist, hat eine Vorstellung davon, wie unterschiedlich der Geschmack der Menschen ist. Abgesehen von den Vielfraßen, die wie Wölfe schlingen und überhaupt keine Unterschiede kennen, loben manche gerade das eine Gericht in den Himmel, das von anderen total abgelehnt wird. Man wird immer wieder an die Gültigkeit des Satzes erinnert: de gustibus non est disputandum.

Zu diesem Thema schreibt Giuseppe Averani in seinem Traktat »Del vitto e delle cene degli antichi« unter anderem: »Wandelbar und unbeständig ist vor allen anderen Sinnen der Geschmack. Die Organe der Zunge, die ihn vermitteln, sind nicht bei allen Menschen und in jedem Klima gleich, sie wandeln sich mit dem Alter, dem Gesundheitszustand und aus vielen anderen Gründen. Was der Knabe leidenschaftlich gerne ißt, schmeckt oft dem Manne nicht, und was Gesunde reizt, kann Kranke abstoßen. Es kommt auch noch oft vor, daß eine gewisse Ängstlichkeit uns diese oder jene Speise mehr oder weniger schmackhaft erscheinen läßt. Auch seltene oder fremde Nahrungsmittel schmecken besser als die

heimischen und gewohnten. Ob Nahrungsmittel knapp oder reichlich vorhanden, teuer oder billig sind, hat Einfluß auf den Geschmack, und die allgemeine Beliebtheit macht sie natürlich begehrenswerter. So kommt es, daß nicht alle Zeiten und Nationen ein und dasselbe Nahrungsmittel, ein und dieselbe Zubereitung in gleicher Weise schätzen, fast unabhängig von Geschmack und Qualität.«
Ich bin zum Beispiel durchaus nicht der Ansicht von Brillat-Savarin, der in seiner »Physiologie du gôut« großes Wesen um das »fondue« (Cacimperio) macht und folgendes Rezept gibt:

»Wiegt die Eier und gebt ⅓ ihres Gewichts an Gruyère und ⅙ an Butter hinzu, wenig Salz, aber ein gutes Quantum Pfeffer.«
Im Gegensatz zu Savarin schätze ich dieses Gericht durchaus nicht, vielleicht kann man es einmal als Vorspeise verwenden oder als Füller, wenn nichts Besseres vorhanden ist.
In Italien ist Cacimperio ein Spezialgericht der Turiner, und weil sie es perfekt zubereiten, habe ich mir aus Turin das folgende Rezept besorgt, das ich auch selbst ausprobiert habe. Die Menge reicht für sechs Personen.

400 g Fontina ohne Kruste (weiche Käsesorte), 80 g Butter, 4 Eidotter, Milch

Der Fontina ähnelt dem Gruyère-Käse, ist aber etwas fetter. Man schneidet ihn in kleine Stückchen und läßt ihn 2 Stunden in Milch stehen. Man läßt Butter in der Pfanne zergehen, und wenn sie gebräunt ist, gibt man den Fontina dazu, von der Milch, in der er eingeweicht wurde, aber nur 2 EL. Man rührt um, ohne kochen zu lassen, und erst wenn der Käse sich ganz aufgelöst hat, nimmt man ihn vom Feuer und rührt die Eigelb hinein. Man setzt ihn noch einmal kurz auf, wobei man ständig umrührt, und gießt ihn in eine Schüssel – im Winter sollte sie angewärmt sein.
Ist der Cacimperio gelungen, darf er weder körnig sein noch lange Fäden ziehen. Er sollte aussehen wie eine feste Creme.
In Turin sah ich, daß er vor dem Servieren noch mit einer Schicht hauchdünn geschnittener Trüffelscheibchen belegt wurde.

205 Grieß-Tortini

200 g Grieß, 50 g geriebener Parmesan, 30 g Mehl, 2 Eier, etwas kleingehackte Petersilie, anderes Gewürz nach Geschmack, Salz

Aus obigen Zutaten setzt man einen Teig an, gibt ihn auf das mit einem Mehlschleier bedeckte Nudelbrett und läßt ihn soviel Mehl annehmen, daß man aus dem weichen Teig mit der in Mehl getauchten Hand 12 Klöße bilden kann, die man etwas platt drückt. Man setzt sie mit Butter in einem Tiegel auf das Feuer, brät sie von beiden Seiten braun und taucht sie dann in Tomatensauce oder in mit Wasser aufgelöstes Tomatenmark.
Sie können als Zwischenmahlzeit dienen, aber auch als Beilage zu Beefsteak oder warmem Roastbeef.

206 Dreifarbige Crostini

Man nimmt 2 Hörnchen (Kipferl), schneidet sie in zentimeterdicke Scheiben und brät sie in Butter oder Öl. Man gart feingehackten Spinat in Fleischbrühe oder Butter und bestreicht die Scheibchen mit einer Schicht Spinat. Dann nimmt man 2 hartgekochte Eier, schält sie und schneidet sie in der Mitte (quer) durch, das Eigelb legt man beiseite. Das Eiweiß zerteilt man in Ringe, die man auf den Spinat legt. In jeden dieser Ringe legt man ein entsprechend großes Scheibchen hartgekochtes Eigelb. Mit diesen Crostini kann man einen Braten bereichern. Sie schmecken gut, sollen aber vor allem auch eine Augenfreude sein.

207 Salat mit Mayonnaise

Man halte sich möglichst an das Rezept, denn manche Köche panschen diesen gemischten Salat in einer Weise zurecht, daß einem grausen könnte.
Man kann ihn zu gekochtem Huhn nehmen, aber auch zu jeder Art von Fleischgericht. Am besten eignet er sich aber zu Fisch

aller Sorten sowie zu Gamberi und Langusten. Ich werde versuchen, die einfachste und beste Zubereitung zu schildern.
Man nimmt Römischen Salat oder auch Kopfsalat, den man in fingerbreite Streifen schneidet, dazu rote Rüben und in feine Scheibchen geschnittene, gekochte Kartoffeln. Einige Sardellen werden gesäubert, die Gräten entfernt, dann schneidet man sie in 4 oder 5 Stücke. Schließlich wird auch der gekochte Fisch aufgeteilt. Wer will, kann auch noch ein paar Kapern und das Weiche von 3 oder 4 süß angesetzten Oliven dazugeben. Das Ganze wird mit Salz, Öl und wenig Essig gewürzt und bewegt, bis es die Würze gut angenommen hat, dann bildet man daraus ein Häufchen.
Diese Salsa Mayonnaise macht man nach Rezept Nr. 100, die dort angegebene Menge kann für 7 oder 8 Personen reichen. Statt des Pfeffers gibt man diesmal aber Senf dazu und außer der Zitrone auch noch etwas Essig, in dem man den Senf auflösen kann. Mit dieser Salsa bestreicht man die Oberfläche des angehäufelten Salats vollständig und verziert sie noch mit ein paar Scheibchen rote Rüben und gekochter Kartoffel, so daß es hübsch aussieht. Wenn man eine entsprechende Form besitzt, kann man die Spitze des kleinen Hügels noch mit einer Blume aus Butter schmücken – nicht zum Essen, sondern des Aussehens wegen.
In gemischten Salaten kann man die roten Rüben auch durch Radicchio ersetzen, man kann auch den herben Geschmack des Radicchio und den etwas süßen der roten Rüben mischen.

Aus dem Schmortopf

Geschmortes will mit besonderer Sorgfalt zubereitet sein, damit es schmackhaft und leicht verdaulich gerät. Man sagt, es sei nicht sehr gesund, aber ich glaube das nicht. Ich meine eher, daß diese Geringschätzung daher rührt, daß meist zu fett und mit einem Übermaß an Gewürzen und Zutaten geschmort wird.

208 Geschmortes Kalbfleisch

Geschmortes Kalbfleisch nimmt man in den bürgerlichen Familien von Florenz zur Minestra von Makkaroni oder zum Risotto mit Fleischbrühe. So erfüllt es den doppelten Zweck, daß man erst die Minestra damit zubereitet und es dann als Beilage hat. Man sollte ihm aber nicht zuviel Saft entziehen, weil man mehr Sauce haben will. Zu 250 bis 300 g Makkaroni nimmt man folgende Mengen:

500 g mageres Kalbfleisch (mit Knochen und Zuwaage),
50 g würziges Fleisch (Rauchschinken etc.), 30 g Butter,
¼ einer dicken Zwiebel, 1 kleine Mohrrübe, 2 Stückchen Sellerie

Die 3 zuletzt genannten Zutaten werden mit dem Rauchfleisch zusammen in kleine Stückchen zerhackt.
Dann setzt man alles zusammen auf das Feuer, gibt Pfeffer und Salz hinein. Das Fleisch muß häufig gewendet werden. Wenn es gebräunt ist, streut man etwas Mehl darüber und besprengt es mit Tomatensauce oder -mark. Dann läßt man garen, indem man nach und nach in kleinen Mengen Wasser zugibt. Das Mehl dient zum Legieren der Sauce und gibt ihr etwas Farbe. Es darf aber auf keinen Fall anbrennen, sonst verdirbt es den Geschmack und die Sauce wird fast schwarz. Man passiert sie, und wenn man ihr noch ein paar Stückchen gedörrte Pilze zusetzt, die man zuvor in warmem Wasser eingeweicht und in der Fleischbrühe etwas gekocht hat, kann das nur gut sein.
Die in Salzwasser gekochten Makkaroni werden gut abgetropft. Vor dem Servieren taucht man sie kurz in die Sauce, die in der Nähe des Feuers heißt gehalten wird, und gibt noch Butter und Parmesan dazu – aber nur wenig Parmesan, bei Tisch kann dann jeder nach Geschmack mehr davon nehmen.

Wenn man statt Makkaroni Reis nimmt, kocht man diesen in Wasser, das wieder langsam in kleinen Mengen zugegossen wird. Ist der Reis halbgar, so gibt man die Sauce und ein Stückchen Butter dazu, vor dem Abnehmen auch noch ganz wenig Parmesan.
Das Schmorfleisch kann man mit etwas Gemüse auf den Tisch bringen. Nimmt man statt Butter Öl, so genügen 20 g Würzfleisch.

209 Stracotto alla bizarra

Angenommen, man habe 700 bis 800 g mageres Kalbfleisch, dann kann man es mit 100 g Speck spicken. Die Speckstückchen sollen fingerdick sein, sie werden vorher gepfeffert und gesalzen – desgleichen das Kalbfleisch. Man gießt Wasser zu, bis das Fleisch halb bedeckt ist, tut noch 2 Blättchen Salbei, 1 Ästchen Rosmarin und ½ Knoblauchzehe hinein und setzt es auf das Feuer. Wenn das Fleisch recht mürbe ist, nimmt man weniger Wasser. Wenn kein Wasser mehr im Topf ist, gibt man 1 TL Mehl hinein, damit das Fleisch Farbe bekommt. Dann tut man noch 1 Stück Butter dazu und übergießt es mit 1 Kelle Fleischbrühe und fingerbreit mit Marsala (Glas, nicht Flasche). Die Sauce wird durch ein Sieb gegeben (ohne Nachdruck) und vor dem Servieren über das Fleisch gegossen. Wenn das Fleisch nicht sehr saftig ist, kann man, statt zu spicken, auch Speckscheibchen darüber legen, damit es nicht noch mehr Saft verliert.

210 Fricandò

Frikandeau nennt man bekanntlich das zarte Fleisch an der Innenseite der Kalbskeule. Man nimmt ein kompaktes Stück, das man mit magerem und fettem Schinken spickt. Man salzt es wenig oder besser gar nicht, wie überhaupt vor der gewohnheits- und übermäßigen Verwendung von Salz in der Küche zu warnen ist. Man steckt 2 Körner Gewürznelken in 1 Zwiebel, schneidet 1 Mohrrübe in Streifen, nimmt noch Sellerie und Petersilie, und setzt alles zusammen mit einem Stückchen Butter auf das Feuer. Das Fleisch wird gebräunt, dann gießt man Brühe nach.
Wenn es gar ist, wirft man Zwiebel, Möhre, Petersilie und Sellerie

fort, schlägt die Sauce durch das Sieb, schöpft das Fett ab und bereitet daraus eine Gelatine, die mit dem Fricandò zusammen serviert wird.
Es ist hier zu erwähnen, daß die so häufig verwendete Fleischbrühe nicht immer vorrätig ist, besonders in kleinen Küchen nicht. In solchen Fällen kann man natürlich etwas von dem käuflichen Fleischextrakt in Wasser auflösen, nur ist dessen Einheitsgeschmack nicht jedermanns Sache.
Alle Fleischsorten werden in Richtung der Fasern gespickt.

211 Frikassee

Man macht Frikassee aus Brustfleisch oder Muskelfleisch von Kalb, Lamm und Huhn. Nehmen wir Kalbsbrust als Beispiel, so bleiben die Zutaten für andere Fleischsorten gleich, müssen natürlich proportional zum Gewicht abgeändert werden.

500 g Kalbsbrust, 50 g Butter, 5 g Mehl (1 knapper EL),
2 dl warmes (nicht kochendes) Wasser, 2 Eidotter, ½ Zitrone,
1 Würzsträußchen

Man schneidet die von allen Knochen befreite Kalbsbrust in kleine Stücke und setzt eine Kasserolle (Topf mit Deckel) mit der Hälfte der Butter aufs Feuer. Wenn diese Butter anfängt zu zergehen, tut man das Mehl hinzu und rührt, bis es nußbraun geworden ist. Dann gießt man in kleinen Raten das Wasser hinein. Das Würzsträußchen kann man aus einigen Zwiebelringen und den Stengeln von Petersilie, Sellerie und Basilikum binden – keine Blätter, denn die könnten zergehen und die schöne Strohfarbe des Frikassees verderben. Man wirft die Würze in den Topf, und wenn das Wasser kocht, legt man auch das Fleisch hinein, zugleich den Rest der Butter, Salz und weißen Pfeffer. Man deckt eine Folie über den Topf, die vom Deckel festgeklemmt wird, und läßt langsam kochen. Sobald das Fleisch zu ⅔ gar ist, nimmt man das Würzsträußchen heraus. Wenn die Jahreszeit danach ist, kann man 100 bis 150 g in dünne Scheibchen geschnittene, frische Pilze zusetzen, sonst nimmt man 1 Prise getrockneter Pilze.

Wenn das Fleisch gar ist, zieht man die Kasserolle vom Feuer und gießt langsam, unter ständigem Rühren, die mit Zitronensaft verquirlten Eidotter hinein.
Für Hühnerfrikassee zerlegt man das Fleisch in den Gelenken; Kopf, Hals und Beine kommen nicht dazu, sonst ist die Zubereitung gleich.
Das so bereitete Frikassee ist eine gesunde und delikate Mahlzeit, besonders für Menschen, die nicht unbedingt Scharfes und Pikantes haben wollen.

212 Gefülltes Huhn

Um die Knochen zu entfernen, geht man am einfachsten so vor: Man schneidet die Flügel und die Oberschenkel im Gelenk ab und den Hals zur Hälfte. Man nimmt das Huhn vorerst nicht aus, sondern schneidet es auf dem Rücken von den Flügeln bis zum Bürzel nicht zu tief auf, und entfernt von innen mit einem scharfen Messer die Flügelknochen, von denen man sorgfältig das Fleisch ablöst. Danach, wieder von innen, die Schenkelknochen, streift dann nacheinander die äußeren Knochen des Brustkorbs frei, und danach kann man alles zusammen herausnehmen, einschließlich der Eingeweide. Man stülpt dann die von den Knochen befreiten Flügelansätze und Schenkel nach innen und beseitigt alle erreichbaren Sehnen.
Dann bereitet man die Füllung, für 1 großes Huhn aus etwa 300 g magerem Kalbfleisch, für kleinere entsprechend weniger. Dieses Fleisch wird erst kleingehackt, dann im Mörser zerstoßen. Man nimmt 1 in Fleischbrühe eingeweichte dicke Scheibe Brot (ohne Kruste), 1 Handvoll geriebenen Parmesan, 3 Eidotter, Salz, Pfeffer und nach Belieben auch Muskatwürze hinzu. In diese Mischung rührt man noch 20 g mageren und fetten Schinken und 20 g gesalzene Zunge, beides in kleine Stückchen geschnitten. Man füllt das Huhn damit, näht es zu, wickelt es fest in ein Tuch, das zugebunden wird. Dann läßt man es bei kleinem Feuer mehrere Stunden schwach kochen und nimmt anschließend die Hülle ab, bräunt das Huhn zuerst in Butter und gießt eine auf folgende Art bereitete Sauce dazu:

Sämtliche Knochen sowie Hals und Kopf des Huhns werden zerkleinert. Sie kommen mit etwas kleingeschnittenem Rauchfleisch, Butter, Zwiebel, Sellerie, Möhre, Salz, Pfeffer und dem Wasser, in dem das Huhn gekocht wurde (das schon eine gute Brühe ist), in einer Kasserolle auf das Feuer. Die Brühe gießt man nach dem Kochen ab und gießt sie über das Huhn, das noch etwas kocht. Darauf wird der Nähfaden entfernt. Es kann mit oder ohne Beilage serviert werden.

213 Hühnersoufflé

Diese sehr leichte nahrhafte und leckere Mahlzeit kommt immer gelegen, wenn bei einer Gelegenheit (Gäste, Fest) Hühnerfleisch übriggeblieben ist, sie ist außerdem ein Fleischgericht, das auch Menschen mit schwachem Magen vertragen.

80 g Hühnerfleisch (ohne Haut), 50 g Mehl, 30 g Butter, 20 g Parmesan, 1 dl Milch, 4 Eier, 1 Prise Salz

Aus Butter, Mehl und Milch macht man eine Balsamella, wenn sie etwas abgekühlt ist, rührt man Parmesan, Salz, die Eidotter und das mit dem Wiegemesser zerkleinerte Hühnerfleisch hinein. Dann schlägt man das Klare der 4 Eier schaumig, rührt es vorsichtig ein, gießt alles in eine feuerfeste Schüssel und bräunt es im Backofen leicht an. Das Soufflé wird meist warm serviert, es schmeckt aber auch kalt.

214 Geschmortes Huhn mit Reis

1 Huhn (ca. 700 g, ausgenommen, zerlegt), 300 g Reis, 100 g Butter, 40 g magerer und fetter Schinken, 1 mittelgroße Zwiebel, 1 Stückchen Mohrrübe, getrocknete Pilze

Man gibt 30 g Butter und den in feine Streifen geschnittenen Schinken in den Topf, darüber zerschneidet man die Zwiebel und die Möhre. Darauf legt man das Huhn mit der Brustseite nach un-

ten, gibt Salz und Pfeffer dazu. Der Topf bleibt bedeckt, bis das Fleisch beidseitig gebräunt ist. Dann gießt man nach und nach warmes Wasser zu, so viel, daß es zur Sauce für den Reis langt, und läßt garen. Die Sauce wird durchgeschlagen.
Den Reis setzt man mit der Hälfte der verbliebenen Butter aufs Feuer, läßt ihn mit warmem Wasser kochen und fügt schließlich die Sauce hinzu. Bevor er gar gekocht ist, tut man noch den Rest der Butter und eine gute Handvoll Parmesan hinein. Leber und Magen, die mit dem Huhn zusammen gegart wurden, schneidet man in kleine Stückchen und mischt sie unter den Reis. Das so bereitete Risotto kann auch als Minestra verwendet werden und für drei Personen reichen, aber dann serviert man das Huhn getrennt mit etwas Sauce und den Pilzen als Beilage.

215 Gefüllte Karbonade

Die gefüllte Karbonade aus Schweinefleisch nach Rezept Nr. 372 kann man auch mit Butter im Schmortopf ansetzen, mit Wasser und Tomatensaft gar werden lassen und mit einer beliebigen Beilage servieren.

216 Karbonade aus Schweinefleisch im Tiegel

Will man statt Beefsteak eine Karbonade von Schweinefleisch, die auf dem Rost zu trocken geraten könnte, dann kann man sie auch auf folgende Art garen: Man klopft das Fleisch gut mit dem Messerstiel und setzt es mit einem entsprechend großen Stück Butter auf. Salz und Pfeffer zugeben und häufig wenden, bis es gebräunt ist. Wenn es fast alle Butter aufgesogen hat, gießt man zweimal in kurzem Abstand ganz wenig Wasser hinzu, wenn es gar ist, streut man gehackte Petersilie darauf, läßt es noch einen Augenblick auf dem Feuer stehen und serviert mit der Sauce.
Als Beilage eignen sich Pommes frites.

217 Huhn auf bäuerliche Art

Man spickt 1 Masthuhn mit einigen Ästchen Rosmarin und mit einer in 4 oder 5 Stückchen geschnittenen Knoblauchzehe, setzt es mit fettem Speck auf das Feuer, salzt und pfeffert es auf beiden Seiten (auch von innen) und läßt es rundherum bräunen. Man schneidet Tomatenstückchen hinein (Samen entfernen), und wenn diese zergangen sind, gießt man Brühe oder Wasser nach. Gleichzeitig brät man einige rohe, in Scheiben geschnittene Kartoffeln in Öl, Speck oder Butter, gibt als Aroma etwas von der Hühnerbrühe hinzu und serviert sie als Beilage. Wenn man zum Anbraten für das Huhn statt Speck Butter nimmt, verfeinert sich der Geschmack.

218 Huhn mit Marsala

Das Huhn wird in dicke Stücke zerlegt und in einer Kasserolle mit feingehackten Zwiebeln und 1 Stückchen Butter aufgesetzt. Salzen und pfeffern. Wenn es gut gebräunt ist, gießt man Fleischbrühe zu und läßt es gar werden. Man gießt die Sauce ab, schöpft, falls erforderlich, das Fett ab und setzt das Huhn jetzt mit etwas Marsala auf das Feuer. Sobald der Marsala zu kochen anfängt, nimmt man es ab.

219 Huhn in Eier-Salsa

1 junges Masthuhn wird in Stücke zerteilt und mit 50 g Butter in die Kasserolle getan. Man gibt Pfeffer und Salz dazu, und wenn es etwas angebraten ist, noch 1 Prise Mehl darüber, um eine bessere Farbe zu bekommen. Dann läßt man es mit der Brühe schmoren. Sobald es gar ist, hebt man es heraus und stellt es warm. In die verbleibende Sauce rührt man 1 mit dem Saft ½ Zitrone verquirltes Eidotter. Diese Salsa rührt man über dem Feuer noch gut durch und gießt sie vor dem Servieren über das Huhn.

220 Huhn mit Sahne

Man steckt 1 junges Huhn auf den Spieß und brät es zu ¾ durch, dabei bestreicht man es mit Öl und salzt es, bis es gebräunt ist. Darauf zerlegt man es in den Gelenken, die Brust in 2 Teile und gart es auf folgende Art:
¼ einer mittelgroßen Zwiebel wird zerhackt und mit 50 g Butter auf das Feuer gesetzt. Wenn die Zwiebel gebräunt ist, setzt man 10 g Mehl zu, und danach in kleinen Dosen 3 dl Sahne – falls nicht vorhanden, kann man auch Vollmilch oder Dosenmilch nehmen. Wenn das Mehl gar ist, gibt man das zerlegte Huhn hinein und läßt es gar schmoren.

221 Pollo alla Marengo

Am Abend der Schlacht von Marengo (Dorf in der Po-Ebene) waren infolge des Drunter-und-Drüber an diesem Tage die Küchenwagen nicht zur Stelle, und der Koch improvisierte für den Ersten Konsul und für die Generäle aus gestohlenen Hühnern ein Gericht, das ich euch im folgenden (vom Diebstahl abgesehen) beschreiben will. Es wurde »Pollo alla Marengo« genannt, und Napoleon soll eine Schwäche dafür gehabt haben – aber wohl weniger der besonderen Qualität wegen als deswegen, weil es ihn an seinen großen Sieg erinnerte.
Man nimmt 1 junges Huhn und zerlegt es in den Gelenken. Dann gibt man die großen Stücke mit 30 g Butter, 1 EL Öl, Salz, Pfeffer und 1 Prise Muskat in die Pfanne. Wenn die Stücke beidseitig gebräunt sind, gießt man das Fett ab, dafür kommt jetzt 1 gestrichener EL Mehl, 1 dl Weißwein und Fleischbrühe in die Pfanne. Man legt den Deckel auf und läßt bei schwachem Feuer gar schmoren. Kurz vor dem Abnehmen setzt man noch etwas gehackte Petersilie zu, und auf dem Tisch träufelt man noch den Saft ½ Zitrone darauf.
Wenn es Napoleon geschmeckt hat, zeugt das nicht von seinem schlechten Geschmack.

222 Hühnerbrust in der Pfanne

Die folgende Art der Zubereitung scheint mir für Hühnerbrust die beste, nicht allein, weil sie schmackhaft ist, sondern auch ergiebig, und eine Hühnerbrust mit den Zutaten für 4 oder 5 Personen reichen kann.
Man schneidet 1 Hühnerbrust in fast papierdünne Scheiben von möglichst gefälliger Form, die Fleischteilchen, die beim Abkratzen des Brustbeins noch anfallen, drückt man zu einem Stück zusammen. Salzen, pfeffern, dann kommen die Scheibchen in gequirltes Ei und bleiben darin einige Stunden liegen. Nachher wälzt man sie in Paniermehl und bäckt sie mit Butter in einer Pfanne oder im Tiegel. Will man sie »natural«, so genügt ein wenig Zitronensaft als Würze. Will man sie mit Trüffeln, dann kann man sich des Rezepts für Koteletts Nr. 248 oder des folgenden bedienen.
Man gießt in einen Metalltopf so viel Öl, daß gerade der Boden benetzt ist. Darauf legt man eine Schicht Trüffelscheibchen, streut ganz wenig Parmesan und 1 Prise Semmelbrösel darüber und wiederholt diesen Vorgang je nach Menge drei- oder viermal. Zuletzt gibt man Öl, Salz, Pfeffer und einige Stückchen Butter dazu, aber alles in kleinen Mengen, damit die Trüffel ihren Geschmack behalten. Man setzt den Topf auf das Feuer, wenn er anfängt zu brutzeln, gießt man 1 kleine Kelle Fleischsauce oder Brühe und etwas Zitronensaft hinein. Man läßt es nur noch ganz kurz auf dem Feuer und gießt es dann über die gegarte Hühnerbrust.
Wenn keine Trüffel vorhanden sind, kann man auch getrocknete Pilze nehmen, die man einweicht und grob zerkleinert. Statt mit Zitrone kann man mit Tomatensaft oder -mark würzen.

223 Germano (Wildente)

Wenn ihr einen Germano auf dem Markt kauft, dann öffnet ihm den Schnabel und schaut euch die Zunge an. Wenn sie ausgetrocknet ist, könnt ihr ruhig sagen, daß das Tier schon längere Zeit tot ist. Riecht jedenfalls einmal daran, ob sie noch frisch genug ist. Der Geruch spielt bei der Wildente auch sonst eine Rolle: Manche schlagen vor, den Vogel in Essig zu waschen oder heiß zu über-

brühen, um ihm den starken Geruch zu nehmen. Dieser geht aber nur von einer einzigen Drüse aus, und ich habe festgestellt, daß es genügt, diese zu beseitigen. Sie sitzt am Ende des Steißbeins, enthält eine gelblich-dickliche Flüssigkeit und ist bei Schwimmvögeln so ausgeprägt, weil sie damit ihr Gefieder einölen und »wasserdicht« machen.
Man nimmt die Wildente aus, schneidet den Kopf ab und entfernt die Haut des Halses, den man längs aufschneidet, um die Wirbel herauszunehmen und dann auf den Rücken des Tieres biegt. Will man den Vogel schmoren, so wählt man als Beilage Rotkohl oder Linsen. In beiden Fällen macht man ein Soffritto (geröstete Würzmischung) auf folgende Art:
Wenn die Wildente etwa 1 kg wiegt, zerkleinert man 30 g fetten und mageren Schinken sehr klein mit dem Messer, desgleichen die üblichen Gewürze, also Sellerie, Petersilie, Mohrrübe und das Viertel einer großen Zwiebel. Man tut dieses Gemisch mit Öl in eine Kasserolle, legt die Ente darauf, gibt Salz und Pfeffer dazu. Wenn die Ente rundum Farbe angenommen hat, gießt man Wasser zu und läßt sie garen.
Mit der Sauce übergießt man den zuvor in Wasser gekochten Rotkohl oder die Linsen, wenn nötig, gibt man noch 1 Stückchen Butter dazu, was den Geschmack verfeinert, dann kann man mit der Ente servieren. Der Rotkohl muß nicht besondes fein geschnitten sein, er wird noch mit Pfeffer und Salz gewürzt.

224 Geschmorte Wildente

Man gibt die Wildente mit 30 g Butter in eine Kasserolle und läßt sie bräunen, nimmt sie heraus und gibt in das verbleibende Fett 1 EL Mehl und rührt um, bis das Mehl kastanienbraun geworden ist. Dann etwas abkühlen lassen, und wenn es nicht mehr kocht, ½ Liter Wasser dazu gießen, die Ente hineinlegen, außerdem ¼ Orangenschale in einem Stück, dazu grob zerkleinert 1 fingerlangen Selleriestengel und 1 Stück Mohrrübe. Pfeffern und salzen, dann legt man den Deckel auf und läßt die Ente gar schmoren. Die Sauce wird durch ein Sieb geschlagen, die Ente in den Gelenken zerlegt. Dann wird sie wieder in ihre Sauce gelegt, die Orange dar-

über ausgedrückt und noch einige Minuten kochen lassen. Es kann serviert werden.
Man kann die Hausente auf dieselbe Weise behandeln, da sie aber sehr fett ist, sollte man vor dem Servieren das überflüssige Fett von der Sauce abschöpfen. Man kann das auch tun, indem man die Sauce in eine Schüssel gießt und mit saugfähigem Papier das Fett aufsaugt.

225 Hausente

Man bereitet die Hausente genauso wie die Wildente in Rezept Nr. 223, auch mit demselben »Soffritto«. Wenn sie gebräunt ist, gießt man Tomatensauce oder -mark darüber und läßt sie mit Wasser oder Fleischbrühe gar schmoren. Dann wird die Sauce durchpassiert, das überflüssige Fett abgenommen, danach kommt die Ente in die Sauce und mit 1 Stückchen Butter noch einmal auf das Feuer. Diese Sauce kann man für eine Minestra mit hausgemachten Nudeln oder Lasagne verwenden, dann setzt man ihr geriebenen Parmesan zu. Zur Ente kann man Gemüse servieren, das man in ein wenig von der Sauce gekocht hat.

226 Gänseleber

Im Artikel »Hausgans« Nr. 379 kann man nachlesen, wie Gänseleber zu behandeln ist. Ich habe aber eine andere Methode ausprobiert, und da sie mir besser erscheint, teile ich sie euch mit. Wenn die Leber auf die im Rezept beschriebene Art gar geworden ist, nimmt man sie aus dem Topf. Dann läßt man 20 g Butter auf dem Feuer zergehen und rührt 1 gehäuften TL Mehl hinein. Wenn das Mehl nußbraun ist, setzt man 1 Kelle Fleischbrühe und 3 EL Marsala zu, tut die Leber hinein, läßt noch einmal aufkochen und serviert.

227 Geschmorte Tauben

Angelegentlich der Tauben möchte ich darauf hinweisen, daß Haustiere schmerzempfindliche Lebewesen sind, und weiter, daß der Magen – wie schon im Vorwort erwähnt – oft sonderbare Reaktionen zeigt.
Eine mir bekannte Hausfrau bat einen zufällig anwesenden Nachbarn, ihr ein paar Tauben zu schlachten. Der tat das, indem er die Tauben in Gegenwart der Dame in einem Waschbecken ertränkte. Der Eindruck auf die Dame war so stark, daß ihr seitdem überhaupt kein Geflügel mehr schmeckte.
Man umwickelt die Tauben mit ganzen Salbeiblättern, legt sie auf Scheiben von fettem und magerem Schinken in einen Tiegel oder eine Kasserolle, gibt Öl, Salz und Pfeffer zu. Wenn sie Farbe angenommen haben, gibt man noch 1 Stückchen Butter hinein und läßt dann mit Fleischbrühe gar schmoren. Vor dem Abnehmen gießt man den Saft 1 Zitrone darüber, die Sauce serviert man mit gerösteten Brotscheiben. Wegen des Schinkens und der Fleischbrühe muß sehr vorsichtig gesalzen werden.

228 Piccione all'inglese

Ich mache hierdurch ein für allemal davon Mitteilung, daß Namen in meiner Küche keine Rolle spielen, auch wenn sie noch so schwülstig klingen. Sollte mir also ein Engländer mitteilen, daß dieses Gericht, das auch den seltsamen Namen »piccion paio« führt, nicht nach den Bräuchen seiner Nation zubereitet sei, so schert mich das »un fico«. Mir genügt, daß ich es so ausprobiert und für gut befunden habe. Nehmt also:

1 junge (aber nicht kleine) Taube, 100 g mageres Kalbfleisch (oder 1 Hühnerbrust), 40 g fetten und mageren Schinken (dünne Scheiben), 30 g Pökelzunge, 40 g Butter, ½ Glas entfettete Fleischbrühe, 1 hartgekochtes Ei

Zerlegt die Taube in ihren Gelenken – Kopf und Füße wegwerfen. Das Kalbfleisch (oder die Hühnerbrust) wird aufgeschnitten und

mit dem Messerstiel geklopft. Schinken und Zunge werden in fingerbreite Streifen geschnitten. Das Ei wird in 8 Scheibchen geteilt. Nehmt eine Schale aus Metall oder feuerfestem Porzellan und ordnet darauf schichtweise an: zunächst die Hälfte der Taube und des Kalb- (oder Hühnerfleisches), dann die Hälfte des Schinkens und der Zunge sowie die Hälfte der Butter in kleinen Stückchen und die Hälfte des Eies, also 4 Scheibchen. Gebt Pfeffer und Salz zu und wiederholt denselben Vorgang mit den restlichen Zutaten, so daß beide Schichten aufeinander liegen. Salz sparsam verwenden. Zum Schluß gießt noch das halbe Glas Fleischbrühe (nicht heiß) darüber.
Dann macht man aus folgenden Zutaten einen Teig, um das Ganze zu bedecken:

150 g Mehl, 50 g Butter, 1 TL Weingeist, 1 TL Zucker, 1 Zitronenscheibe, 1 Eidotter, Salz

Das Mehl wird mit den Zutaten (Zitrone auspressen) angerührt, und wenn nötig, setzt man noch etwas warmes Wasser zu, so daß ein nicht zu fester Teig entsteht. Man knetet ihn gut durch, wobei er mehrmals heftig auf das Brett geworfen wird, läßt ihn eine Weile ruhen und rollt ihn aus, legt ihn dann wieder zusammen und rollt ihn erneut aus, vier, oder fünfmal hintereinander, am Schluß zur Dicke eines Geldstücks. Damit bedeckt man den Teller mit der Taube und streicht Eigelb darüber. Dieser Pasticcio – so kann man es nennen – wird im Backofen gegart und warm serviert (»pasticcio«, eigentlich Pastete, auch in der Nebenbedeutung »Kitsch«).
Mir scheint, dieses Gericht ist dem italienischen Geschmack noch etwas besser angepaßt, wenn man es folgendermaßen bereitet: Man läßt die Taube mit dem anderen Fleisch und der Butter nur halb gar werden, gibt dann Pfeffer und Salz (evtl. noch Gewürz nach Geschmack) hinzu. Dann gibt man alles in der vorher beschriebenen Art in die Schüssel, einschließlich Fett und Brühe. Man kann auch noch Hühnerklein, Kalbsgekröse und Trüffel zusetzen.

229 Manicaretto von Tauben

Die Tauben werden in den Gelenken in große Stücke zerteilt, dann mit 1 Scheibe Schinken, 1 Stückchen Butter, 1 Würzsträußchen, Salz und Pfeffer aufs Feuer gesetzt. Wenn das Fleisch anfängt trocken zu werden, gießt man etwas Brühe nach, und wenn es halb gar ist, setzt man das »Taubenklein«, in Stückchen geschnittenes Kalbsgekröse und in Scheiben geschnittene frische Pilze zu (statt ihrer auch entsprechend vorbereitete getrocknete Pilze oder Trüffel, diese aber erst, wenn das Fleisch fast gar ist). Man gießt Fleischbrühe und Weißwein (für 2 Tauben etwa ½ Glas) hinzu, den man vorher erhitzt hat. Man läßt auf kleinem Feuer gar werden, tut dann noch etwas in zerlassene Butter eingerührtes Mehl (oder auch Mehl allein) dazu, um die Salsa zu legieren. Vor dem Servieren nimmt man den Schinken und das Würzsträußchen heraus und spritzt den Saft 1 Zitrone über die Tauben. Ist das Gekröse von großen Tieren, dann muß es vorher überbrüht und abgezogen werden.
Man kann auf diese Art auch junge Hühner zubereiten, dann nimmt man statt Gekröse das Hühnerklein.

230 Timballo von Tauben

Vielleicht kommt der Name von der Gestalt, die in etwa dem besagten Instrument ähnelt. Man zerhackt Schinken, Zwiebel, Sellerie und Mohrrübe und setzt es mit 1 Stückchen Butter und 1 Taube (oder mehreren, je nach Anzahl der Gäste) aufs Feuer. Man gibt das Taubenklein (und falls gerade vorhanden noch etwas Hühnerklein) hinzu. Pfeffer und Salz, und wenn die Tauben gebräunt sind, gießt man Fleischbrühe nach und läßt sie gar werden, achtet aber darauf, daß Sauce übrigbleibt. Diese schlägt man durch und gibt zuvor in Salzwasser nicht ganz gar gekochte Makkaroni hinein, stellt sie auf mittelstarkes Feuer und rührt von Zeit zu Zeit um. Man macht ein wenig Balsamella, zerlegt die Tauben, wirft Hals, Kopf und Füße weg; sämtliche Knöchelchen sind zu beseitigen, was natürlich besser ist. Das Taubenklein (Hühnerklein) wird in ziemlich große Stücke geschnitten, der Inhalt der Mägen entleert.

Sobald die Makkaroni die Sauce angenommen haben, tut man Parmesan, Butter in kleinen Stückchen, Brötchen oder Scheibchen von magerem und fettem Schinken, Muskat und Trüffelscheibchen hinein (statt Trüffel auch eine Handvoll eingeweichter, getrockneter Pilze). Endlich gibt man die Balsamella dazu und rührt gut um.
Aus 300 g Makkaroni und 2 Tauben macht man einen Timballo für 10 oder 12 Personen (falls es nicht zu starke Esser sind). Wenn man will, kann man ihm auch die Form des Pasticcio nach Rezept Nr. 271 geben.

231 Hase süß-sauer

Später werde ich noch auf die Zubereitung von Hasenpastete kommen, hier will ich kurz einen Hasenbraten beschreiben. Um ihn süß-sauer zu machen, bedient man sich des folgenden Rezepts für Wildschwein. Im übrigen geht man so vor:
Nehmen wir zum Beispiel ½ Hasen, der in Stücke aufgeteilt wird. Dann zerkleinert man 1 mittelgroße Zwiebel, 2 Knoblauchzehen, 1 fingerlanges Stück Sellerie und einige Rosmarinblätter sehr fein. Man setzt es mit 1 Stückchen Butter, 2 EL Öl und 4 oder 5 fingerbreiten Streifen Schinken auf das Feuer. Wenn alles gebräunt ist, legt man die Hasenstücke hinein, dazu Pfeffer, Salz und Gewürz nach Belieben. Wenn das Fleisch gebräunt ist, gießt man ½ Glas Weißwein oder Marsala zu, dann noch 1 Handvoll frische Pilze (oder eingeweichte) und läßt mit Brühe und Tomatensauce (oder -mark) gar kochen. Wenn nötig, vor dem Servieren noch etwas Butter zusetzen.

232 Wildschwein süß-sauer

Für Wildschwein süß-sauer sollte das Fleisch eine Fettschicht haben, denn das Fett dieses Tieres bleibt, wenn es gar ist, fest und hat ein vorzügliches Aroma.
Die folgenden Zutaten reichen für 1 kg Fleisch:
Man zerhackt ½ Zwiebel, die Hälfte 1 großen Mohrrübe, 2 finger-

lange Stengel weißen Sellerie, 1 Prise Petersilie und 30 g fetten und mageren Schinken. Es wird alles sehr fein mit dem Wiegemesser zerkleinert und kommt mit Öl, Salz und Pfeffer zusammen in eine Kasserolle, wird aber nicht gesondert geröstet, sondern man legt das Fleisch gleich mit in den Topf. Wenn das Fleisch auf allen Seiten gebräunt ist, gießt man einen Teil des Fetts ab, streut etwas Mehl über das Fleisch und läßt es weiter gar werden, indem man von Zeit zu Zeit ein wenig warmes Wasser zugießt. Die Sauce wird durchgeschlagen. Inzwischen hat man in einem Glas das »Süß-sauer« vorbereitet, das dann zum Fleisch kommt.

40 g Rosinen, 30 g Schokolade, 30 g Pinienkerne, 20 g kandierte Früchte (gehackt), 50 g Zucker

Den Essig schmeckt man ab, gibt aber keinesfalls zuviel zu, weil man später immer noch ausgleichen kann. Bevor man das Fleisch auf den Tisch bringt, läßt man noch einmal gut aufkochen, damit sich alle Zutaten vermengen, übrigens schmeckt süß-sauer besser, wenn man es an einem Tag für den nächsten fertigmacht. Will man es einfacher haben, dann macht man das Süß-sauer nur aus Zucker und Essig.
Beide Arten »dolce-forte« passen auch zu dem Hasen des vorigen Rezepts.

233 Hirschkoteletts auf Jägerart

Das Fleisch von Damhirsch, Reh und ähnlichen Wildtieren ist trocken und hart, es ist also notwendig, daß es Zeit hat mürbe zu werden, damit es besser mundet. Für dieses Gericht nimmt man Fleisch von der Lende, man schneidet Koteletts ab, die man möglichst klein hält. Je nach der Menge, die man zubereiten will, setzt man entsprechend viel Öl und Butter mit einer Knoblauchzehe und einigen Salbeiblättern auf das Feuer. Wenn die Knoblauchzehe Farbe hat, legt man die Koteletts hinein, pfeffert, salzt und gart auf starkem Feuer. Wer will, kann etwas Marsala zusetzen.

234 Geschmortes Kaninchen

Bei diesem Gericht hält man sich vorwiegend an das Rezept für »Pappardelle« und Kaninchen Nr. 73.

235 Zunge süß-sauer

Man nimmt 1 Kalbszunge mit Anhang, häutet sie und kocht sie halb gar. Im übrigen richtet man sich nach dem Rezept für Wildschwein Nr. 232 und benutzt das Wasser, in dem die Zunge halb gekocht wurde, zum Fertigkochen.

236 Ochsenzunge mit Fleischsauce

Eine weitere Art, Ochsenzunge von mehr als 1 kg zuzubereiten. Um die Zunge zu häuten, macht man – wie es auch im vorigen Rezept nötig war – ein Schäufelchen (entsprechendes Gerät) glühend und legt es darauf. Der Vorgang wird, falls nötig, mehrmals wiederholt. Die Zunge wird so mit 60 g gesalzener und gepfefferter Speckscheibchen eingefriedet, daß sie über dem Feuer gerade bleibt. Man setzt sie mit 30 g Butter auf, gibt noch Pfeffer und Salz dazu und bräunt sie etwas. Dann gibt man nach und nach Fleischbrühe hinzu und läßt sie gar werden. Man gießt die restliche Sauce durch das Sieb und setzt sie mit etwas Butter und weniger als ½ EL Mehl auf das Feuer, um sie einzudicken. Die in Scheiben geschnittene Zunge kommt in die Sauce und wird mit in Butter und Fleischbrühe gekochtem Gemüse serviert.

237 Geschmorte Niere

Man nimmt 1 Stein (wie die Florentiner sagen), also die Niere eines großen oder mehrere Nieren von kleinen Tieren und öffnet sie, um das Fett zu beseitigen, denn dieses Fett hat einen üblen Geruch. Man schneidet sie quer in dünne Scheiben, tut Salz und Pfeffer dazu und gießt so viel kochendes Wassr darüber, daß sie

bedeckt sind. Wenn das Wasser abgekühlt ist, nimmt man die Scheiben heraus und wirft sie in die Pfanne, wo sie Wasser abgeben, das man wegschüttet. Man streut 1 Prise Mehl darüber, setzt 1 Stückchen Butter zu und läßt sie unter häufigem Bewegen und Wenden nur 5 Minuten braten. Salz, Pfeffer und 1 knappes halbes Glas Weißwein zusetzen. Man läßt sie noch kurz auf dem Feuer, und vor dem Abnehmen werft noch 1 Stückchen Butter und etwas feingehackte Petersilie hinein – wenn nötig auch noch etwas Brühe nachgießen.
Wenn man Nieren zu lange auf dem Feuer läßt, werden sie zäh. Den Weißwein sollte man vorher auf 1/3 einkochen. Natürlich kann man statt dessen auch Marsala oder – noch besser – Champagner nehmen.

238 Nieren alla fiorentina

Die Nieren werden geöffnet und entfettet wie nach Rezept Nr. 237, dann werden sie der Länge nach durchgeschnitten. Man läßt eine angemessene Menge Butter in einem Tiegel zergehen, legt die Nieren in das brutzelnde Fett, läßt sie ein wenig darin, nimmt sie ab, gibt Salz, Pfeffer und etwas Petersilie zu.
Die Nieren bleiben im Fett einige Stunden stehen, dann kann man sie im Tiegel gar werden lassen, oder man wälzt sie in Semmelbrösel und grillt sie.

239 Bue alla moda

Man nimmt nicht weniger als 1 kg mageres Fleisch von der Keule oder dem Hinterstück eines großen Tieres und spickt es mit fingerdicken Speckstückchen, die gepfeffert und gesalzen sind. Das Fleisch wird gesalzen und mit 50 g Butter zum Bräunen in einen Topf gelegt. Dann gibt man folgende Zutaten hinein: 1/2 Kalbsfuß, 1 große Zwiebel, ganz, 2 oder 3 ganze Mohrrüben, 1 Sträußchen Würzkräuter wie Petersilie, Sellerie, Basilikum und ähnliches, dazu noch einige Speckschwarten, 1 ganzes Glas Wasser oder besser noch entfettete Fleischbrühe und als letztes 1/2 Glas Weißwein

oder 2 EL Aquavit. Der Topf wird gut zugedeckt und der Inhalt langsam gekocht, bis das Fleisch gar ist – da die Möhren früher gar werden, nimmt man sie vorher heraus, damit sie ganz bleiben. Das Würzsträußchen wird fortgeworfen, die Sauce durchgeschlagen und wenn nötig entfettet. Das nicht zu sehr gekochte Fleisch wird zusammen mit dem Kalbsfuß aufgetragen, die Schüssel mit den in runde Scheibchen geschnittenen Möhren garniert.
Manche spicken die Zwiebel mit Gewürznelken, dieses gemischte Aroma ist aber nicht jedem angenehm. Statt der Mohrrüben kann man auch geschälte Bohnen in der Sauce mitkochen.

240 Geschmortes Rindfleisch

Bei den Franzosen heißt es »bœuf braisé«. Beschafft euch 1 schönes Stück mageres und mürbes Fleisch. Angenommen, es seien 500 g ohne Knochen, dann spickt es mit 50 g knapp fingerlangen und fingerdicken Speckstückchen, die schon gesalzen und gepfeffert sind.
Das Viertel 1 mittelgroßen Zwiebel, ½ Mohrrübe und 1 spannenlanger Selleriestengel werden mit dem Wiegemesser nicht zu fein zerkleinert, mit 30 g Butter in den Topf getan, und darauf legt man das mit Pfeffer und Salz gewürzte Fleisch.
Wenn das Fett aufgesogen wird, gießt man zweimal ganz wenig kaltes Wasser zu. Ist dieses verschwunden und das Fleisch gebräunt, so gießt man 2 Kellen warmes Wasser hinein, bedeckt den Topf mit einer doppelten Papierfolie und läßt langsam schmoren, bis das Fleisch gar ist. Die Sauce wird durchgeschlagen, entfettet und mit einem weiteren Stückchen Butter wieder in den Topf gegeben, wodurch der Geschmack von Fleisch und Sauce verfeinert wird.

241 Bue alla california

Der Name hat mit dem Gericht fast nichts zu tun, wir sahen aber schon öfter, daß die Namengebung in der Küche ziemlich willkürlich ist.
Die folgenden Mengen habe ich in mehreren Versuchen ausprobiert.

700 g mageres Kalb- oder Schweinefleisch ohne Knochen, Rücken, Lendenstück oder Filet, 50 g Butter, 2 dl Sahne, 2 dl Wasser, 1 EL Essigessenz

Man setzt das Fleisch mit der Butter, 1/2, in 4 Stücke aufgeteilten Zwiebel und 1 zerkleinerten Mohrrübe auf den Ofen. Salz und Pfeffer zugeben. Wenn das Fleisch gut gebräunt ist, gießt man den Essig, danach etwas Wasser und schließlich die Sahne hinein. Man läßt es etwa 3 Stunden schwach schmoren, wenn die Sauce knapp werden sollte, gießt man noch etwas Wasser hinein.
Das Fleisch kommt in Scheiben geschnitten und mit der durchpassierten Sauce auf den Tisch. Bei einer Mahlzeit mit mehreren Gängen reicht es für 5 oder 6 Personen.

242 Scaloppine alla livornese

Warum das Scaloppine heißt, weiß ich wieder einmal nicht, die Bologneser, die es so getauft haben, wahrscheinlich auch nicht.
Man nimmt dicke Scheiben Karbonade, klopft sie gut, damit sie zart werden, und tut sie mit 1 Stück Butter in die Pfanne. Wenn sie die Butter aufgenommen haben, gießt man einige Eßlöffel Fleischbrühe zu und läßt sie gar werden. Pfeffern und salzen. Dann legiert man mit 1 Prise Mehl und gießt etwas Marsala hinein. Vor dem Abnehmen kommt noch 1 Prise feingehackte Petersilie dazu.

243 Schnitzel aus Hackfleisch

Man nimmt mageres Fleisch von einem großen Tier. Falls man keinen Fleischwolf hat, schneidet man es zuerst mit dem Messer in kleine Stücke und danach sehr fein mit dem Wiegemesser. Man gibt Salz, Pfeffer und geriebenen Parmesan dazu, die übrigen Gewürze nach eigenem Geschmack. Man vermengt alles gut und rollt es dann auf dem Nudelbrett mit Semmelbrösel (weil es sonst haftet) etwas dicker als ein großes Geldstück aus. Dann zerschneidet man es in Stücke, die etwa die Größe eines Handtellers haben, und bäckt sie mit Butter im Tiegel. Wenn die Schnitzel Farbe angenommen haben, gibt man Tomatensauce oder in Wasser (bzw. Brühe) aufgelöstes Tomatenmark dazu und kann servieren.
Hat man zufällig gekochtes Fleisch zur Hand, so kann man auch gekochtes und rohes Fleisch mischen.

244 Scaloppine alla genovese

Man nimmt Scheiben mageren Kalbfleischs und zerkleinert für 500 g ohne Knochen 1/4 Zwiebel mittlerer Größe, die man mit Öl und 1 Stückchen Butter in eine Kasserolle tut. Darauf legt man schichtweise die Fleischscheiben, salzt und pfeffert und setzt sie auf das Feuer, ohne sie noch einmal umzurühren, denn wenn sie so aneinander kleben, verziehen sie sich nicht. Wenn die Unterseite gebräunt ist, streut man 1 TL Mehl darüber, kurz darauf noch etwas Petersilie und 1/2 Knoblauchzehe, beides fein zerkleinert. Als letztes noch 2 Finger breit guten Weißwein oder Marsala. Dann löst man die Scheiben voneinander und plaziert sie so, daß sie die Feuchtigkeit aufnehmen können, danach gießt man noch warmes Wasser und etwas Tomatensauce zu. Jetzt läßt man sie langsam gar werden und serviert dann mit genügend Sauce und einseitig gerösteten Brotscheiben. Man kann aber auch in Wasser gekochten Reis dazu nehmen, den man mit etwas Butter, Parmesan und Sauce versetzt.

245 Schnitzel mit saurer Sahne

Man nimmt mageres Kalbfleisch, schneidet es in Scheiben, klopft es, fariniert es und setzt es mit einem entsprechend großen Stück Butter auf das Feuer. Pfeffer und Salz zugeben und die Schnitzel auf kleinem Feuer beidseitig bräunen. Dann gießt man die saure Sahne hinein und als letztes noch etwas Wasser oder Fleischbrühe, damit die Salsa nicht zu stark wird und die Schnitzel besser garen können.
Man serviert die Schnitzel mit Zitronenscheiben.
Für 4 Personen nimmt man 500 g mageres Fleisch ohne Knochen, 70 g Butter und 2 dl Wasser.

246 Kalbsschnitzel

300 g mageres Kalbfleisch ohne Knochen, das in sehr dünne Scheibchen geschnitten wird, dazu 70 g ebenfalls dünngeschnittenen fetten Speck.
Man zerläßt in einer entsprechend großen Kasserolle etwas Butter und verteilt den Speck am Boden und an den Seiten. Darauf legt man eine erste Schicht der Schnitzel, gibt Salz, Pfeffer, geriebenen Parmesan und feingehackte Petersilie zu und legt die nächste Schicht darauf, die ebenso behandelt wird – bis das Fleisch alle ist. Auf die letzte Schicht tut man ein paar Stückchen Butter und läßt die Schnitzel gar werden, bis sie fast trocken sind und der Speck gebräunt ist. Das Ganze legt man auf eine Schicht von in Butter gegartem Spinat – es reicht für 4 Personen.

247 Lammkoteletts in Eier-Salsa

Die Koteletts werden zubereitet wie in den beiden folgenden Rezepten, danach gießt man eine Salsa darüber, die aus Eidotter, Butter und Zitronensaft besteht, und kann servieren. Für 7 oder 8 Koteletts genügen 3 Eidotter, 30 g Butter und ½ Zitrone – alles verquirlt.

248 Lammkoteletts mit Trüffeln alla bolognese

Das beste Fleisch ist hierfür das der Kalbsnuß, man kann aber auch mageres von Schenkel oder Hinterstück nehmen. Es wird in Scheiben von der Größe des Handtellers geschnitten und geklopft. Man gibt den Stücken ein gefälliges Aussehen, etwa Herzform, was man leichter erreicht, wenn man das Fleisch vorher mit dem Wiegemesser zerkleinert. Auf einem Teller versieht man die Koteletts dann mit Pfeffer, Salz, Zitronensaft und sehr wenig Parmesan. So läßt man sie 1 oder 2 Stunden stehen und legt sie dann für einige Zeit in geschlagenes Ei. Dann werden sie mit feinen Semmelbrösel paniert, kommen zum Braten mit Butter in ein Kupfergefäß, und wenn sie auf einer Seite gebräunt sind, dreht man sie um. Auf die angebratene Seite legt man erst Trüffelscheibchen, darauf 1 Scheibe Parmesan oder Gruyère, beides sehr dünn geschnitten. Man gießt Fleischbrühe oder Fleischsauce zu und läßt mit Unter- und Oberhitze gar werden. Dann legt man sie auf eine Schüssel, gießt die Sauce rundherum und drückt noch 1 Zitrone darüber aus – bei wenigen nur ½ Zitrone. Man kann auf dieselbe Weise Lammkoteletts machen, wenn man den Rippenknochen abgelöst hat.
(Anmerkung: Artusi nimmt die Namen für seine Gerichte aus der Gegend, in der er das Rezept aufgespürt hat. Die Begriffe Kotelett, Schnitzel, Karbonade etc. werden deshalb nicht immer in der heutigen Bedeutung verwendet, wurden jedoch der Originalität wegen beibehalten. Aus den Rezepten geht aber klar hervor, was jeweils gemeint ist.)

249 Koteletts mit Schinken

Die Koteletts werden vorbereitet wie in obigem Rezept, dann legt man sie mit 1 sehr dünnen Scheibe mageren und fetten Schinken in der Größe des jeweiligen Koteletts in das Ei. Man paniert das Kotelett mit dem daran haftenden Schinken, salzt nur wenig und bräunt die Seite ohne Schinken in Butter. Statt der Trüffel legt man auf die Schinkenseite eine sehr dünne Scheibe Gruyère oder streut etwas Parmesan darüber; mit Oberhitze gar werden lassen und mit Fleischsauce und Zitronensaft oder auch nur mit Tomatensauce servieren.

250 Polpette

Glaubt nur nicht, ich wollte euch lehren, wie man Klöße macht. Das kann jeder, einschließlich dem Esel, der dem Menschengeschlecht das Modell geliefert hat. Hier möchte ich euch nur mitteilen, wie man sie macht, wenn man gares Fleisch übrig hat. Wenn man sie einfacher oder aus rohem Fleisch machen will, braucht man weniger Würze.

Man zerkleinert das Fleisch sehr fein mit dem Wiegemesser, daneben zerkleinert man 1 Scheibe fetten und mageren Schinken, den man unter das Fleisch mischt. Man gibt Parmesan, Salz, Pfeffer, Rosinen und Pinienkerne hinein, dazu einige EL Brei, den man aus in Brühe oder Milch gekochtem Weißbrot ohne Kruste bereitet hat. Das Ganze wird je nach Menge mit 1 oder 2 Eiern legiert. Dann bildet man eigroße Kugeln, an den Polen abgeflacht wie der Globus, die man paniert und in Öl oder Speck brät. Man macht einen »soffrittino« (kleines Würz-Geröstel) aus Knoblauch, Petersilie und in der Pfanne verbliebenem Fett, dem man einen Salsa aus Ei und Zitronensaft zusetzt.

Manche mögen keine Soffritti (in Fett geröstete Würzkräuter), die können dafür ein Stückchen Butter nehmen, ich muß aber betonen, daß ein guter Soffritto nicht schädlich ist und die Verdauung anregt. Einmal speiste ich mit einigen Damen in einer Trattoria von bestem Ruf, die behauptete, französisch zu kochen – allzu französisch –, wo man uns »animelle coi piselli« (Gekröse mit Erbsen) servierte. Die Erbsen waren frisch und bester Qualität, aber sie waren nur in Butter ohne Soffritto, Sugo oder andere Würzen zubereitet. Die Damen äußerten sich nicht über dieses Gericht (das bei uns ein Leckerbissen sein kann), ich bemerkte aber, daß sie einander erstaunt ansahen, verwundert, daß dies die vielgerühmte französische Küche sein sollte.

251 Quenelles

Die Quenelles sind französischer Art und Herkunft, in der italienischen Sprache gibt es kein Wort dafür. Vielleicht wurden sie von einem Koch erfunden, dessen Herr keine Zähne mehr hatte.

120 g Kalbfleisch, 80 g Kalbsnierenfett, 50 g Mehl, 30 g Butter, 1 Ei und 1 Eigelb, 2 dl Milch

Fleisch und Fett werden von Sehnen und Häutchen gesäubert, dann abgewogen, mit dem Messer zerschnitten, mit dem Wiegemesser fein zerkleinert und anschließend im Mörser zerstoßen, bis sie eine feine Paste bilden.
Aus dem Mehl, der Butter und der Milch macht man eine Balsamella, wenn sie abgekühlt ist, rührt man den Fleischteig hinein, wobei man nur Salz zusetzt. Man gibt ihn auf das mit einem Mehlschleier bedeckte Nudelbrett, stäubt noch mehr Mehl darüber und zieht ihn in Stäbchenform aus, so daß man 18 bis 20 Klöße bekommt, die wie fingerlange Würstchen aussehen. Man wirft sie in einen großen Topf mit kochendem Wasser, läßt sie 8 oder 10 Minuten kochen, wobei sie stark aufgehen, und hebt sie dann mit dem Schaumlöffel heraus und serviert sie in der Tomaten-Salsa des Rezepts Nr. 99, der man einige frische oder gekochte Pilze (die man vorher in der Salsa gekocht hat) und einige Oliven aus Salzlake zusetzt, deren Kerne entfernt sind. Die Tomaten-Salsa kann man durch Fleischsauce ersetzen oder die Quenelles mit einer Sauce aus Hühnerklein und Kalbsgekröse garnieren. Man kann Quenelles auch aus weißem Hühnerfleisch oder Fisch machen. Die Menge kann für 5 Personen reichen.
Wenn man sich für Tomaten-Salsa entscheidet, die für dieses Gericht das beste ist, läßt man 30 g Butter zergehen, rührt 1 EL Mehl hinein, und wenn es braun ist, setzt man es der Salsa zu.

252 Lammlende

Man zerstückelt 500 g Lende von einem Lamm und brät sie in fettem Speck. In dem in der Pfanne verbleibenden Fett röstet man einen Soffritto aus Knoblauch und Petersilie, und wenn der Knoblauch Farbe hat, gibt man das schon gare Lamm hinein, gibt Pfeffer und Salz dazu und läßt es noch etwas auf dem Feuer stehen, damit es die Würze annimmt, wobei man es ständig bewegt. Dann gießt man eine aus 2 Eiern, 1 guten Prise Parmesan und dem Saft ½ Zitrone angerührte Salsa hinein. Man rührt, bis sich das Ei verfestigt hat, und serviert.

253 Lamm mit Erbsen aus der Romagna

Man nimmt ¼ Lamm (Rücken) und spickt es mit 2 in Streifen geschnittenen Knoblauchzehen und einigen Ästchen Rosmarin. Ich sage Ästchen, nicht Blätter, denn Ästchen kann man, falls nötig, entfernen, wenn das Lamm gar ist. Man nimmt 1 Stück Speck oder Rauchfleisch und hackt es mit dem Messer klein. Dann gießt man es mit etwas Öl in einen Topf und setzt das Lamm darin auf. Pfeffern, salzen und braun werden lassen. Sobald das Fleisch Farbe hat, gibt man noch ein Stückchen Butter hinein, setzt in Fleischbrühe oder Wasser aufgelöstes Tomatenmark zu und läßt es ganz gar werden. Man nimmt das Lamm kurz heraus, schüttet die Erbsen in den Topf, legt, wenn sie etwas gekocht haben, das Fleisch wieder hinein und läßt alles zu Ende garen. Die Erbsen dienen bei Tisch als Beilage.

Man kann auf die gleiche Weise ein Stück Kalbfleisch vom Rükken oder dem Hinterstück zubereiten.

In der Toskana macht man dieses Gericht auf die gleiche Art, aber nur mit Öl.

254 Lammschulter ungarisch

Wenn nicht ungarisch, kann es auch spanisch oder flämisch sein. Der Name spielt keine Rolle, Hauptsache ist der Geschmack.

Man schneidet die Schulter in dünne, 3 Finger breite Quadrate. 3 bis 4 Gemüsezwiebeln werden gehackt und zum Rösten mit Butter aufgesetzt. Wenn sie gebräunt sind, legt man das Lammfleisch hinein, salzt und pfeffert. Wenn es anfängt sich zu färben, setzt man 1 weiteres Stück Butter zu, das man in Mehl gewälzt hat. Das Fleisch wird bewegt, bis es die richtige Farbe hat, dann wird nach und nach Fleischbrühe dazu gegossen und fertig gegart. Man bringt das Fleisch nicht trocken auf den Tisch, sondern mit einer angemessenen Menge der Sauce.

255 Gedämpfter »muscolo«

Jeder weiß, daß die Muskeln Faserbündel sind, die ganz allgemein das Fleisch ausmachen. In Florenz ist es aber üblich, »muscolo« jenes Kalbfleisch am Ende der Keule oder der Schulter zu nennen, das mürbe oder gallertartige Sehnen enthält, die sich zu diesem Gericht besonders eignen.
Man schneidet 500 g Muscolo in Stückchen. Dann setzt man Öl mit 2 Knoblauchzehen auf das Feuer, die man leicht zerdrückt. Leicht bräunen lassen, dann gibt man das gesalzene und gepfefferte Fleisch dazu. Wenn es gebräunt ist, ½ EL Mehl darüber streuen, Tomatensauce (oder aufgelöstes -mark) hineingießen und 1 Stück Butter dazu, danach Wasser oder Fleischbrühe in kleinen Mengen. Man läßt das Fleisch gar werden, achtet aber darauf, daß genug Sauce bleibt. Geröstete Brotscheiben in eine Schale legen, den gedämpften Muscolo darauf legen und servieren. Man kann auch ohne Röstbrot servieren, dann gibt man kurz bevor das Fleisch gar ist, in Scheiben geschnittene frische Pilze oder Kartoffelscheiben hinzu.

256 Gedämpfte Kalbsbrust auf Fenchel

Man zerkleinert die Kalbsbrust, läßt aber die Knochen dabei. Dann zerkleinert man Knoblauch, Petersilie, Sellerie, Mohrrübe und 1 entsprechend großes Stück Rauchfleisch. Mit Salz, Pfeffer und Öl wird das Fleisch in einer Kasserolle aufgesetzt. Das Fleisch wird öfter gewendet, und wenn es etwas gebräunt ist, streut man 1 Prise Mehl darüber, gießt ein wenig Tomatensauce (oder -mark) nach und läßt es mit Fleischbrühe oder Wasser gar werden. Zum Schluß fügt man noch 1 Stückchen Butter und den Fenchel hinzu.

Dieser ist zuvor in dicke Scheiben geschnitten, in Wasser halbgar gekocht und in Butter geröstet worden. Bei allem Schmoren, Dämpfen, Dünsten ist der Deckel geschlossen zu halten.

257 Gefüllte Kalbsbrust

Der kulinarische Ausdruck dafür lautet »farcierte Brust«.

500 g Kalbsbrust in einem Stück, 170 g mageres Kalbfleisch ohne Knochen, 40 g fetter und magerer Schinken, 50 g Mortadella, 15 g Parmesan, 1 Ei, ¼ Knoblauchzehe, 4 oder 5 Stengel Petersilie

Falls das oben angeführte magere Kalbfleisch Sehnen und Haut hat, muß es gesäubert werden, dann wird es mit einem Stück fetten Schinken (von obigen 40 g) zusammen sehr fein zerkleinert. Jetzt fügt man den gleichfalls äußerst fein zerkleinerten Knoblauch und die Petersilie hinzu, außerdem den Parmesan, das Ei, 1 Prise Pfeffer und sehr wenig Salz und mischt alles gut durch. Hat man zufällig einen kleinen Trüffel, so wird er fein gehackt dem Gemenge zugesetzt, was sofort das Aroma hebt.
Aus der Kalbsbrust entfernt man die harten Knochen, die zarten können bleiben. Man schneidet sie flach auf, indem man das Messer unterhalb der Rippen durch das Gewebe zieht, so daß man sie aufklappen kann wie ein Buch. Auf die eine Hälfte, in der die zarten Knochen verblieben sind, verteilt man einen Teil des obigen Gemischs, darauf einen Teil des Schinkens oder der in fingerbreite Streifen geschnittenen Mortadella, zwischen den Streifen läßt man einen kleinen Zwischenraum. Darauf wird eine zweite und dritte Schicht gelegt, bis alles verbraucht ist.
Am Schluß klappt man die Hälfte, die nicht belegt wurde, wie einen Buchdeckel darüber und näht die Ränder mit einer großen Nadel und Zwirn zusammen. Außerdem bindet man beide Hälften fest mit einem Bindfaden zusammen. So hergerichtet, kommt das Fleisch mit Butter, Salz und Pfeffer in die Kasserolle. Wenn es auf beiden Seiten gebräunt ist, gießt man in kleinen Raten Wasser nach und läßt es gar werden.

Danach nimmt man den Zwirn und den Faden ab und serviert mit der eingedickten Sauce. Wenn die Farcierung gelungen ist, muß man das Fleisch in Scheiben schneiden können. Der Sauce kann man zuvor gekochte Erbsen oder Fenchelscheiben zusetzen.

258 Kalbsbraten mit Salbei

Man nimmt dazu Kalbslende, die man von Sehnen und Knochen befreit und in dünne Scheiben schneidet. Eine Pfanne mit 1 entsprechend großen Stück Butter und einigen ganzen Salbeiblättern wird auf das Feuer gesetzt. Die Lendenschnitten in das heiße Fett legen. Während sie bei lebhaftem Feuer bräunen, werden sie auf beiden Seiten gesalzen, dann streut man etwas Mehl darüber und löscht mit etwas Marsala. Hat man zum Beispiel etwa 500 g Lende genommen, so kann man daraus 6 Scheiben machen und braucht dazu knapp 1 Finger breit Marsala (Trinkglas), vielleicht etwas Tomatensauce (nicht unbedingt) und 1 TL Mehl.

259 Gefüllte Schweinelende

Benötigt wird ein Lendenstück des Teils ohne Rippen.

1 kg Schweinelende, 100 g Schweinefleisch, Netz (Bauchfell),
100 g mageres Kalbfleisch, 50 g fetter und magerer Schinken,
50 g Mortadella, 30 g Mark, 30 g geriebener Parmesan, 1 Eidotter,
Muskatnuß (nicht unbedingt)

Das Kalbfleisch wird in Butter gebraten. Den Schinken und die Mortadella mit dem Messer zerkleinern und im Mörser zerstoßen, auf das Hackbrett geben, das Mark, den Parmesan und das Eigelb zusetzen, Salz, Pfeffer und etwas Muskat dazu, dann das Ganze mit einer Messerklinge zu einem gleichmäßigen Brei verstreichen. Von der Lende entfernt man das oberflächliche Fett und die Knochen, zerschneidet darauf das Lendenstück in 6 oder 7 Scheiben, die aber unten nicht ganz durchgetrennt werden, so daß sie wie durch einen Buchrücken zusammengefaßt sind. Auf jede

der Scheiben gibt man 1 EL von dem zuvor angerührten Brei, drückt sie dann wieder zu einer Art Rolle zusammen, gibt Salz und Pfeffer zu und bindet eine Schnur darum. Man hüllt es in das »Netz«, das gleichfalls festgebunden wird, dann kommt alles ohne jede weitere Zutat in eine Kasserolle und brät bei schwachem Feuer 3 Stunden lang. Die angegebene Menge reicht für 8 Personen.
Es ist ein leichtes Gericht, das man kalt oder warm servieren kann. Bringt man es warm auf den Tisch, so kann man ein Gemüse zugeben, daß man in der Sauce gekocht hat.

260 Ochsenfleisch mit Gewürznelken

Man nimmt ein möglichst kompaktes Stück Fleisch vom Schenkel oder vom Hinterstück, klopft es und legt es eine Nacht über in Wein. Dann spickt man es mit fingerdicken Speckstückchen, die vorher gesalzen und gepfeffert wurden, und falls man etwa 1 kg Ochsenfleisch hatte, steckt man 4 Gewürznelken hinein. Man zerschneidet ½ Zwiebel in dünne Scheiben, gibt sie mit Butter und Öl (beides in gleicher Menge) in die Kasserolle und das Fleisch darauf, das noch gesalzen werden muß. Es wird auf allen Seiten gebräunt, und wenn die Zwiebel zergangen ist, gießt man 1 Glas Wasser nach. Der Topf wird 3- bis 4-fach mit Papierfolie zugedeckt, die man mit dem Deckel festklemmt. Das Fleisch langsam gar werden lassen, aufschneiden und mit der Sauce servieren, die man vorher durchschlagen und entfetten muß. Für schwache Mägen scheint mir diese Mahlzeit ungeeignet.

261 Gekröse in Wein

Lammgekröse muß nicht weiter vorbereitet werden; Gekröse von größeren Tieren muß zuerst in Wasser halbgar gekocht und falls notwendig abgezogen werden. Lammgekröse kann ganz bleiben, größeres schneidet man in Stücke. Beides wird gut fariniert und in Butter mit Pfeffer und Salz gebräunt. Dann gießt man Marsala oder Madeira darüber und läßt nur ein einziges Mal aufkochen.

Die Salsa kann man auch mit 1 Prise Mehl, 1 Stück Butter und dem Wein getrennt vorbereiten.
Gibt man am Schluß noch etwas Fleischsauce dazu, so ist der Geschmack exquisit.

262 Kalbsfuß in Butter

Kalbsfuß – vom Knie abwärts – ist im Stück oder zerhackt auf dem Markt zu kaufen. Er ist besonders gut in der Bologneser Gegend, wo man viel Rindvieh verhältnismäßig jung zu Nahrungszwecken schlachtet, während man anderswo mehr Wert auf die Gewinnung von Leder legt.
Man nimmt 1 ordentliches Stück Kalbsfuß, kocht es, trennt das Fleisch vom Knochen, zerschneidet es in Stücke und setzt es mit Butter, Salz und Pfeffer auf das Feuer. Wenn man es abnimmt, gibt man noch etwas Fleischsauce und Parmesan dazu. Statt Fleischsauce kann man auch Tomatensauce nehmen.
Von diesem Gericht bekam eine Dame, die bei mir zu Gast war, eine heftige Magenverstimmung. Sie meinte, weil es zu schwer war, aber vielleicht hatte es ihr so gut geschmeckt, so daß sie etwas zuviel nahm.

263 Geschmorte Zunge

Man nimmt eine Schweinezunge, die etwa 1 kg wiegen kann. Sie wird nur so weit gekocht, daß sie sich abziehen läßt.
50 g fetter und magerer Schinken, die Hälfte 1 mittelgroßen Zwiebel, Sellerie, Mohrrübe und Petersilie werden kleingehackt und mit 50 g Butter aufgesetzt. Die Zunge bekommt Pfeffer und Salz und wird in den Topf gelegt. Wenn sie gebräunt ist, läßt man sie mit ratenweise zugesetzter Fleischbrühe und Tomatensauce gar schmoren, herausnehmen, dann die Sauce durchschlagen. Daneben zerläßt man 20 g Butter, rührt 1 gestrichenen EL Mehl hinein; wenn es nußbraun ist, rührt man es noch in die durchgeschlagene Sauce. Dann legt man wieder die Zunge hinein und läßt sie noch ein wenig auf dem Feuer. Vor dem Servieren wird sie in etwa fin-

gerdicke Scheiben geschnitten. Als Beilage kann man in derselben Sauce gegarten Sellerie oder ein anderes Gemüse nehmen. Dieses Gericht kann für 7 oder 8 Personen reichen.

264 Kalbsleber einfach

Man hackt 1 Schalotte oder 1 frische Zwiebel sehr fein und röstet sie in Butter, bis sie glasig ist, dann gibt man die in dünne Scheiben geschnittene Leber hinein. Wenn sie halbgar ist, setzt man Salz, Pfeffer und etwas gehackte Petersilie zu. Das Fleisch soll langsam gar werden, damit es saftig bleibt. Man serviert mit der Bratensauce, der man noch etwas Zitronensaft zusetzt.

265 Filet mit Marsala

Filet ist das zarteste Fleisch, aber wenn der Schlingel von Metzger euch ein sehniges Stück gibt, ist trotzdem die Hälfte der Arbeit für die Katz.
Angenommen, man hat etwa 1 kg Filet, dann setzt man es mit 1 in dünne Scheiben geschnittenen Zwiebel mittlerer Größe, einigen Scheiben Schinken und 1 Stück Butter auf das Feuer. Pfeffer und Salz zugeben, und wenn das Fleisch von allen Seiten gebräunt, die Zwiebel zergangen ist, streut man 1 Prise Mehl darüber, wartet, bis es gebräunt ist, und gießt dann Brühe oder Wasser nach. Man läßt langsam weiterschmoren, schlägt dann die Sauce durch das Sieb, entfettet sie und gibt sie mit 3 Fingerbreit (Glas) Marsala wieder in den Topf, wo das Fleisch bei kleinem Feuer zu Ende schmort. Man serviert es mit der ziemlich kräftigen Sauce, die aber nicht vom Mehl eingedickt sein darf.
Man kann das Filetfleisch auch mit Speck spicken und dann nur mit Butter und Marsala zubereiten.

266 Carne alla genovese

Man nimmt eine magere Kalbskarbonade von 300 bis 400 g, klopft und rollt sie gut. Man quirlt 3 oder 4 Eier, gibt Salz, Pfeffer, 1 Prise Parmesan und etwas gehackte Petersilie zu, brät sie in Butter wie einen Eierkuchen von der ungefähren Größe der Karbonade – Überstehendes schneidet man ab und legt es dahin, wo etwas fehlt. Dann rollt man die Karbonade mit dem Eierkuchen fest zusammen und bindet sie zu. Sie wird fariniert und kommt mit Butter, Pfeffer und Salz in eine Kasserolle. Wenn sie gebräunt ist, gießt man Fleischbrühe zu und läßt sie gar werden. Es wird mit der Sauce serviert, die des Mehls wegen etwas sämig ist.

267 Mit Fleisch gefüllte Grießpastete

Mit Fleisch oder Hühnerklein gefüllte Pasteten werden gewöhnlich aus Gemüse, Reis oder Grieß gemacht. Nimmt man Grieß, so bedient man sich des Rezepts Nr. 193, mischt die ganze Butter und den Parmesan hinein und gießt das Gemenge in eine glatte Form mit einem Loch in der Mitte, die vorher mit Butter eingestrichen wurde – am Boden ein mit Butter getränktes Papier. Die Fleischfüllung, die man als Schicht mitten im Grieß unterbringt, kann man mit Trüffeln oder getrockneten Pilzen anreichern. Man läßt im Wasserbad gar werden, serviert warm und gibt eine beliebige Sauce dazu.

268 Pastete aus Sauerteig

300 g Mehl, 100 g Butter, 30 g Bierhefe, 3 Eidotter,
2 dl Sahne oder Milch (eventuell weniger), Salz

Mit 1/4 des Mehls, der Hefe und etwas angewärmter Sahne macht man einen Teig wie den für Krapfen und läßt ihn aufgehen. Aus dem Rest des Mehls, 70 g Butter (im Winter zerlassen), den Eidottern, dem Salz und dem auf das Doppelte gewachsenen Sauerteig und angewärmter Sahne macht man einen Teig, der sich in der

Schüssel mit dem Rührlöffel bearbeiten läßt. Wenn man merkt, daß er sich beim Rühren von den Rändern der Schüssel löst, stellt man ihn auf das mit Mehl gestreute Nudelbrett und breitet ihn mit den in Mehl getauchten Händen auf ½ Zentimeter Dicke aus. Dann nimmt man eine glatte Form mit einer Öffnung in der Mitte, die etwa 1½ l faßt, der Teig darf sie nur zur Hälfte ausfüllen. Sie wird eingefettet, mit Mehl bestreut; dann schneidet man den Teig in Streifen und legt ihn in die Form, wobei jeweils die Unterseite eines Streifens mittels eines Pinsels mit Butter bestrichen wird (ca. 30 g zerlassen). Die Form wird noch einmal zum Aufgehen beiseite gestellt. Wenn der Teig den oberen Rand erreicht hat, zum Backen in den Ofen stellen. Die Füllung gibt man erst nach dem Backen dazu, die Menge reicht für 5 oder 6 Personen.

269 Pastete der Signora Adele

Die schöne und verehrte Signora Adele wünscht, daß ich euch ihre sehr delikate Pastete zur Kenntnis bringe.

100 g Butter, 80 g Mehl, 70 g Gruyère, ½ l Milch, 4 Eier

Aus Mehl, Milch und Butter bereitet ihr eine Balsamella, ehe ihr sie vom Feuer nehmt, gebt ihr den Gruyère gerieben oder in kleinen Stückchen dazu und salzt. Wenn die Balsamella nicht mehr kocht, setzt die Eier zu, erst die Dotter eines nach dem anderen, dann den geschlagenen Eischnee.

Das Ganze kommt in eine glatte Form (mit einer Öffnung in der Mitte), die mit Butter ausgestrichen und mit Paniermehl bestreut worden ist. Nach dem Backen kommt eine Füllung aus geschmortem Hühnerklein oder Kalbsgekröse hinein. Es kann für 6 Personen reichen.

270 Budino alla genovese

150 g Kalbfleisch, ca. 130 g Hühnerbrust, 50 g fetter und magerer Schinken, 30 g Butter, 20 g geriebener Parmesan, 3 Eier, Muskatwürze, 1 Prise Salz

Kalbfleisch, Hühnerbrust und Schinken werden mit dem Wiegemesser zerkleinert, kommen mit der Butter, dem Parmesan und einem Stückchen eingeweichten Weißbrot in den Mörser und werden zerstoßen, so daß man alles durch ein feines Sieb geben kann. Man gibt es in eine Schüssel mit 3 EL der Balsamella Nr. 110, die man zu diesem Gericht so dick wie einen Brei angerührt hat. Man schlägt noch die Eier hinein und rührt gut um.
Eine glatte Blechform wird mit Butter ausgestrichen, auf den Boden legt man ein entsprechend zurechtgeschnittenes Blatt Papier, das ebenfalls mit Butter getränkt ist. Die Mischung wird hineingegeben und im Wasserbad gebacken.
Wenn der Pudding aus der Form ist, hebt man das Papier ab und streicht an seiner Stelle eine Sauce auf, die aus einer in der Sauce gekochten und gehackten Hühnerleber besteht. Der Pudding wird warm serviert und wurde noch stets als Delikatesse anerkannt.
Es ist an dieser Stelle sinnvoll, darauf hinzuweisen, daß alle stark zerkleinerten Fleischspeisen schwer im Magen liegen, weil sie nicht viel gekaut werden müssen und der Speichel, wie an anderer Stelle betont, sehr zur Verdauung beiträgt.

271 Makkaroni mit Fleischfüllung

Die Köche in der Romagna können dieses komplizierte und auch nicht billige Gericht hervorragend zubereiten. Während des Karnevals gibt es kaum eine Mahlzeit, die nicht mit »pasticcio di maccheroni« beginnt. Am besten eignen sich dazu nach meiner Ansicht die langen neapolitanischen Makkaroni, aus feinem Teig, mit dicken Wänden und kleinen Öffnungen.
Nach dem folgenden Rezept (für 12 Personen) bereitet man den Pasticcio in der Romagna, man kann es aber auch abändern, denn ein Pasticcio gelingt fast immer (die Worte »sformato« und »pa-

sticcio« werden im Deutschen mit »Pastete« übersetzt, im Italienischen bezieht sich »pasticcio« mehr auf den Inhalt, »sformato« mehr auf das »Drumherum«).

350 g Makkaroni, 170 g Parmesan, 150 g Kalbsgekröse, 60 g Butter, 70 g Trüffel, 30 g fetten und mageren Schinken, 1 Handvoll getrockneter Pilze, Hühnerklein von 3 oder 4 Hühnern, zugehörige Hühnermägen entleert, Kämme, »ungelegte Eier« etc. falls vorhanden, Muskatwürze

Die Makkaroni werden in Salzwasser halbgar gekocht, man gießt sie ab und läßt sie in der Fleischsauce Nr. 4 bei sehr geringer Hitze gar kochen.
Inzwischen macht man eine Balsamella nach Rezept Nr. 110, brät das Hühnerklein in Butter mit Salz und sehr wenig Pfeffer und setzt ein wenig Sauce zu. Hühnerklein und Kalbsgekröse zerschneidet man in Stückchen von der Größe einer kleinen Nuß, und wenn alles gar ist, gibt man den Schinken in kleinen Streifchen, die Trüffel in dünnen Scheibchen und die getrockneten, in warmem Wasser eingeweichten Pilze dazu, würzt ein bißchen mit Muskat und rührt alles gut durch.
Der Mürbeteig ist schon länger vorbereitet, da er einige Stunden ruhen muß. Für ihn bedient man sich der ganzen Menge des Rezepts Nr. 406 A, dem man mit Zitronenschale noch mehr Würze gibt. Nachdem so alles vorbereitet ist, beginnt man den Pasticcio »einzupacken«, wofür es mehrere Methoden gibt. Ich halte mich an die Praxis der Romagna, wo man dazu eigens angefertigte, gut verzinnte Kupferteller nimmt. Man nimmt also einen solchen von entsprechender Größe und streicht ihn mit Butter ein. Von den Makkaroni läßt man die überflüssige Sauce abtropfen und breitet eine erste Schicht auf dem Teller aus. Man streut geriebenen Parmesan darauf, verteilt ein paar Butterstückchen darüber und gibt einige Eßlöffel Balsamella und Hühnerklein dazu. Dieser Vorgang wird wiederholt, solange Zutaten vorhanden und der Teller gehäuft voll ist.
Dann wird erst mit der glatten, anschließend mit der gerillten Nudelrolle der Mürbeteig zur Dicke eines Geldstücks ausgerollt und die Makkaroni vollkommen damit zugedeckt. Man schneidet 2 Streifen Teig von je zwei Fingern Breite und legt sie kreuzweise

über den Teller, damit die Teighülle mehr Festigkeit bekommt. Auch rings um den Tellerrand schließt man die Haube aus Mürbeteig mit einem Streifen Teig ab; falls noch Teig übrig ist, benutzt man ihn zur Verzierung, zum Beispiel für eine hübsche Schleife oder Quaste auf der Spitze. Das Ganze wird noch mit Eigelb bestrichen und gebacken. Es wird warm serviert.

272 Scaloppine alla bolognese

Das Gericht ist einfach und gesund, man kann es als Hauptgericht oder Zwischenmahlzeit nehmen.

300 g mageres Kalbfleisch ohne Knochen, 300 g Kartoffeln,
80 g fetter und magerer Schinken (dünn geschnitten), 70 g Butter,
30 g geriebener Parmesan, Muskatwürze

Die Kartoffeln werden nicht zu stark gekocht – besser noch gedämpft – und dann in möglichst dünne Scheiben geschnitten. Der Schinken wird in fast fingerbreite Scheiben aufgeteilt.
Das Kalbfleisch wird mit einem Schlagmesser fein zerkleinert, mit Pfeffer, Salz und etwas Muskatnuß gewürzt, die bei blähenden Gerichten dienlich sein kann. Das Fleisch wird in zwölf Teile zerlegt, um daraus ebenso viele »Schnitzel« (s. Notiz zu Rezept Nr. 248) zu machen, die man mit der Messerklinge formt und festdrückt, dann werden sie mit der Hälfte der Butter »in bianco« gegart, das heißt, ohne daß man sie vorher bräunt.
Man nimmt einen Teller oder eine Schüssel aus Metall, gießt das übrige Bratfett darauf und legt 4 der Scaloppine hinein. Sie werden mit 1/3 Schinken bedeckt, darauf kommt 1/3 Kartoffeln dazu Parmesan und Stückchen der verbliebenen Butter. Diesen Vorgang wiederholt man dreimal, setzt die Schale noch einmal aufs Feuer (oder zwischen zwei Feuer) und serviert. Die Menge reicht für 4 oder 5 Personen.

273 Tauben mit Erbsen

Taubenfreunde haben sie am liebsten geschmort mit Erbsen. Man hackt Zwiebel und Schinken, gibt beides mit Öl und Butter in einen Topf, legt die Tauben hinein, und wenn sie allseitig Farbe angenommen haben, übergießt man sie mit Wasser oder Fleischbrühe und läßt sie gar schmoren. Die Sauce wird durchgeschlagen und entfettet, darin werden dann die Erbsen gekocht, die als Beilage zu den Tauben auf den Tisch kommen.

274 Geschmortes Kochfleisch

Manchmal schmeckt gekochtes Fleisch besser, wenn es außerdem noch geschmort wird. Man nimmt dazu ein Stück Fleisch von wenigstens ½ kg Gewicht. Zerhacktes Rauchfleisch (kleine Menge) Zwiebel, Sellerie und Mohrrübe werden in eine andere Kasserolle mit einem Stückchen Butter gegeben, Pfeffer, Salz und Gewürz kommen nach eigenem Belieben dazu. Das Fleisch wird, halbgar gekocht, aus der Brühe genommen und in die Kasserolle gelegt. Wenn die Zutaten gebräunt sind, gibt man Tomatensauce oder in Fleischbrühe aufgelöstes Tomatenmark zu. Die Sauce aus der Kasserolle wird durch ein Sieb gegeben, entfettet, kommt dann wieder in die Kasserolle, dazu noch eine Handvoll getrocknete, eingeweichte Pilze, und das Fleisch wird gar geschmort.

Kalte Gerichte

275 Lingua alla scarlatta

»Alla scarlatta«, weil sie eine schöne, rote Farbe annimmt, es handelt sich nach Aussehen und Geschmack um ein gutkomponiertes Gericht.

Man nimmt die Zunge eines großen Tieres, also Kalb oder Schwein, und reibt sie mit 20 bis 30 g Natronsalpeter (je nach Größe) ab, bis sie es angenommen hat. Nach 24 Stunden wäscht man sie gründlich mit kaltem Wasser ab, reibt sie so naß mit viel Salz ein und läßt sie dann acht Tage auf dem Salz liegen, wobei man sie jeden Morgen in der sich bildenden Salzlake umwendet. Sie kommt dann mit warmem Wasser, ihrer natürlichen Salzlake, einem Würzsträußchen und ½ Zwiebel, in die man 2 Gewürznelken gespickt hat, auf das Feuer und muß 3 bis 4 Stunden kochen. Man häutet sie, solange sie noch heiß ist, läßt sie abkühlen und bringt sie auf den Tisch. Wenn man dazu eine Gelatine nach Rezept Nr. 3 bereitet, hat man ein fürstliches Mahl.

Man kann die Zunge auch warm servieren oder ohne Sülze oder mit Kartoffeln und sogar mit Spinat.

276 Kalbszunge in pikanter Salsa

Man nimmt 1 ganze Kalbszunge und kocht sie in Salzwasser, was etwa 2 Stunden dauert. Dann macht man einen ersten »Battuto« aus Sellerie und Mohrrüben, die fein zerkleinert werden und mit ausreichend Öl 5 Minuten geröstet werden.

Ein zweiter Battuto besteht aus 2 Sardellen, die man wäscht und entgrätet, 50 g Kapern (Essig auspressen), reichlich gehackter Petersilie, 1 Klumpen Brotteig, groß wie ein Ei, den man flüchtig in Essig getaucht hat, 1 nußgroßes Stück Zwiebel und weniger als ½ Knoblauchzehe. Auch das alles wird fein zerkleinert, mit einer Messerklinge zerdrückt und mit 1 Tropfen Öl vermischt, daß es pastos wird, und dann dem ersten Battuto aus Sellerie und Möhren zugesetzt. Um das Gemenge zu verflüssigen, fügt man noch Öl und den Saft ½ Zitrone hinzu, pfeffern und salzen nur, wenn es noch notwendig sein sollte. Dies ist die Salsa.

Die Zunge wird noch heiß gehäutet, in Scheiben geschnitten, mit der oben beschriebenen Salsa übergossen und kalt serviert.
Das Gericht ist sehr appetitlich und eignet sich besonders für die warme Jahreszeit, wenn der Magen sich unlustig fühlt.

277 Schnitzel aus farcierter Zunge

Diese ist unter den kalten Speisen eine der besten, die außerdem noch gut aussieht. Laßt euch vom Metzger 10 Scheiben gesalzene Zunge abschneiden, die zusammen etwa 130 g wiegen. Desgleichen laßt euch 100 g gekochten Schinken (fett und mager) in dünne Scheiben schneiden. Beschneidet die Ränder der Zunge rundherum, um ihr eine gefälligere Form zu geben, und legt die Reste zur Seite. Dann schneidet ihr auch 10 Scheibchen Schinken auf die Form der Zungenscheiben, die Reste von Zunge und Schinken tut ihr mit 70 g Butter und 20 g weißem Trüffel in den Mörser. Das Ganze wird zu einer einheitlichen Paste zerstoßen und die Zungenscheiben auf einer Seite damit bestrichen, darauf drückt man die Schinkenscheiben.
In Rezept Nr. 3 ist die Herstellung von Gelatine beschrieben. Die dort angegebene Menge wird für unsere Schnitzel reichen. Es gibt zwei Arten, die Gelatine anzuwenden. Nach der ersten nimmt man einen großen Teller oder Tiegel, gießt eine leichte Schicht aufgelöster Gelatine hinein, und wenn sie zu kondensieren beginnt, legt man die Schnitzel darauf, gießt die restliche Gelatine darüber und hebt, wenn alles fest geworden ist, die Stücke einzeln heraus.
Man kann aber die leichte Gelatineschicht auch in eine Form gießen, legt mit kleinen Zwischenräumen die Schnitzel darauf und gießt den Rest der Gelatine darüber. Dann stürzt man die Form und bringt ihren Inhalt unzerteilt auf den Tisch, was natürlich gefälliger aussieht.
Bei einer Mahlzeit mit mehreren Gängen könnte die Menge für 10 Personen reichen, der Sicherheit halber berechnet man sie aber nur für 8.

278 Kalbfleisch mit Thunfisch

Man nimmt 1 kg Kalbfleisch vom Schenkel oder vom Hinterstück, in einem Stück und ohne Knochen, schneidet das Fett ab und spickt es mit 2 Sardellen. Diese werden vorher gesäubert, der Länge nach zerteilt und nach Entfernen der Gräten in insgesamt 8 Stücke geschnitten. Man setzt Wasser auf mit 1/4, mit 2 Gewürznelken gespickten Zwiebel, 1 Lorbeerblatt, Sellerie, Mohrrübe und Petersilie, salzt es gut. Wenn es kocht, legt man das Fleisch so hinein, daß es ganz bedeckt ist, und läßt es 1½ Stunden kochen. Wenn es gar ist, trocknet man es ab, läßt es abkühlen und schneidet es in dünne Scheiben, die man in einem kleinen Gefäß 1 oder 2 Tage lang in einer nach folgendem Rezept zubereiteten Salsa liegen läßt.
100 g Thunfisch in Öl und 2 Sardellen werden zerstoßen und dann noch mit einer Messerklinge zerdrückt, oder besser noch durch ein Haarsieb geschlagen, wozu man nach und nach genügend feines Öl und den Saft 1 Zitrone zugibt, so daß die Salsa flüssig wird. Zuletzt mischt man eine kleine Handvoll Kapern darunter (Essig ausdrücken). Das Kalbfleisch wird mit dieser Salsa und Zitronenscheiben serviert. Die Brühe vom Kochen schlägt man durch und kann sie zu einem Risotto verwenden.

279 Huhn in Thunfisch-Salsa

Man nimmt 1 junges Huhn, beseitigt Hals, Füße und Eingeweide und wirft es in kochendes Wasser. Nach ½ Stunde ist es gar. Dann zieht man die Haut ab, die zu diesem Gericht nicht zu verwenden ist, beseitigt alle Knochen, zerlegt es in Stücke, gibt wenig Salz, Pfeffer und 2 EL Öl hinzu. Man drückt die Stücke etwas zusammen und läßt sie einige Stunden in einer Schüssel stehen. Dann gießt man die auf folgende Art bereitete Salsa darüber:
Angenommen, das ausgenommene Huhn habe roh noch 600 g gewogen, dann nimmt man

50 g Thunfisch in Öl, 30 g Kapern (Essig ausdrücken), 3 Sardellen, so viel Petersilie, daß die Salsa grün wird

Die Sardellen entschuppen und entgräten. Die Petersilie wird sehr fein mit dem Wiegemesser zerkleinert und zusammen mit allen Zutaten im Mörser gestampft, damit die Salsa nichts Körniges enthält. Aus dem Mörser kommt das Gemisch in eine Schüssel, wo es mit 4 EL Öl und ½ EL Essig verdünnt wird. In die Hälfte dieser Salsa werden die Fleischstücke eingetaucht (oder damit bestrichen), die andere Hälfte gießt man darüber. Damit das Gericht besser aussieht, garniert man es vor dem Servieren mit 2 gar gekochten, in Scheiben geschnittenen Eiern. Das Gericht kann 6 Personen als Vorspeise dienen, an heißen Tagen, wenn man wenig Appetit hat, auch als Hauptmahlzeit.
Um den Mörser gründlich zu säubern, bedient man sich 1 dicken, rohen Kartoffelscheibe.

280 Arista

In der Toskana nennt man geschmorten oder gebratenen Schweinerücken Arista (Betonung erste Silbe). Man bringt ihn meist kalt auf den Tisch, weil er dann besonders gut schmeckt. Unter Schweinerücken versteht man hier den Teil des Lendenstücks, der die Rippen enthält und 3 bis 4 kg wiegen kann.
Er wird mit Knoblauch, Rosmarinsträußchen und einigen »Nägelchen« Gewürznelke gespickt, aber in Maßen, Pfeffer und Salz wie üblich.
Am besten brät man Schweinerücken am Spieß, kann ihn aber auch wie üblich braten und in seinem Fett Kartoffeln oder Gemüse backen.
Während des Konzils von 1430, das in Florenz tagte, um einige Mißverständnisse zwischen der römischen und der griechischen Kirche auszuräumen, wurde den Bischöfen und ihrem Gefolge die bis dahin unter einem anderen Namen bekannte Speise serviert. Da es ihnen vorzüglich schmeckte, sagten die Griechen: »arista, arista« (gut, gut), und dieses griechische Wort bezeichnet noch heute, viereinhalb Jahrhunderte später, die auf solche Art gebratene Rippenpartie des Schweins.

281 Kalte Wildbretpastete

Nehmen wir zum Beispiel 1 Rebhuhn, so ist daraus eine Pastete für 6 oder 7 Personen zu bereiten.
Das Rebhuhn ist eine Feldhuhnart, die sich von Pflanzlichem, besonders von Getreide ernähren, weshalb sie sehr muskulöse Magenwände haben. Das Fleisch aller Feldhühner ist von vorzüglichem Geschmack, das des Rebhuhns scheint mir allerdings das beste. Folgende Zutaten benötigt man zu einer Pastete:

1 schon etwas mürbes Rebhuhn, 3 Hühnerlebern, 1 Eidotter,
2 Lorbeerblätter, 2 Fingerbreit Marsala (Trinkglas),
50 g schwarze Trüffel, 50 g gesalzene Zunge, 30 g magerer und fetter Schinken, 30 g Butter, 1 faustgroßes Stück Weißbrot (ohne Kruste), etwas Zwiebel, Möhre und Sellerie kleingehackt, etwas Fleischbrühe

Das Rebhuhn wird ausgenommen, gewaschen und mit den kleingehackten Gewürzen, dem in Scheiben geschnittenen Schinken, den Lorbeerblättern sowie Pfeffer, Salz und Butter auf das Feuer gesetzt. Wenn die Zwiebel gebräunt ist, gießt man in kleinen Mengen den Marsala dazu, und wenn das nicht reicht, um das Rebhuhn halbgar zu machen, nimmt man noch ein wenig Brühe. Man nimmt das Rebhuhn vom Feuer und zerlegt die Brust in acht kleine Scheiben, die man zur Seite stellt. Das übrige Fleisch schneidet man in kleine Stücke, die zusammen mit den Hühnerlebern (und der Rebhuhnleber) gegart werden. Das Ganze wird aus dem Sud herausgenommen und im Mörser zerstoßen (Lorbeerblätter wegwerfen). In die verbleibende Sauce wirft man den Brotteig und rührt unter Zusatz von etwas Brühe einen Brei an, der gleichfalls in den Mörser kommt, wo alles so gut zerkleinert wird, daß man es durch das Haarsieb schlagen kann. Dann gibt man das Eidotter hinein und rührt alles gut durch.
Der Teig wird nach Rezept Nr. 282 zubereitet. Man nimmt eine der Spezialformen, die es für diese Pasteten gibt, fettet sie mit Butter ein, rollt den Teig fast so dünn wie ein Geldstück aus, gibt der Form einen Boden, indem man sie auf eine Kupferpfanne stellt, die gleichfalls mit Butter bestrichen wird.
Zuerst verteilt man auf dem Boden einen Teil des Gemischs und

ordnet darauf ein paar Schnittchen (Brust des Rebhuhns) und einige nußgroße, rohe Trüffelstückchen an, darauf wieder Gemisch, kleine Schnitzel, rohe Trüffelstückchen und so fort. Man drückt alles fest zusammen, damit es eine Einheit wird, und macht einen Deckel aus dem gleichen ausgerollten Teig darüber, in dem man oben ein Loch läßt, damit der Dampf entweichen kann. Das Ganze wird noch mit Eigelb bestrichen und anschließend gebakken. Das Loch an der Spitze wird später mit einem zierlich geformten Stück Backwerk zugedeckt, das man nebenbei aus demselben Teig gemacht hat.

282 Hasenpastete

½ Hase ohne Kopf und Pfoten (1 kg), 230 g mageres Kalbfleisch, 90 g Butter, 80 g gesalzene Zunge, 80 g Schinkenfett, 50 g fetter und magerer Schinken (halbfingerdick), 30 g desgleichen, aber fein geschnitten, 60 g schwarze Trüffel, 30 g Mehl für die Balsamella, 3 dl Marsala, 2 Eier, ½ Glas Milch, Brühe nach Bedarf

Wenn der Hase gewaschen und abgetrocknet ist, schneidet man 80 g vom Filetstück oder an anderer, entsprechender Stelle ab und legt sie beiseite. Dann werden sämtliche Knochen ausgelöst. Das Fleisch wird in Stückchen geschnitten und zusammen mit den 80 g Fleisch, die in einem Stück abgeschnitten wurden, in ⅔ des Marsala gelegt, dem man zuvor folgendes (alles grob zerkleinert) zugesetzt hat: ¼ einer dicken Zwiebel, ½ Möhre, 1 fingerlangen Stengel Sellerie, einige Stengel Petersilie und 2 Lorbeerblätter. Man gibt Pfeffer und Salz dazu, vermengt alles gut und läßt es einige Stunden stehen. Inzwischen zerkleinert man das Kalbfleisch mit dem Messer und zerdrückt es dann im Mörser.
Das in dem Marsala-Aufguß ruhende Fleisch wird herausgenommen, abtropfen lassen und mit allen Knochen, den angegebenen Gewürzen, dem in Stückchen zerschnittenen Schinkenfett und 30 g Butter in eine Kasserolle gegeben. Man deckt den Topf zu und läßt das Fleisch gut bräunen, rührt aber öfter um, und wenn es zu trocken wird, gießt man etwas Marsala nach, wozu man auch den Marsala nehmen kann, in dem das Fleisch gelagert hat, außerdem

etwas Brühe. Wenn das Fleisch gar ist, separiert man es wieder von den Knochen. Aus den 80 g Fleisch in einem Stück macht man mit 50 g Schinken und der Zunge eine Anzahl halbfingerdicke Filetschnitzel. Zuvor aber zerdrückt man das andere Hasenfleisch im Mörser, gibt ab und zu etwas Flüssigkeit zu (den Rest Marsala oder Brühe), damit es sämig wird, und schlägt es durch. Auch die Knochen werden zerstoßen, und zwar derart, daß möglichst viel durch ein Sieb passiert werden kann, das diesmal natürlich aus Eisendraht bestehen muß.
Nun macht man eine Balsamella aus 30 g Butter, dem Mehl und der Milch. Wenn sie gar ist, tut man alles durchgeschlagene Fleisch dazu, sowohl das des Hasen als auch das rohe Kalbfleisch. Man rührt noch die beiden Eier hinein und schmeckt ab, ob richtig gewürzt ist. Falls erforderlich, setzt man noch den Rest der Butter und Salz zu.
Jetzt wird die Pastete in den unten beschriebenen Teig gepackt, wobei man vorgeht wie im Rezept Nr. 281. Die Trüffel schneidet man in nußgroße Stückchen, die roh den Filets zugesetzt werden (den aus den 80 g Fleisch vorbereiteten kleinen Schnitzeln), die man abwechselnd mit dem vorbereiteten Gemisch in drei Schichten übereinander anordnet und andrückt, damit sie gleichmäßig werden und sich nachher schön zerschneiden lassen. Zum Schluß legt man die 30 g feingeschnittenen Schinken darauf und dann die Teighülle.
Man kann die Pastete mit »magerem Blätterteig« überziehen wie nach Rezept Nr. 127 oder auch mit dem folgenden:

250 g Mehl, 80 g Butter, 2 TL Weingeist, 2 TL Zucker, 2 Eidotter, Saft einer Zitronenscheibe, 5 g Salz, kaltes Wasser, wenn nötig

Mit diesem Mengenverhältnis, das je nach Fall proportional geändert wird, kann man auch andere Wildpasteten bereiten wie Wildschwein, Damhirsch oder Reh.

Gemüse und Feldfrüchte

Gemüse (einschl. Hülsenfrüchte, Gurken etc.) gehören zu einer gesunden Küche. Sie machen das Blut dünnflüssiger, außerdem löst ein Übermaß an reinen Fleischgerichten leicht Widerwillen aus.

283 Zucchini mit Origano

Origanum (Origanum vulgare = Dost) ist der wohlriechende Samen einer wildwachsenen Pflanze aus der Familie der Lippenblütler.
Man nimmt lange Zucchini in nicht zu kleiner Menge (weil sie schrumpfen) und schneidet sie in runde Scheiben von der Dicke eines Geldstücks. Man setzt eine Pfanne mit reichlich Öl auf das Feuer, und wenn es siedet, wirft man die Scheiben ohne weitere Zutaten hinein. Sie werden bei starkem Feuer häufig umgerührt. Wenn sie halbgar sind, setzt man Pfeffer und Salz zu und streut, wenn sie anfangen braun zu werden, eine gute Prise Origanum darüber und hebt sie sofort danach mit dem Schaumlöffel heraus. Man kann sie allein oder auch als Beilage verwenden.
Origanum eignet sich auch, den Geschmack anderer Gerichte zu erhöhen – z. B. geschmorte Pilze, Eier in der Pfanne, Heringe etc.

284 Gefüllte Zucchini

Um die Zucchini zu füllen, kann man sie der Länge nach oder quer halbieren, man kann sie aber auch ganz lassen. Ich ziehe die letzte Methode vor, weil sie eleganter ist und die Zucchini besser aussehen. Gleichgültig, wie man es macht, sie müssen ausgehöhlt werden, um Platz für die Füllung zu schaffen. Um ganze Zucchini auszuhöhlen, bedient man sich eines Blechröhrchens, das man von unten nach oben durchstößt. Wenn bei dicken Zucchini die Höhlung nicht groß genug erscheint, erweitert man sie mit einem Messerchen.
Als Füllung verwendet man mageres Kalbfleisch, das man in Stücke zerschneidet. Man zerkleinert Zwiebel, Petersilie, Sellerie, Möhre und etwas Räucherschinken, setzt alles mit etwas Öl, Salz

und Pfeffer auf das Feuer und legt das Kalbfleisch hinein. Man rührt häufig um, bis das Fleisch die Flüssigkeit angenommen hat und gebräunt ist. Dann setzt man eine kleine Schöpfkelle Wasser zu, wenn auch sie aufgesogen ist eine zweite und kurz darauf eine dritte, mit der man garen läßt, wobei man darauf achtet, daß Sauce übrigbleibt. Diese schlägt man durch ein Sieb und stellt sie zur Seite.
Das trockene Fleisch wird mit dem Wiegemesser fein zerkleinert, mit 1 Ei verrührt und mit etwas geriebenem Parmesan, in Brühe oder Milch aufgeweichtem Brotteig und den bevorzugten Gewürzen in die Zucchini gefüllt. Man läßt Butter auf dem Feuer bräunen, legt die gefüllten Zucchini hinein, kurz darauf auch die durchgeschlagene Sauce und läßt sie gar werden.
Für Zucchini kann man auch die Füllung nach Rezept Nr. 270 verwenden, und wenn die Fleischsauce fehlt, kann man sie in reiner Butter braten oder in Butter und Tomaten-Salsa nach Rezept Nr. 99.

285 Gefüllte Zucchini mit Thunfisch

Man bereitet die Zucchini vor wie im letzten Rezept. Die Füllung bereitet man aus mit dem Wiegemesser fein zerkleinertem Thunfisch (in Öl), den man verrührt hat mit Eiern, einer Prise geriebenem Parmesan, etwas vom herausgenommenen Mark der Zucchini, entsprechenden Gewürzen und Pfeffer – kein Salz. Man setzt sie mit Butter auf, und wenn diese nußbraun ist, gibt man von der Tomaten-Salsa nach Rezept Nr. 99 dazu.
Bei sorgfältiger Zubereitung schmeckt dieses Gericht köstlich.

286 Grüne Bohnen mit Balsamella

Man kocht die Bohnen so, daß sie (durch Zusatz von etwas Soda) grün bleiben. Sie werden in Butter gebraten, aber nur leicht, damit sie nicht ihre schöne Farbe verlieren, dabei pfeffert und salzt man sie. Dann gießt man eine etwas flüssige Balsamella darüber, die aus Sauce, Butter und Mehl bereitet ist und bringt sie mit einer

Beilage von in mandelgroße Stücke geschnittenem, geröstetem Brot auf den Tisch. Sie sind eine willkommene Zwischenmahlzeit.

287 Geschälte Bohnen als Fleischbeilage

300 g geschälte Bohnen, 30 g Rauchfleisch (unzerkleinert), 2 dl Wasser, 4 EL Öl, 1 Büschel aus 4 oder 5 Salbeiblättern, Salz und weißer Pfeffer

Man setzt die Bohnen mit sämtlichen Zutaten zusammen auf das Feuer, läßt sie langsam gar werden und bewegt sie dabei mehrmals. Dann nimmt man das Rauchfleisch und die Salbeiblätter heraus und serviert die Bohnen als Beilage zu einem Fleischgericht.

288 Blumenkohlpastete

Man nimmt – als Beispiel – 350 g Blumenkohl ohne Strunk und Blätter und dazu folgende Würze:

3 dl Milch, 3 Eier, 60 g Butter, 30 g geriebenen Parmesan

Der Blumenkohl wird in Wasser halbgar gekocht und dann in Stückchen zerlegt. Man setzt ihn mit der Hälfte der Butter zum Braten auf, salzt ihn, und wenn er die Butter angenommen hat, läßt man ihn mit ein wenig von der Milch ganz gar werden. Man kann ihn dann so lassen oder auch durch ein Sieb schlagen. Mit dem Restlichen an Butter und Milch und einem nicht gehäuften Eßlöffel Mehl setzt man eine Balsamella an und gibt sie zusammen mit den gequirlten Eiern und dem Parmesan dazu. Gut durchmengen.
Man bestreicht eine glatte Form mit Butter, legt auf den Boden ein mit Butter getränktes Papier, gießt die Pastete hinein und läßt sie im Wasserbad gar werden. Sie wird warm serviert.
Die Menge kann für 6 Personen reichen.

289 Blumenkohl nach Art der Romagna

Man zerlegt 1 großen Blumenkohl (oder 2 kleine) in Stückchen, die gewaschen werden. Sie müssen nicht abgetrocknet werden. Eine angemessene Menge Knoblauch und Petersilie wird zerhackt, mit Öl auf das Feuer gesetzt, und wenn das Gemenge braun ist, gießt man etwas Wasser zu. Dazu kommt der Blumenkohl mit Pfeffer und Salz. Man läßt ihn mit in warmem Wasser gelöstem Tomatenmark gar werden. Er wird noch mit Parmesan gewürzt und kann dann als Beilage zu gekochtem Fisch, Schmorbraten oder Cotechino (eine Art Schlackwurst) dienen.

290 Pastete aus Cardoni (Artischocken)

Die Cardoni werden behandelt wie der Blumenkohl nach Rezept Nr. 288. Man zerschneidet die Cardoni in kleine Stückchen, damit sie die Zutaten besser annehmen. Bevor man sie in die Form gibt, werden sie abgetrocknet.

291 Speisepilze

Unter den pflanzlichen Nahrungsmitteln zeichnen sich die Pilze durch ihren hohen Eiweißgehalt aus (2–5 %) und das Vitamin D (antirachitisch, skelettbildend), das sie in kleinen Mengen enthalten. Pilze haben ein besonderes Aroma, und es ist natürlich schade, daß es so viele giftige gibt, die nur ein geübter Blick erkennt, was manchen vom Pilzgenuß abschrecken mag. Man kann sich aber die nötigen Kenntnisse aneignen, außerdem gibt es Gegenden fast ganz ohne Giftpilze.
In Florenz zum Beispiel macht man einen enormen Gebrauch von Pilzen aus den Wäldern der umgebenden Berge. Wenn es genug geregnet hat, erscheinen sie schon im Juni, am meisten gibt es sie aber im September. Es muß betont werden, daß es in der Stadt niemals verheerende Vergiftungen durch Pilze gab, vielleicht, weil dort fast ausschließlich die bronzefarbenen Steinpilze und Kaiserlinge auf den Markt kommen.

Von den beiden erwähnten Arten werden die Steinpilze am besten gebraten oder geschmort, die Kaiserlinge gegrillt.

292 Gebackene Pilze

Man entscheidet sich für reife Pilze mittlerer Größe, weil die größeren nicht mehr die rechte Festigkeit haben und die kleinen zu hart sind.
Man kratzt die Stengel ab, beseitigt anhaftende Erde und wäscht die Pilze, ohne sie aber einzuweichen, weil sie im Wasser viel an Aroma verlieren. Sie werden in ziemlich dicke Scheiben geschnitten, fariniert und gebraten. Zum Braten eignet sich Öl am besten, als Gewürze einzig Pfeffer und Salz, das man während des Bratens zusetzt. Man kann die Pilze auch goldgelb färben, indem man sie nach dem Farinieren in Ei taucht, aber notwendig ist das nicht.

293 Geschmorte Pilze

Dazu eignen sich Pilze etwas unter Mittelgröße. Sie werden gesäubert, gewaschen und dann in etwas dünnere Scheiben geschnitten als die des vorigen Rezepts. Man setzt einen Tiegel auf das Feuer, mit Öl, 1 ganzen, etwas zerdrückten Knoblauchzehe und 1 guten Prise Melisse (Zitronenkraut). Wenn das Öl zu sieden beginnt, gibt man die unfarinierten Pilze hinein, gibt Pfeffer und Salz zu, und wenn sie halbgar sind, setzt man einfach Tomatensauce zu. Sparsam sein mit allen Zutaten, weil die Pilze sie nicht absorbieren.

294 Funghi trippati

Zu diesem Gericht eignen sich am besten Kaiserlinge, und man nennt sie vielleicht »trippati«, weil sie wie Trippa (Kaldaunen) behandelt werden. Die gelborange farbenen Kaiserlinge haben, wenn sie noch jung sind, die Form von Eiern, die reiferen sind offen und flach. Man zieht die jungen vor, die gesäubert, gewaschen und in dünne Scheiben geschnitten, in Butter gebraten werden, Pfeffer, Salz und geriebenen Parmesan dazugeben. Wenn noch etwas Fleischbrühe dazukommt, schmecken sie delikater.

295 Melanzane

Die Melanzane ist als Gemüse nicht zu verachten, weil sie nicht bläht und leicht verdaulich ist. Sie eignet sich sowohl als Beilage als auch als Einzelgericht, mancherorts ist ihr leicht bitterer Geschmack sehr beliebt.
Man zieht kleine Auberginen mittlerer Dicke vor, weil die größeren, ausgereiften doch leicht etwas zu bitter schmecken.
Vor vierzig Jahren (Anmerkung: sagt Artusi, also etwa 1860) gab es in Florenz auf dem Markt weder Auberginen noch Fenchel, weil beides als »Judenspeise« verachtet wurde.
Gebratene Auberginen kann man als Beilage zu gebratenem Fisch verwenden, geschmorte zu Fleischgerichten, gegrillte zu Beefsteak, Kalbskarbonade oder beliebigem Braten.

296 Gebratene Auberginen

Sie werden geschält, in ziemlich große Stücke zerschnitten, gesalzen und einige Stunden stehen gelassen. Dann befreit man sie von der Feuchtigkeit, die sie gezogen haben, (am besten legt man sie auf eine saugfähige Unterlage und drückt sie mit dem Nudelholz aus), fariniert sie und brät sie in Öl.

297 Geschmorte Auberginen

Schälen, zerschneiden und mit etwas Butter auf das Feuer setzen. Wenn sie das Fett angenommen haben, läßt man sie mit der Tomaten-Salsa Nr. 99 gar schmoren.

298 Auberginen vom Rost

Ohne sie zu schälen, werden sie der Länge nach durchgeschnitten, dann macht man auf der glatten Seite gitterförmige Einschnitte, gibt Pfeffer, Salz und Öl darauf und legt sie mit der Schale auf den Rost. Zum Rösten deckt man einen Metalltopf darüber. Wenn es möglich ist, sie zwischen zwei Feuern zu braten, müssen sie nicht gewendet werden. Wenn sie halbgar sind, bestreicht man sie noch einmal mit Öl. Sie sind gar, wenn das Fleisch (Mark) weich geworden ist.

299 Trüffel alla bolognese

Das große Problem der Weißen und der Schwarzen, der Guelfen und der Ghibellinen, das Italien so lange Zeit gequält hat, droht aus Anlaß der Trüffel wieder akut zu werden. Seid aber beruhigt, liebe Leser, denn diesmal gibt es kein Blutvergießen. Die Parteigänger der Weißen und der Schwarzen, um die es sich hier handelt, sind sanfterer Natur als die Wilden von damals.

Ich erkläre mich offen für die Weißen, behaupte und bestehe darauf, daß die schwarzen Trüffel die schlechtesten von allen sind. Die anderen sind nicht meiner Ansicht, geben zwar zu, daß der Weiße sehr schmackhaft ist, behaupten aber, der Schwarze sei wohlriechender: Dabei überlegen sie nicht, daß der Schwarze seinen Duft schnell verliert. Die Weißen aus Piemont sind die besten, die aus der Romagna, die in sandigem Boden wachsen, schmecken zwar leicht nach Knoblauch, sind aber sehr aromatisch. Lassen wir alle Streitfragen in der Schwebe und sehen wir zu, wie man sie in Bologna zubereitet.

Nachdem sie wie üblich gesäubert und gewaschen sind, wozu man sich einer kleinen Bürste bedienen kann, schneidet man sie in sehr dünne Scheiben. Dann ordnet man sie schichtweise in einer Schüssel oder Pfanne an, zuerst eine Schicht Trüffelscheiben, dann eine Schicht, wenn möglich noch dünner, geschnittener oder geriebener Parmesan. Sie werden in Öl gebraten, Salz und Pfeffer dazugeben, und sobald das Öl zu sieden beginnt, drückt man eine Zitrone über den Trüffeln aus und nimmt sie sofort vom Feuer.

Manche geben noch einige Stückchen Butter zu, aber, wenn überhaupt, nur wenig, damit sie nicht zu schwer werden. Man kann die Trüffel auch roh essen, in äußerst dünne Scheiben geschnitten und nur mit Salz, Pfeffer und Zitronensaft aufbereitet.
Sie schmecken auch gut mit Eiern. Diese werden gequirlt und mit Pfeffer und Salz versehen. Man setzt Butter auf das Feuer, wenn sie zergangen ist, gießt man die Eier dazu und kurz darauf die feingeschnittenen Trüffel. Umrühren.
Da der einmalige Geschmack dieser Speise allgemein bekannt ist, enthalte ich mich, davon zu schwärmen. Es scheint, daß Trüffel im französischen Périgord zur Zeit Karls V. zum erstenmal als Nahrungsmittel entdeckt wurden.
Ich habe sie auf folgende Art oft für längere Zeit konserviert (was nicht immer gelungen ist): Man schneidet sie in feine Scheiben, trocknet sie am Feuer, gibt Pfeffer und Salz zu, bedeckt sie mit Öl und läßt einmal aufkochen. Roh kann man sie auch unter Reis mischen, um diesem ihr Aroma mitzuteilen.

300 Perlzwiebeln süß-sauer

Man muß dazu nicht viel können, wohl aber gut abschmecken. Wenn das Gericht gelingt, hat man eine gute Beilage zu Fleischgerichten.
Ich nehme als Zwiebelchen die etwas über nußgroßen weißen. Sie werden geschält, von Überflüssigem gesäubert und in Salzwasser gebrüht. Für eine Menge von etwa 300 g setzt man 40 g Zucker in einer Kasserolle auf das Feuer und fügt, wenn er zergangen ist, 15 g Mehl dazu. Man rührt ständig um, und wenn die Masse gebräunt ist, setzt man in sehr kleinen Güssen ⅔ Glas Wasser mit Essig zu. Man läßt die Flüssigkeit kochen, bis alle Klümpchen verrührt sind. Dann schüttet man die Zwiebelchen hinein und schüttelt die Kasserolle – man rührt nicht um, damit die Zwiebeln nicht zerdrückt werden. Vor dem Servieren abschmecken, denn wenn Essig oder Zucker fehlt, kann man noch ausgleichen.

301 Sellerie als Fleischbeilage

Man nimmt weiße Stengel (Bleichsellerie) und schneidet sie in 2 cm lange Stückchen. Sie werden 5 Minuten lang in Salzwasser gekocht und dann in Butter gebraten. Man gießt die Balsamella nach Rezept Nr. 110 darauf, die aber ziemlich fest sein soll, und streut als Würze Parmesan darüber.

302 Artischocken in Salsa

Man beseitigt die harten Blätter der Artischocke, schneidet die Spitzen ab, schält den Stengel und zerschneidet sie in 4 Teile, besonders große auch in 6, und setzt sie mit der angemessenen Menge Butter, Salz und Pfeffer auf das Feuer. Die Kasserolle wird gerüttelt, um die Artischocken zu wenden, wenn sie den größten Teil des Fetts aufgesogen haben. Fleischbrühe zugießen und sie damit gar werden lassen. Herausnehmen und gut abtropfen lassen. In die verbleibende Sauce gibt man gehackte Petersilie, 1 TL oder 2 feingeriebene Semmelbrösel, Zitronensaft, und falls erforderlich, noch etwas Salz und Pfeffer. Man rührt um und läßt etwas kochen. Dann die Salsa abnehmen, und wenn sie nicht mehr zu heiß ist, je nach Menge 1 oder 2 Eidotter hineinrühren. Dann setzt man sie mit Zusatz von ein wenig Fleischbrühe wieder auf, schüttet nach kurzer Zeit die Artischocken hinein und serviert – vorwiegend zu Fleischgerichten.

303 Gedämpfte Artischocken mit Melisse

Wer Melisse als Würze liebt, geht folgendermaßen vor: Zuerst beseitigt er von den Artischocken alle nicht eßbaren Blätter, zerschneidet sie dann in 4 Stücke – besonders große in 6. Diese werden fariniert und mit der entsprechenden Menge Öl, Salz und Pfeffer aufgesetzt. Wenn sie gebräunt sind, zerhackt man 1 Knoblauchzehe (Vorsicht, für wenig Artischocken nur ½) und eine gute Prise frische Melisse. Sobald alle Flüssigkeit aufgesogen ist, gibt man Tomatensauce oder in Wasser gelöstes Tomatenmark hinein und gart zu Ende.

So zubereitet, können die Artischocken als Einzelgericht oder als Beilage verwendet werden.

304 Artischocken »aufrecht«

So nennt man in Florenz die sehr einfach auf folgende Art zubereiteten Artischocken: Man entfernt nur die kleinen, nutzlosen Blätter in der Nähe des Stengels und schneidet diesen ab. Die Spitze wird mit dem Messer gekappt, und die inneren Blätter werden etwas auseinandergebreitet. Man stellt sie »aufrecht« in einen Topf, die geschälten Stengel unzerteilt dazugelegt, reichlich Öl, Salz und Pfeffer zusetzen, den Deckel auflegen und schmoren lassen. Wenn sie Farbe angenommen haben, setzt man etwas Wasser zu und läßt sie damit gar werden.

305 Gefüllte Artischocken

Man entfernt die kleinen, äußeren Blätter, schneidet die Stengel vollständig ab und wäscht die Artischocken. Dann entfernt man wie im vorigen Rezept die Spitzen, öffnet die inneren Blätter so, daß man mit einem Federmesser das Herz in der Mitte herausschneiden kann, beseitigt daran das Pelzige und hebt nur die zarten Blättchen auf, um sie der Füllung zuzusetzen. Diese bereitet man zum Beispiel für 6 Artischocken auf folgende Art: Man nimmt die eben genannten Blättchen, dazu 50 g Schinken (eher fett als mager), ¼ Zwiebel, ein Spitzchen von 1 Knoblauchzehe, einige Blätter Sellerie und Petersilie, 1 Prise getrocknete Pilze (eingeweicht), 1 Handvoll einen Tag alten Brotteig, den man zerkrümelt, und 1 Prise Pfeffer.
Zuerst zerkleinert man den Schinken mit einem Messer, dann sämtliche Zutaten zusammen mit dem Wiegemesser, und mit diesem Gemisch füllt man die Artischocken, die dann weiter behandelt werden wie im vorigen Rezept. Einige französische Bücher schlagen vor, die Artischocken vor dem Füllen erst in Wasser halbgar zu kochen, was ich nicht billigen kann, denn mir scheint, daß sie dadurch das Beste, nämlich ihr besonderes Aroma, verlieren.

306 Artischocken mit Fleischfüllung

Die folgende Füllung reicht für 6 Artischocken.

100 g mageres Kalbfleisch, 30 g Schinken, eher fett als mager,
¼ frische Zwiebel, ein paar Blättchen Petersilie, einige getrocknete
Pilze (einweichen), etwas zerkrümeltes Weißbrot,
1 Prise geriebener Parmesan, Salz, Pfeffer und Würze nach Belieben

Die Artischocken werden nur in Öl gebraten, bis sie Farbe haben, dann gießt man etwas Wasser nach und bedeckt den Topf mit einem feuchten Tuch, das vom Deckel gehalten wird. Der so im Topf zurückgehaltene und etwas komprimierte Dampf läßt sie schön »durch« werden.

307 Erbsen alla francese

Man schneidet Zwiebel in sehr dünne Scheiben und setzt sie in einer Kasserolle mit einem Stück Butter auf das Feuer. Wenn sie gut gebräunt ist, rührt man 1 Prise Mehl ein, dann setzt man je nach Menge der Erbsen 1 oder 2 Kellen Fleischbrühe zu und läßt das Mehl garen. Man schüttet die frischen Erbsen hinein, gibt Salz und Pfeffer dazu, und wenn die Erbsen halbgar sind, wirft man 1 Lattichherz dazu (je nach Menge auch 2). Man läßt sehr langsam weiterkochen und achtet darauf, daß die Sauce nicht zu dick wird. Manche setzen den Erbsen noch 1 TL Zucker zu, das soll aber mit Vorsicht geschehen, damit der natürliche süße Geschmack der frischen Erbsen nicht überdeckt wird.

308 Erbsen mit Carnesecca

Man zerhackt etwas Carnesecca (etwas »mageres Trockenfleisch«, als Würze verwendet, s. Vorbemerkung), Knoblauch und Petersilie und setzt es mit Öl auf das Feuer. Pfeffern und salzen, und wenn der Knoblauch gebräunt ist, schüttet man die Erbsen dazu und kocht sie in Fleischbrühe (notfalls auch in Wasser) gar.

Wenn die Hülsen der Erbsen frisch und zart sind, kann man sie in Wasser kochen und durch ein Sieb schlagen. So bekommt man ein Püree, das man zusammen mit der Fleischbrühe zu einer Gemüsesuppe verwenden kann oder auch für eine Minestra aus Reis und Kohl. Man kann es auch dem Wasser des Risotto mit Erbsen nach Rezept Nr. 60 beimengen.

309 Pastete aus frischen Erbsen

600 g geschälte Erbsen, 50 g fetter und magerer Schinken, 30 g Butter, 20 g Mehl, 3 Eier, 1 EL Parmesan, 1 Zwiebel

Der Schinken, die kleine, frische Zwiebel und einige Stengel Petersilie werden fein zerhackt. Man läßt alles in Öl bräunen und schüttet die Erbsen dazu, pfeffern und salzen. Wenn sie gar sind, schlägt man ¼ davon durch, verrührt das Durchgeschlagene mit der Butter und dem Mehl und setzt es mit Fleischsauce oder Brühe auf das Feuer. Dann mischt man alles zusammen, auch den Parmesan, gibt es in eine glatte Form, deren Boden mit einem Butterpapier ausgelegt ist, und läßt es im Wasserbad gar werden.

310 Gefüllte Tomaten

Man verwendet dazu reife Tomaten mittlerer Größe. Sie werden in 2 gleiche Teile geschnitten, die Kerne entfernt, dann häuft man nachfolgende Füllung in die Höhlungen:
Zuerst hackt man Petersilie, Zwiebel und Sellerie sehr klein und läßt alles mit einem Stückchen Butter bräunen. Dann gibt man 1 Handvoll sehr fein zerkleinerter, getrockneter Pilze (einweichen) hinzu, gibt noch 1 EL voll mit Milch, Pfeffer und Salz angerührtem Brotbrei hinein und läßt alles zusammen ein wenig kochen – wenn nötig mit Milch strecken. Man nimmt den Topf ab, und wenn er fast abgekühlt ist, rührt man den Parmesan und 1 Ei hinein – oder auch nur das Dotter, wenn es genügt, der Mischung die richtige Konstistenz zu geben (nicht allzu flüssig). Damit werden die Tomaten gefüllt und mit etwas Butter und Öl

gebacken – zwischen zwei Feuern oder mit Oberhitze. Man nimmt sie als Beilage zu jedem beliebigen Braten oder auch zu gegrilltem Beefsteak.

311 Broccoli

Broccoli (Brokkoli) nennt man verschiedene Verwandte des Blumenkohls. In der Toskana gibt es die Broccoli di Rape, die ihres leicht bitteren Geschmacks wegen im übrigen Italien nicht beliebt sind. Die weiter im Süden (Rom) beliebten Broccoli erkennt man an der tief dunkelgrünen Farbe. In Florenz schwärmt man allerdings mehr für Broccoli di Rape, die übrigens sehr gesund sind.
Man säubert die Broccoli von den härteren Blättern, kocht sie, drückt das Wasser aus und zerkleinert sie ziemlich grob. 2 oder 3 gehackte Knoblauchzehen werden in eine Pfanne mit viel Öl gegeben. Wenn sie gebräunt sind, schüttet man die Broccoli dazu, gibt Pfeffer und Salz daran und läßt sie gründlich braten, wobei man öfter wendet. Man kann sie als Beilage zu gekochtem Fleisch nehmen, aber auch als Einzelgericht servieren.
Dies ist die übliche Zubereitung für Broccoli alla fiorentina, ich habe aber ausprobiert, daß sie besser schmecken, wenn man sie statt in Öl in Speck brät.

312 Broccoli romani

Man erkennt sie, wie gesagt, an dem dunkleren Grün und im gegebenen Falle an der schwarzvioletten Blüte.
Auch sie werden von den härtesten Blättern befreit und gekocht. Wenn das heiße Wasser ausgepreßt ist, wirft man sie in frisches Wasser, preßt sie wieder gut aus, zerkleinert sie grob, legt sie in eine Pfanne mit ausgelassenem Speck und setzt Pfeffer und Salz zu. Wenn sie alles Fett angenommen haben, besprengt man sie mit süßem Weißwein und bewegt sie weiter in der Pfanne, bis jegliche Flüssigkeit aufgenommen oder verdunstet ist. Dann serviert man sie und wird Beifall finden.
Es gibt eine zweite Methode, diese Broccoli zu bereiten, die noch

besser schmecken, wenn man sie vorher nicht kocht. Man nimmt jetzt nur die Blüte und die zartesten Blättchen. Beides wird wie vorher grob zerkleinert, dann setzt man eine Pfanne mit einer entsprechenden Menge Öl und 1 in Scheiben geschnittenen Knoblauchzehe auf das Feuer. Sobald der Knoblauch anfängt braun zu werden, wirft man die Broccoli roh in die Pfanne, zuerst die Blätter, dann die Blüte. Salz und Pfeffer zugeben, ständig umrühren, und wenn die Flüssigkeit schwindet, tropfenweise warmes Wasser nachgießen. Wenn die Broccoli fast gar sind, gibt man statt Wasser Weißwein zu. Ich möchte für dieses Rezept nicht die genauen Zutaten nennen, es möge jeder die Geduld haben, selbst zu erproben, in welchem Mengenverhältnis ihm die Ingredienzien am meisten zusagen.

313 Weißkohl als Beilage

Ein Kohlkopf (auch Wirsing) wird vom Strunk aus über Kreuz in 4 Teile geschnitten und zerkleinert. Er wird in frischem Wasser eingeweicht, dann in Salzwasser gebrüht und abgetropft – aber nicht ausgedrückt.

Man zerhackt ein Gemisch aus Schinken und Zwiebeln und setzt es mit etwas Butter auf. Wenn die Zwiebel gebräunt ist, gibt man eine Kelle Fleischbrühe hinzu, läßt noch etwas kochen und schlägt dann die Sauce durch. In diese Sauce legt man den Kohl mit einem Stück Schinken, setzt Pfeffer und Salz zu und läßt ganz langsam gar kochen. Der Schinken wird herausgenommen, der Kohl kommt als Beilage zu gekochtem Fleisch auf den Tisch.

314 Fenchel mit Balsamella

Man nimmt fleischigen Fenchel, entfernt die harten Blätter und schneidet den Rest klein. Waschen, in Salzwasser brühen und in Butter braten. Wenn alles Fett aufgesogen ist, gießt man Milch zu und läßt gar kochen. Man prüft, ob ausreichend gesalzen ist, nimmt den Fenchel heraus und gibt ihn in eine feuerfeste Schüssel, streut Parmesan darüber, bedeckt den ganzen Fenchel mit einer Balsamella und läßt sie mit Oberhitze braun werden. Man serviert mit gekochtem oder geschmortem Fleisch.

315 Fenchel als Beilage

Dieses Rezept ist einfacher als das vorige, paßt aber ebensogut zu allen Fleischgerichten.
Der zerkleinerte und in Salzwasser gebrühte Fenchel wird in Butter angebraten. Zum Garen setzt man Fleischbrühe zu, bindet mit 1 Prise Mehl und streut nach dem Abnehmen Parmesan darüber.

316 Kartoffelpüree

500 g schöne, große, mehlige Kartoffeln, 50 g Butter,
½ Glas Milch oder Rahm, Salz

Die Kartoffeln werden gekocht, gepellt und noch heiß durch das Sieb passiert. Sie kommen mit obigen Zutaten zusammen auf das Feuer und werden gründlich durchgerührt, bis alles zusammen einen festen Brei bildet.

317 Kartoffelsalat

Wenn es sich auch nur um Kartoffeln handelt, kann ich versichern, daß dieses Gericht, so einfach es ist, höchstes Lob verdient. Es eignet sich allerdings nicht für jeden Magen.

30 g Kapern (in Essig), 2 Peperoni in Essig, 5 Essiggurken,
4 in Essig eingelegte Perlzwiebel, 4 Sardellen,
1 fingerlanger Stengel Sellerie, 1 Prise Basilikum

500 g Kartoffeln werden gedämpft, noch warm abgepellt und in sehr dünne Scheiben geschnitten.
Sämtliche oben genannten Zutaten werden zusammen sehr fein zerkleinert und in eine Schüssel getan. 2 hartgekochte Eier wer-

den aufgeschnitten, mit einer Messerklinge zerdrückt und darunter gemischt. Dann kommt noch eine verhältnismäßig große Menge Öl, Pfeffer, Salz und etwas Essig dazu, alles wird noch einmal sehr gut verrührt, und mit dieser fast flüssig gewordenen Mischung setzt man jetzt die Kartoffeln an, wer will, kann noch etwas Origanum zusetzen.
Die Menge kann für 6 oder 7 Personen reichen, dieser Kartoffelsalat ist übrigens mehrere Tage haltbar.

318 Spargel

Um den Spargel ansehnlicher zu machen, kratzt man vor dem Kochen den weißen Teil mit einem Messer ab, schält ihn und schneidet ihn unten ab. Dann bindet man die Stangen in nicht zu großen Bündelchen zusammen, und damit die Spitzen ihre Farbe behalten, salzt man das Wasser. Wenn es kocht, legt man den Spargel hinein und erhöht die Glut, damit es sofort weiterkocht. Der Spargel ist gar, wenn er anfängt, sich an der Spitze zu verbiegen, es ist aber besser, wenn man vorher mit dem Finger probiert, ob er einem leichten Druck nachgibt, denn er sollte nicht übermäßig gekocht werden. Wenn er gar ist, wirft man ihn in kaltes Wasser, nimmt ihn aber sofort wieder heraus, damit er warm auf den Tisch gebracht werden kann.
Dieses Gemüse ist nicht nur schmackhaft, leicht verdaulich und harnfördern, sondern auch sehr teuer, weshalb man seine Möglichkeiten gut auswerten sollte. Gekochten Spargel kann man auf verschiedene Arten zubereiten, am einfachsten und besten mit feinstem Öl, Essig und Zitronensaft. Eine andere Methode ist, ihn zunächst nur halbgar zu kochen. Dann läßt man die ganzen Stangen in Butter etwas braten, gibt Salz, Pfeffer und sehr wenig Parmesan dazu, nimmt den Spargel heraus und gießt die gebräunte Butter darüber. Man kann auch die Spitzen von den weißen Teilen abschneiden, dann nimmt man ein feuerfestes Gefäß, bestreut den Boden mit geriebenem Parmesan und legt darauf dicht nebeneinander die Spargelspitzen. Man gibt Pfeffer, Salz und Butterstückchen darauf, deckt dann eine Schicht Spargel darüber, die man ebenso würzt. Das wiederholt man, solange Zutaten vorhan-

den sind. Dabei mit dem Gewürz sehr sparsam umgehen, damit es nicht zu stark durchschlägt. Die Spargelschichten legt man kreuzweise übereinander wie ein Gitter. Man legt einen Deckel darauf und läßt sie möglichst mit Oberhitze gar werden. Es wird warm serviert. Hat man Fleischbrühe zur Verfügung, so kocht man den Spargel auch erst halbgar und dann in dieser Fleischbrühe zu Ende. Dann gibt man nur etwas Butter und eine Andeutung von Parmesan hinzu.
Zu gemischtem Braten kann man Spargelspitzen mit der Pastella nach Rezept Nr. 128 nehmen.
Es werden in Kochbüchern noch die verschiedensten Methoden angegeben, die aber meist den Eigengeschmack des Spargels nicht ausreichend berücksichtigen und nichts für Feinschmecker sind. Ich weise aber noch darauf hin, daß sich die Salsa bianca des Rezepts Nr. 56 sowohl für Spargel als auch für in vier Stücke zerlegte und gekochte Artischocken eignet.

Fischgerichte

QUALITÄT UND JAHRESZEIT DER FISCHE

Unter den bekannten Fischen sind die feinsten die Stör, die Zahnbrasse, der Umberfisch, der Spinnenfisch, die Seezunge, der Steinbutt, die Goldbrasse, die Seebarbe, die Forelle: Sie sind das ganze Jahr über gut, Seebarbe und Steinbutt aber besonders im Winter. Von den übrigen Fischen Hecht und Aal das ganze Jahr, aber der Aal ist im Winter besser.
Meeräschen Juli und August, kleine Äsche Oktober und November und den ganzen Winter über, Gründling und Tintenfisch März bis Mai, Kraken Oktober, Sardinen und Heringe ganzer Winter bis April, Seebarben September und Oktober, Thunfisch von März bis Oktober, Makrele Frühling, besonders Mai. Dieser Fisch eignet sich wegen seines zähen, faserigen Fleisches zum Schmoren. Will man ihn grillen, so legt man ihn am besten auf einem dicken, eingefetteten Stück Papier auf den Rost, wobei man Öl, Salz, Pfeffer und einige Blättchen Rosmarin zugibt.
Unter den Schalentieren ist der geschätzte Hummer das ganze Jahr über gut, am besten aber im Frühling, unter den Muscheln die Auster, die in den »Austerngärten« von Oktober bis April »geerntet« wird.
Ob ein Fisch frisch ist, erkennt man an den klaren Augen – sonst sind sie blaß und trübe. Auch rote Kiemen zeugen von Frische. Außerdem erkennt man zu alten Fisch natürlich am Geruch, und wenn er zu lange auf Eis gelegen hat, wird das Fleisch weich und schlaff.
Küstenbewohner sagen, Schalentiere und See-Igel sollte man zur Zeit des Vollmondes einsammeln, dann seien sie fülliger.

319 Fischsuppe (I)

Fischsuppe (Cacciucco): Dazu muß gesagt werden, daß dieses Wort vielleicht nur in der Toskana und im Westen bekannt ist, denn an der Adriaküste sagt man Brodetto. Dies ist in Florenz nun wieder eine Oster-Minestra mit Ei, eher eine Brotsuppe in Fleischbrühe, die mit gequirltem Ei legiert und mit Zitrone gewürzt wird.

Die Sprachverwirrung in den italienischen Provinzen erinnert an ein zweites Babylon. Am gebräuchlichsten ist Fischsuppe natürlich in den Hafenstädten, wo es immer frischen Fisch und auch die erforderlichen Sorten gibt. Jeder Fischhändler kann einem sagen, was sich am besten zur Fischsuppe eignet. So gut sie aber sein mag, sie liegt schwer im Magen, und man sollte sich vom guten Geschmack nicht zu übermäßigem Genuß verführen lassen.
Für 700 g Fisch zerkleinert man ½ Zwiebel und setzt sie in Öl mit Petersilie und 2 Knoblauchzehen auf das Feuer. Wenn die Zwiebel Farbe angenommen hat, schneidet man 300 g Tomaten hinein (oder entsprechend Tomatenmark), Salz und Pfeffer dazu. Sind die Tomaten gar, so löst man 1 EL voll Essigessenz (bei anderem Essig 2 EL) in einem Glas Wasser auf und gießt es darüber. Man läßt den Topf noch einige Minuten auf dem Feuer, dann wirft man die Knoblauchzehen weg und passiert den Rest mit etwas Nachdruck. Der durchgeschlagene Saft kommt mit dem bereitgehaltenen Fisch wieder auf das Feuer. Je nach Jahreszeit nimmt man als Fisch Seezunge, Seebarbe, Glatthai, Gründling und andere, wobei man die kleinen Fische ganz läßt, die größeren in Stücke schneidet. Es muß abgeschmeckt werden, ob die Würze stimmt. Auf jeden Fall ist es gut, noch etwas Öl zuzusetzen; dafür hält man das Öl, in dem man die Zwiebel röstet, möglichst knapp. Die Fischsuppe kommt in zwei Schüsseln auf den Tisch, in der einen der Fisch ohne Sud, in der anderen soviel am Feuer angetrocknete (nicht geröstete) Brotscheiben, wie von dem Sud durchtränkt werden können.

320 Fischsuppe (II)

Diese in Viareggio übliche Fischsuppe ist nicht ganz so schmackhaft wie die vorige, aber leichter und verdaulicher.
Für die gleiche Menge Fisch zerkleinert man im Mörser 2 große Knoblauchzehen und frischen oder getrockneten Ingwer. Wegen des Ingwers braucht man keinen Pfeffer. Man setzt das Zerstoßene mit Öl in einer Pfanne oder einem Tontiegel auf das Feuer, gießt 1 Glas voll Flüssigkeit hinein, ⅓ Wein (trockener weißer oder roter) und ⅔ Wasser. Dann gibt man den Fisch dazu, salzt

und gießt kurz darauf Tomatensauce oder in etwas Wasser gelöstes Mark nach. Es wird bei starkem Feuer gekocht, der Deckel bleibt auf dem Topf, der Fisch darf nicht angerührt werden, damit er nicht zerfällt. Er ist in wenigen Minuten gar.
Man serviert ihn wie den vorigen, getrennt davon getrocknete (nicht geröstete) fingerdicke Brotscheiben.
Muß man den Fisch vor dem Kochen mehrere Stunden liegenlassen, dann sollte man ihn salzen, vor dem Gebrauch das Salz aber wieder abwaschen.

321 Gekochter Fisch

Gekochten Fisch bereitet man auf die folgende Weise: Man setzt die erforderliche Menge Wasser auf das Feuer (aber nicht zuviel). Man salzt es, aber ehe man den Fisch hineingibt, läßt man es eine Viertelstunde mit folgenden Zutaten kochen: ¼ oder ½ Zwiebel (je nach Größe des Fischs), die man mit 2 Gewürznelken gespickt hat, 1 Sellerie, Mohrrübe, einige Petersilienblättchen und 2 dünne Scheibchen Zitrone. Manche sind auch der Ansicht, man sollte den Fisch gleich zusammen mit den Zutaten auf das Feuer setzen. Wenn er gar ist, läßt man ihn warm in seiner Brühe stehen, bis er serviert wird. Vor dem Kochen wird er aber mit den Zitronenscheiben ganz abgerieben, weil dann die Haut besser zusammenhält.
Ob er gar ist, erkennt man an den vorquellenden Augen, an der Haut, die sich beim Berühren ablöst, und an der Zartheit, die das Fleisch beim Kochen annimmt. Der Fisch kommt warm auf den Tisch mit ein wenig von der Brühe, in der er gekocht wurde. Damit er recht appetitlich aussieht, kann man ihn mit Petersilienblättchen verzieren und eine Beilage aus roten Rüben (falls sie klein sind, gekocht, größere im Ofen gebacken) und gekochten Kartoffeln anrichten, beides in kleine Scheibchen (bzw. Stückchen) geschnitten, damit sie die Flüssigkeit besser annehmen. Schließlich fügt man als Zutat noch einige Scheiben gekochtes Ei hinzu.
Man kann den Fisch aber auch einzig mit der Mayonnaise nach Rezept Nr. 100 auf den Tisch bringen. Dann zerschneidet man ihn vorher in Stücke, die man in einer Schüssel anhäuft, gießt die

Salsa Mayonnaise darüber und dekoriert ein wenig mit gesalzenen Sardinen und ganzen Kapern.

322 Panierter Fisch

Dieses Gericht eignet sich als Zwischenmahlzeit, wenn man zum Beispiel gekochten Fisch übrig hat, den man verwenden will.
Man schneidet ihn in Stücke, beseitigt die Gräten und legt ihn in die Balsamella nach Rezept Nr. 110. Man würzt mit Salz, geriebenem Parmesan und feingeschnittenen Trüffeln. Statt der Trüffel kann man auch einige eingeweichte, getrocknete Pilze nehmen. Dann nimmt man eine feuerfeste Schüssel, streicht sie mit Butter aus und streut Semmelbrösel hinein. Darauf kommt der Fisch mit Balsamella, darüber streut man wieder eine dünne Schicht Semmelbrösel. Zuletzt legt man mitten auf den Fisch (angehäuft) ein Stückchen Butter, läßt ihn im Ofen bräunen und serviert ihn warm.

323 Geschmorter Fisch

Größere Fische, deren man sich für diese Mahlzeit bedienen kann, sind Thunfisch, Umberfisch (Barschart), Zahnbrassen und Spinnenfisch, an der Adria Bronzino genannt. Für 5 Personen nimmt man 1 Stück von 600 g.
Man entschuppt den Fisch, wäscht ihn, trocknet ihn ab, bestäubt ihn ganz mit Mehl und läßt ihn mit wenig Mehl bräunen. Man hebt ihn heraus, gießt das wenige verbliebene Öl fort und säubert den Topf. Dann zerkleinert man ½ Zwiebel mittlerer Größe sehr fein, desgleichen 1 fingerlanges Stück weißen Sellerie und einige Stengel Petersilie. Diesen »Battuto« setzt man mit ausreichend Öl auf das Feuer, gibt Pfeffer, Salz und eine Gewürznelke daran, und wenn alles gebräunt ist, setzt man recht viel Tomatensauce oder in Wasser gelöstes Tomatenmark zu. Man läßt ein wenig kochen und gibt dann den Fisch hinein, den man öfter wendet, bis er gar ist. Er wird mit sehr viel von seiner Sauce (fast schwimmend) serviert.

324 Seehecht alla Palermitana

Man nimmt einen Fisch von 500 bis 600 g, schneidet die Flossen ab – außer der Schwanzflosse – und läßt den Kopf daran. Dann schneidet man den Fisch der Länge nach auf, nimmt die Innerein und die Gräten heraus, breitet ihn aus und würzt ihn mit wenig Pfeffer und Salz. Jetzt wird er gewendet, mit Öl bestrichen, gesalzen, gepfeffert und paniert. Man legt ihn, Rückseite nach unten, in ein feuerfestes Gefäß oder eine Pfanne.
Man nimmt 3 Sardellen und setzt sie mit 2 EL Öl auf das Feuer, um sie aufzulösen, sie sollen aber nicht kochen. Mit dieser Salsa übergießt man die Oberseite des Fisches, also die Innenseite, bedeckt sie dann mit Semmelbrösel und kann nach Belieben ein paar Blättchen Rosmarin zusetzen. Gebacken wird zwischen zwei Feuern oder mit Oberhitze, so daß sich eine feine Kruste bildet; damit er aber nicht zu sehr austrocknet, weiteres Öl darüber träufeln, und bevor er vom Feuer genommen wird, spritzt man noch den Saft ½ großen Zitrone darauf. Ich glaube, daß es für 4 oder 5 Personen reicht, falls man Crostini mit Kaviar oder mit Sardellen und Butter zugibt.

325 Seezunge vom Rost

Wenn die Seezungen (Scholle, solea vulgaris) ziemlich dick sind, werden sie besser gegrillt, man nimmt dazu ausgelassenen Speck statt Öl, sie werden auf diese Art schmackhafter.
Man nimmt die Eingeweide heraus, schuppt sie, wäscht sie und trocknet sie gut ab. Dann werden sie leicht mit dem ausgelassenen, abgekühlten Speck bestrichen, der auch nicht andeutungsweise ranzig sein darf. Man gibt Salz und Pfeffer zu und wälzt den Fisch in Semmelbrösel. In einer kleinen Pfanne wird 1 weiteres Stück Speck ausgelassen. Mit diesem Fett wird der Fisch jedesmal bestrichen, wenn er auf dem Rost gewendet wird.
Will man große Seezungen braten, so kann man sie auf beiden Seiten (oder auch nur auf der dunklen) abhäuten, mit Mehl bestäuben und einige Stunden in gequirltes Ei legen, bevor man sie in die Pfanne legt.

Eine Besonderheit dieses delikaten Fisches besteht darin, daß er, wie jedes normal gebaute Tier, auf die Welt kommt mit einem Auge auf der linken und einem auf der rechten Seite. Dann beginnt das Auge auf der weißen, also der linken Seite zu wandern, bis es auf der dunklen Seite seinen endgültigen Platz findet. Die Franzosen nennen die Seezunge ihres guten Geschmacks wegen auch »Rebhuhn des Meeres«. Der Fisch ist leicht verdaulich, im rohen Zustand haltbarer als andere Fische und zu jeder Jahreszeit genießbar. Er ist sehr stark in der Adria vertreten und wird dort nachts mit großen Sacknetzen gefangen, deren Ränder mit Blei beschwert sind, so daß sie über den Boden streifen und den Fisch mitsamt Sand und Schlamm aufstören.
Der Steinbutt, dessen Fleisch dem der Seezunge ähnlich ist, eher noch delikater, wird »Fasan des Meeres« genannt.

326 Seebarbe mit Schinken

Die Redensart »stumm wie ein Fisch« gilt nicht immer, denn Seebarbe, Umberfisch und einige andere geben Töne von sich, die durch die Schwingungen besonderer Muskeln erzeugt und durch die Luft in der Schwimmblase verstärkt werden.
Die größere der bei uns vorkommenden Arten ist die schmackhaftere, aber lohnend ist auch die kleinere, die man an der Adriaküste Rossioli oder Barboni nennt. Wenn man sie gesäubert und gewaschen hat, werden sie mit einem Tuch gut abgetrocknet, dann legt man sie in eine Schüssel, wo sie auf beiden Seiten mit Salz, Pfeffer, Öl und Zitronensaft versehen werden. So bleiben sie einige Stunden stehen. Jetzt schneidet man so viele Scheiben mageren und fetten Schinken, wie man Seebarben hat, nimmt ein Metallgefäß, gibt einige ganze Salbeiblätter hinein, wälzt die Seebarben gründlich in Semmelbrösel und stellt sie aufrecht dicht nebeneinander hinein, dazwischen jeweils die Schinkenscheiben. Darüber werden noch einige Blättchen Salbei gestreut.
Am Schluß gießt man die Bratflüssigkeit darüber und läßt zwischen zwei Feuern oder mit Oberhitze garen.
Man kann das Gericht angenehmer machen, indem man ihn vor

der Zubereitung auf der Vorderseite aufschneidet, die Gräten entfernt und ihn wieder schließt.

327 Seebarbe vom Rost

Diese größere Sorte (Rotbart oder Streifenbarbe, zum Unterschied von der gemeinen Meerbarbe) erreicht ein Gewicht von 500 bis 600 g und schmeckt gegrillt hervorragend.
Man versieht den Fisch auf die bekannte Art mit Salz, Pfeffer und Öl und läßt ihn bei starker Glut garen. Dann übergießt man ihn heiß mit einer vorher bereiteten Mischung aus Butter, gehackter Petersilie und Zitronensaft. Diese Behandlung eignet sich auch für andere entsprechend große, gegrillte Fische.
Die alten Römer aßen lieber Fisch als Fleisch, und die von ihnen bevorzugten Sorten waren: Stör, Spinnenfisch (auch Leierfisch, barschartig), Lamprete, Streifenbarbe und Seehecht, nicht zu vergessen die Muränen, die sie in eigenen Weihern hielten und sogar mit dem Fleisch ihrer Sklaven fütterten.
Asinius Pollio, der wegen seines Reichtums und seiner Grausamkeit bekannt war, speiste einmal mit Augustus und befahl, einen unglücklichen Sklaven den Muränen im Teich vorzuwerfen, weil er ein Kristallglas zerbrochen hatte. Der Sklave warf sich Augustus zu Füßen und flehte um seine Hilfe. Dank seiner bekannt listigen Dialogführung konnte ihn Augustus retten.
Die Streifenbarben, die wie oben erwähnt, 500 bis 600 g schwer werden, wurden zu höchsten, ja sagenhaften Preisen verkauft. Das Wohlleben der höheren Schichten hatte auch deren Geschmack verfeinert oder gewandelt. Für die Seebarbe hatten sie eine Salsa erfunden, die sie gareleo nannten, darin war das Geschlinge dieses Fisches verarbeitet.

328 Frischer Thunfisch mit Erbsen

Der Thunfisch, eine Makrelenart, ist im Mittelmeer heimisch. Zu bestimmten Jahreszeiten hält er sich in großer Tiefe auf, zu anderen kommt er an die Küste, wo sich der Fischfang dann besonders

lohnt. Sein Fleisch erinnert durch seinen Fettgehalt an Schweinefleisch, ist aber nicht so leicht verdaulich. Es soll Thunfische bis zu 500 kg Gewicht geben. Am zartesten und schmackhaftesten ist das Bauchfleisch, das in der Toskana »sorra« heißt.
Man schneidet es in halbfingerdicke Scheiben, setzt Öl mit ziemlich viel Knoblauch und Petersilie aufs Feuer, und wenn der Knoblauch anfängt braun zu werden, legt man den Thunfisch dazu. Salz und Pfeffer zugeben, die Scheiben auf beiden Seiten braten; sobald sie halbgar sind, gibt man Tomatensauce oder in Wasser gelöstes Tomatenmark dazu. Ist der Fisch gar, wird er herausgehoben. In seiner Sauce werden die Erbsen gekocht. Wenn sie gar sind, legt man den Thunfisch darauf, um ihn wieder anzuwärmen, dann kommt er mit den Erbsen als Beilage auf den Tisch.

329 Thunfisch gegrillt

Wie zuvor wird der Thunfisch in Scheiben geschnitten, wenn möglich gleichfalls »sorra«. Man gibt in bekannter Weise Salz, Pfeffer und Öl dazu und legt ihn auf den Rost. Wenn er gar ist, wird er mit Zitronenscheiben serviert.

330 Hummer

Der Hummer ist eines der feinsten und schmackhaftesten Schalentiere, die es an den Küsten des Mittelmeers gibt. Es ist ein Zeichen für Frische und Qualität der Hummer, Langusten und anderen Schalentiere, wenn Gewicht und Größe proportional sind. Um das zu beurteilen, braucht man allerdings einige Erfahrung. Besser ist es in jedem Falle, wenn man lebende Tiere bekommt.
Man gibt Zwiebel, Mohrrübe, Petersilie, 2 Lorbeerblätter, 2 EL Essig und 1 Prise Salz in einen Topf mit Wasser; wenn das Wasser kocht, wirft man den Hummer hinein, der je nach Größe 30 bis 40 Minuten kochen muß. Dann läßt man ihn in der Brühe abkühlen; beim Herausnehmen das Wasser gut abtropfen lassen, den Schwanz auspressen, abtrocknen und den Hummer mit ein paar Tropfen Öl einreiben, damit er glänzt.

Bevor man ihn auf den Tisch stellt, macht man einen Einschnitt vom Kopf bis zum Schwanz, damit das Fleisch leichter herauszuholen ist. Will man ihn nicht einfach mit Öl und Zitronensaft essen, so kann man die Salsa Mayonnaise oder eine andere pikante Salsa dazugeben, oder aber auch eine eigene Salsa auf folgende Art zubereiten:
Man nimmt das Fleisch des Kopfes heraus, zerkleinert es zusammen mit 1 hartgekochten Eidotter und einigen Petersilienblättern sehr fein, gibt die Mischung in eine Saucenschüssel, würzt mit Pfeffer und sehr wenig (oder gar kein) Salz, rührt mit Öl und dem Saft ½ Zitrone (oder Essig) an.

331 Gefüllte Muscheln

Es handelt sich um ein Fischgericht, das als Vorspeise dienen kann.
Die für diesen Zweck benutzten Muschelschalen müssen groß, so tief sein, daß ihr Inhalt für eine Person ausreichend ist. Es handelt sich um die Jakobsmuschel (Pecten Jacobaeus), eine Kammmuschel, die auch »cappa santa« heißt, weil früher einmal die Pilger sie als Trinkgefäß und Hutschmuck mitführten. Das Fleisch dieser Muschel ist seines aromatischen Geschmacks wegen sehr geschätzt.
In herrschaftlichen Häusern gibt es manchmal Muscheln aus Silber, die dann auch für Eis verwendet werden, aber für ein Fischgericht scheinen mir natürliche Muschelschalen besser angebracht.
Man nimmt das gekochte Fleisch eines guten Speisefisches wie Seehecht, Meeräsche, Glatthai. Um 6 Muschelschalen zu füllen, benötigt man folgende Zutaten:

130 g gekochten Fisch, 20 g geriebener Parmesan, 20 g Mehl, 20 g Butter, 2 Eidotter, 2½ dl Milch

Man bereitet eine Balsamella aus Milch, Butter und Mehl, nimmt sie vom Feuer und rührt den Parmesan hinein, sobald das Gemenge nicht mehr kochend ist, auch die Eidotter, den gehackten Fisch, Pfeffer und Salz. Man bestreicht die Muschelschalen mit

zerlassener Butter, gießt das Gemenge hinein, läßt es im Backofen anbräunen und serviert.
Man kann die Schalen auch mit gekochtem und gehacktem Hühnerfleisch füllen, wobei man sich der gleichen Mengen an Zutaten bedient.

332 Gedämpfter Stör

Stör ist in jedem Falle gut, ob man ihn kocht, schmort oder am Grill brät. Zum Schmoren nimmt man ein Stück von wenigstens 500 g, zieht die Haut ab und spickt es mit Speckstückchen, die zuvor gesalzen und gepfeffert sind. Wenn nötig, bindet man den Fisch zusammen. Man stäubt ihn mit Mehl ein, setzt ihn mit Öl und Butter auf das Feuer, gibt noch Pfeffer und Salz dazu. Wenn er allseits gebräunt ist, gießt man Fleischbrühe nach und läßt ihn gar werden. Ehe man ihn abnimmt, spritzt man noch den Saft einer Zitrone darüber und bringt ihn mit der eigenen Sauce auf den Tisch.

333 Marinierte Heringe

Die beiden verwandten Fischsorten Sardone und Sardella unterscheiden sich dadurch, daß der Sardone (Sardine) etwas platter ist, die Sardella oder Accuiga (Hering) rundlicher und von erheblich besserem Geschmack. Beide Fischsorten werden, falls man sie frisch bekommt, für gewöhnlich gebraten, Heringe schmecken aber besser, wenn man sie mit Knoblauch, Petersilie, Salz, Pfeffer und Öl schmort. (Knoblauch und Petersilie gehackt und vorgeröstet.) Wenn sie fast gar sind, gibt man ein wenig mit Essig gesäuertes Wasser dazu.

334 Gebratene Heringe

Will man den Heringen ein besseres Aussehen geben, so schneidet man die Köpfe ab, bestreut sie mit Mehl, nimmt sie dann einzeln am Schwanz und taucht sie in geschlagenes und gut gesalzenes Ei, dann wieder in Mehl und legt sie anschließend in eine Pfanne mit kochendem Öl. Wenn es ziemlich große Heringe sind, ist es noch besser, wenn man sie hinten mit einem feinen Messer aufschneidet und die Gräten herausnimmt, so daß beide Teile nur noch am Schwanz verbunden sind.

335 Totani vom Rost

Die Totani (gemeiner Kalamar, nicht der früher genannte gemeine Tintenfisch, Sepia) gehören zur Art der Kopffüßler und sind an der Adriaküste als Calamaretti bekannt. Es gibt in diesem Meer zwar nur eine kleine Sorte, aber sie sind fleischig und aromatisch, gebraten werden sie von Feinschmeckern sehr geschätzt. An der Westküste gibt es eine weit größere Sorte, ich habe welche von 200 bis 300 g gesehen, sie schmecken aber nicht so gut wie die adriatischen. Auch wenn man Calamaretti in Stücke schneidet, bleiben sie beim Braten hart, es ist also besser, sie mit einer Füllung auf dem Rost zu grillen oder, falls sie besonders groß sind, zu schmoren. Jedes Tier hat im Inneren ein Kalkplättchen, nichts anderes, als das Rudiment einer Muschelschale, das entfernt werden muß, ehe man die Füllung hineingibt.
Man beläßt dem Totano Kopf und Körper, schneidet die Tentakel ab, die man mit Petersilie und sehr wenig Knoblauch zusammen mittels Wiegemesser fein zerkleinert. Diese Masse versetzt man mit sehr viel Semmelbrösel, gibt Öl, Pfeffer und Salz dazu und füllt damit den Körper des Calamaretto. Um dessen Öffnung zu schließen, spießt man einen Zahnstocher hindurch, den man später herausnimmt. Man setzt dem »Fisch« Salz, Pfeffer und Öl zu und legt ihn auf den Rost.
Wenn ihr nach Neapel kommt, so versäumt nicht einen Besuch des Aquariums in den Gärten der Villa Nazionale, wo ihr neben anderen wunderbaren Seetieren auch diesen schlanken, gewandten Kopffüßler bewundern könnt.

336 Gefüllte »Grille«

Natürlich sind nicht die Grillen gemeint, die von den Bäumen singen, vielmehr das Krebstier namens Squilla (Squilla mantis = Heuschreckenkrebs), das in der Adria so häufig und auch unter dem Namen Cannocchia bekannt ist.
Es ist schmackhaft zu jeder Jahreszeit, am fleischigsten aber von Mitte Februar bis April. Dann hat es auf dem Rücken ein rotes Röhrchen oder Stäbchen, das man »cera« oder »corallo« nennt und in dem sich seine Eier befinden. Man kann den Heuschreckenkrebs kochen, in Stücke geschnitten ist er gut zur Fischsuppe, aber am besten grillt man ihn mit Öl, Pfeffer und Salz auf dem Rost. Will man das Gericht anreichern, so schlitzt man den Rücken auf und füllt ihn mit einem Gemisch aus Semmelbrösel, Petersilie und etwas Knoblauch (zerkleinert und vermischt). Sowohl die Füllung als auch die Squilla mit Öl, Pfeffer und Salz würzen.

337 Gebratener Heuschreckenkrebs

Zu ihrer Jahreszeit, wenn sie die im vorigen Rezept beschriebene »cera« haben, ist es lohnend, die Squilla auf folgende Art zu braten. Nachdem man sie gewaschen hat, werden sie in wenig Wasser gekocht, wobei man sie mit einem Tuch bedeckt, das man mit dem Topfdeckel beschwert. Es reicht aus, wenn sie 15 Minuten kochen. Wenn sie gar sind, zieht man die Haut ab, schneidet sie in 2 Stücke, bestäubt sie mit Mehl, taucht sie in gequirltes Ei, salzt und brät sie in Öl.

338 Aal

Der Aal ist einer der seltsamsten Fische. Obwohl die Umwohner des Comacchino behaupten, sie könnten an gewissen äußeren Kennzeichen Männchen und Weibchen unterscheiden, ist es bis heute (um die Jahrhundertwende) nicht gelungen, das Geschlecht zu unterscheiden, vielleicht weil der Samenleiter des Männchens dem Ovarium des Weibchens zu ähnlich ist.

Der bekannte Speisefisch (Anguilla vulgaris) lebt im Süßwasser, muß aber zum Zweck der Vermehrung ins Meer. Diese Wanderung findet in den dunklen und stürmischen Nächten der Monate Oktober bis Dezember statt, in denen der Fang besonders lohnend ist. Die jungen Aale kommen Ende Januar und im Februar aus dem Meer in die Flüsse, Seen und Sümpfe, und bei dieser »Rückwanderung« werden sie an den Flußmündungen in großer Menge eingefangen. Sie werden in Fischkulturen (Weiher, Sümpfe, Seen) verpflanzt, wo sie – falls die Verbindung zum Meer abgeschnitten ist, sich nicht vermehren können.
Jüngere Untersuchungen in der Enge von Messina haben ergeben, daß dieser Fisch und die ihm verwandten Muraenidae zur Ablage ihrer Eier eine Meerestiefe von mindestens 500 m brauchen und daß sie ähnlich den Fröschen eine Metamorphose durchmachen. Von der Larve über den Glasaal zum Gelbaal und schließlich zum Steigaal oder Montée, eine Wandlung, die 4 Jahre in Anspruch nimmt. Als Montée steigt der Aal dann die Flußläufe hinauf, um im Süßwasser zu leben. Was mit den alten Aalen geschieht, die ins Meer gewandert sind, ist nicht bekannt. Vielleicht bleiben sie in den dunklen Abgründen des Meeres und sterben unter dem gewaltigen Druck, oder sie ändern auch ihre Gestalt und passen sich der neuen Umgebung an (an dieser Stelle sei die etwa dreimal so lange Abhandlung Artusis über die Naturgeschichte des Aals abgebrochen, die wieder einmal mitgeteilt wurde, um den Orginalton zu wahren. Heute weiß man natürlich, daß die Leute am Comacchiosee sich täuschten, wenn sie glaubten, Männchen von Weibchen unterscheiden zu können. Alle im Süßwasser lebenden Aale sind weiblich, zum Männchen entwickelt sich der im Meer – oder Brackwasser – verbleibende Teil. Auch andere Kleinigkeiten, z. B. die Landwanderungen der Aale, waren Artusi noch nicht bekannt. d.Ü.).

339 Gebratener Aal

Die besten Aale in Italien kommen aus Comacchio, sogar besser als die von Dante erwähnten Aale aus Bolsena (Anmerkung: Auch hier haben sich die Verhältnisse gewandelt: Die Lagune von Comacchio ist heute zum Teil zugeschüttet, Weltlieferant für Aale sind heute die an der Nordküste des Gargano gelegenen Seen von Varano und Lésina). Wenn der Aal dick ist und am Spieß gebraten werden soll, häutet man ihn am besten, schneidet ihn in 3 cm lange Stücke und steckt ihn auf, dazwischen geröstete Brotstückchen und einige Salbei- oder auch Lorbeerblätter, wenn man nicht fürchtet, daß ihr Geschmack zu stark durchschlägt. Zunächst bei schwacher Glut gar werden lassen, dann am Schluß die Glut sehr schnell und kurz anfachen, damit sie eine knusprige Oberfläche bekommen. Als Gewürze nur Salz und ein paar Zitronenscheiben. Mittelgroße Aale sind nach meiner Erfahrung am besten, wenn man sie mit der Haut auf dem Rost grillt. Wenn diese bei Tisch etwas mit Zitronensaft aufgeweicht ist, hat sie einen vorzüglichen Geschmack. Als Gewürz nimmt man nur Salz und Pfeffer. Zum Aal trinkt man am besten Rot- oder trockenen Weißwein.

340 Aal alla fiorentina

Man nimmt Aale mittlerer Größe, entfernt die Eingeweide und häutet den Fisch. Dazu packt man den Kopf mit einem Tuch, damit er nicht entgleitet, macht unterhalb desselben rundum einen Schnitt und kann die Haut dann in einem Stück abziehen. Dann schneidet man ihn in fingerlange (oder wenig kürzere) Stücke, gibt Öl, Salz und Pfeffer zu und läßt sie 1 oder 2 Stunden stehen. Die Pfanne wird mit einem Ölfilm bestrichen (Anmerkung: bei Artusi Ölschleier) und 2 ganze Knoblauchzehen und Salbeiblätter hineingegeben. Ein wenig braten lassen, dann die Aalstückchen einzeln in Semmelbrösel rollen und sie dicht in die Pfanne legen. Den Rest des Öls, in dem sie eingeweicht wurden, gießt man darüber. Sie werden mit Oberhitze gebraten, sobald sie Farbe angenommen haben, noch einige Tropfen Wasser zugießen. Das Fleisch dieses wohlschmeckenden Fisches ist seines Ölgehalts wegen nicht ganz leicht verdaulich.

341 Geschmorter Aal

Zu diesem Gericht nimmt man besser dickere Aale, die man, ohne zu häuten, in kurze Stücke schneidet.
Man zerhackt eine verhältnismäßig große Menge Zwiebeln und Petersilie, die man in wenig Öl mit Pfeffer und Salz aufsetzt. Sobald die Zwiebel gebräunt ist, gibt man die Aalstücke dazu und gibt ihnen Zeit, die Würzmischung aufzusaugen. Gegart werden sie mit Tomatensauce oder in Wasser gelöstem Tomatenmark. Es sollte ausreichend Sauce übrigbleiben, damit man den Aal mit leicht gerösteten und in Sauce getränkten Brotscheiben servieren kann. So wird daraus ein Leckerbissen, aber auch nicht für jeden Magen.

342 Aal in Wein

Man nimmt 1 Aal (oder mehrere, sie müssen für dieses Gericht nicht groß sein) mit ½ kg Gesamtgewicht. Abreiben, damit sie nicht glitschig sind, waschen und in Stücke schneiden. Dann gibt man 1 in dünne Scheibchen geschnittene Knoblauchzehe, 3 oder 4 grob zerkleinerte Salbeiblätter und ¼ Zitronenschale mit wenig Öl in die Pfanne. Wenn dieser »Soffritto« Farbe bekommen hat, legt man den Aal hinein, salzt und pfeffert. Wenn die Flüssigkeit geringer wird, bewegt man die Stückchen mit der Messerspitze ein wenig, damit sie nicht anbacken. Sobald sie unten gebräunt sind, gießt man Tomatensauce oder gelöstes Tomatenmark dazu und dreht sie um, damit auch die andere Seite braun wird. Dann gut fingerbreit Rotwein oder trockenen Weißwein (in zwei fingerbreit Wasser) zugießen, den Deckel auflegen und bei kleinem Feuer gar werden lassen. Man bringt den Aal mit etwas von seiner Sauce auf den Tisch – die Menge kann für 4 Personen ausreichen.

343 Gedünsteter Aal nach Art von Comacchio

Die Leute von Comacchio brauchen zum Aal niemals Öl, gleichgültig, wie sie ihn zubereiten, wie auch aus dem folgenden

Schmorgericht hervorgeht, das man Fischsuppe mit Aal nennen könnte. Tatsächlich ist dieser Fisch so stark ölhaltig, daß man für manche Rezept kein zusätzliches Öl braucht.

Zu 1 kg Aal nimmt man 3 Zwiebeln, 1 Sellerieknolle, 1 schöne Möhre, Petersilie und ½ Zitronenschale. Das alles (ohne die Zitronenschale) wird grob zerkleinert und mit Salz und Pfeffer in Wasser gekocht. Der Aal wird in Stücke geteilt, aber so, daß die einzelnen Stücke noch mit einem Zipfel zusammenhängen. Man nimmt einen geeigneten Topf und breitet am Boden eine Schicht Aalstücke aus. Darüber deckt man eine Schicht des vorher fast gargekochten Gemüses (Zitronenschale wegwerfen), dann wieder eine Schicht Aal, eine Schicht Gemüse etc., bis alles verbraucht ist. Man bedeckt das Ganze mit dem Wasser, in dem das Gemüse gekocht wurde, setzt den Topf gut zugedeckt auf kleines Feuer, schüttelt und dreht ihn ab und zu, rührt den Inhalt aber nicht mit dem Kochlöffel um, weil sonst alles zusammenpappt. Wenn sich die zusammenhängenden Stückchen voneinander lösen, sind sie fast gar. Dann setzt man 1 guten EL Essigessenz und Tomatenmark zu und schmeckt die Brühe ab, um wenn nötig noch (großzügig) Salz und Pfeffer zuzusetzen, läßt noch ein wenig kochen und bringt den Topf so auf den Tisch, ohne den Inhalt zu bewegen. Es wird in vorgewärmten Tellern auf Brotscheiben serviert. Die Brotscheiben kann man vorher am Feuer trocknen, ohne sie zu rösten.

344 Aal mit Erbsen

Der Aal wird bereitet wie nach Rezept Nr. 341. Wenn er gar ist, nimmt man ihn heraus und kocht in seiner Sauce die Erbsen. Danach legt man den Aal wieder hinein, um ihn anzuwärmen, und serviert. Tomatensauce ist hier nicht erforderlich, aber unter Umständen etwas Wasser.

345 Meeräsche vom Grill

Die Aale von Comacchio bringen die dort gleichfalls viel gefangenen Meeräschen in Erinnerung, die, wenn sie im Spätherbst auf den Markt kommen, besonders schön, fett und schmackhaft sind. Die Leute von Comacchio machen sie auf die folgende, überzeugende Art: Sie beseitigen Schuppen, Flossen, Kiemen, nehmen die Fische aber nicht aus, weil sie behaupten, wie bei der Schnepfe seien die Innereien das beste. Sie würzen nur mit Salz und Pfeffer und geben die Fische bei starker Glut auf den Rost. Wenn der Fisch gar ist, stellen sie ihn auf einem warmen Teller, mit einem zweiten zugedeckt, 5 Minuten lang in die Nähe des Feuers. Vor dem Servieren dreht man die beiden Teller um, so daß der obere jetzt unten ist, und das herausgelaufene Fett auf dem Fisch. Bei Tisch spritzt jeder nach Belieben Zitronensaft darüber.

346 Seemuscheln in Eier-Salsa

Seemuscheln enthalten meist keinen Sand, deshalb genügt es, sie gut in frischem Wasser zu waschen. Man hackt Knoblauch und Petersilie, gibt Salz zu und läßt alles in Öl bräunen; anschließend schüttet man die Muscheln hinein, schüttelt sie, hält aber den Topf bedeckt, damit sie nicht austrocknen. Wenn sie offen sind, nimmt man sie ab und bereitet die Salsa: 1 oder mehrere Eidotter (je nach Menge), Zitronensaft, 1 TL Mehl, Fleischbrühe und etwas von der Brühe der Muscheln. Man kocht die Salsa zu einer Creme und gibt sie über die Muscheln.
Ich esse sie übrigens ohne Salsa auf Brot, das am Feuer getrocknet wurde, so kommt der natürliche Geschmack des »frutto di mare« besser zur Geltung. Aus dem gleichen Grund nehme ich zu Risotto mit Muscheln auch keine Tomaten.

347 Muscheln alla livornese

Man setzt kleingehackte Zwiebeln mit Pfeffer und Öl zum Feuer und streut, sobald sie gebräunt ist, etwas grobgehackte Petersilie dazu. Dann kommen die Muscheln mit Tomatensauce (oder -mark) hinein. Man schüttelt sie oft (Deckel auf dem Topf lassen). Wenn sie sich geöffnet haben, schüttet man sie in eine Schüssel mit vorher gerösteten Brotscheiben.

348 Schlei in der Pfanne

Dieser Fisch aus der Familie der Karpfen lebt zwar auch in Seen und tiefen Flüssen, mit Vorliebe aber in stehenden Gewässern und Sümpfen. Was aber weniger bekannt ist, er gehört zu den Wiederkäuern unter den Fischen. Die Nahrung wird durch antiperistaltische Bewegungen aus dem Magen wieder in den Rachen transportiert und durch die Rachenzähne, die nur diesem Zweck dienen, noch einmal zerkleinert. Man nimmt 1 große Schleie (auf dem Markt von Florenz werden sie lebend angeboten; unter den Fischen, die eigentlich nicht zur Elite zählen, gehören sie immerhin zu den besten). Man entfernt Flossen, Kopf und Schwanz, schneidet den Rücken auf, nimmt die Gräten heraus und halbiert den Fisch der Länge nach. Er wird fariniert, in gequirltes Ei getaucht, das mit Pfeffer und Salz gewürzt ist, und in Semmelbrösel gewälzt. Diesen Vorgang, wenn nötig, mehrmals wiederholen. Man brät Fisch mit Butter in der Pfanne, serviert ihn mit Zitronenscheiben und einer Beilage aus gebackenen Pilzen – je nach Jahreszeit.
Es ist an dieser Stelle angebracht, darauf hinzuweisen, wie man den allen, in schlammigen Gewässern lebenden Fischen anhaftenden Geruch beseitigt: Man gibt sie in kochendes Wasser und läßt sie einige Minuten darin, bis die Haut anfängt rissig zu werden, darauf legt man sie in kaltes Wasser und kann mit dem Kochen oder Braten beginnen. Die Franzosen nennen diesen Vorgang limoner, von limon, Sumpf.

349 Fischpastete

Es wäre undankbar von mir, wenn ich verschweigen würde, daß ich mehrere Rezepte in diesem Buch einigen Damen verdanke, die mir auch das folgende Rezept vermittelten, das, richtig ausgeführt, zum besten zählt (zur Erinnerung: Das Wort sformato bezieht sich auf die Umhüllung, Pasticcio mehr auf die Füllung, beide Worte bedeuten »Pastete«).

ein 300–350 g schwerer Fisch, 200 g Reis, 150 g frische Pilze,
300 g grüne Erbsen, 50 g geröstete Pinienkerne, Butter, Parmesan,
6 Artischocken, 2 Eier

Der Reis wird mit 1/4 gehackter Zwiebel, 40 g Butter, Salz und dem nötigen Wasser gekocht, wenn er gar ist, legiert man ihn mit den Eiern und 30 g Parmesan.
Man zerhackt Zwiebel, Sellerie, Möhre und Petersilie, setzt alles mit Butter auf das Feuer und bäckt darin die in Scheiben geschnittenen Pilze, die Erbsen und die vorher halbgar gekochten und aufgeschnittenen Artischocken. Dazu einige EL warmes Wasser, Salz und Pfeffer, und sobald man den Topf vom Feuer genommen hat, noch 50 g Parmesan.
Knoblauch und Petersilie werden in Öl angeröstet, Tomatensauce, Salz und Pfeffer dazugegeben und der Fisch darin gegart, wozu man Meeräsche, Spinnenfisch oder auch ein Stück von einem größeren Fisch nehmen kann. Den Fisch herausnehmen, die Sauce durchschlagen und sie in vorher geröstete und im Mörser zerriebene Pinienkerne hineinrühren. Man entgrätet den Fisch, schneidet den Kopf ab, zerlegt ihn in Stücke und legt diese wieder in die Sauce, so daß außer dem Reis nun alle Ingredienzien beisammen sind.
Jetzt macht man den Teig, um die Füllung einzupacken, nach folgenden Mengen:

400 g Mehl, 80 g Butter, 2 Eier, 2 EL Weißwein oder Marsala,
1 Prise Salz

Man nimmt eine beliebige Form und füllt sie mit dem dünn ausgerollten Teig aus, die Form wird vorher mit Butter eingefettet. Dann füllt man die Hälfte vom Reis in die Form, darauf die ganze Füllung und zum Schluß die andere Hälfte Reis. Dann schlägt man den Teig von den Seiten her darüber und

gibt die Pastete in den Backofen. Sie wird lauwarm oder kalt serviert.
Die Menge reicht für 12 Personen.

350 Stockfisch alla fiorentina

Der Stockfisch gehört zur Familie der Gadidae, deren Hauptvertreter der Kabeljau ist. Die in unseren Gewässern vorkommenden Sorten sind vorwiegend Gadus minutus und Merlucius esculentus oder Seehecht, dessen Fleisch nicht sehr aromatisch ist, dafür aber leicht verdaulich, weshalb es Genesenden empfohlen wird, besonders wenn es gekocht, mit Öl und Zitronensaft zubereitet wird.
Die Art Gadus morrhua, der Kabeljau der arktischen und antarktischen Zonen ist der bei uns käufliche Stockfisch (Baccalà oder Stoccafisso), aus dessen Leber man bekanntlich das medizinische Öl (Lebertran) gewinnt. Er wird mit der Angel gefangen; ein einziger Mann fängt am Tag bis zu 500 Stück (die Verhältnisse liegen heute etwas anders). Er ist vielleicht der fruchtbarste aller Fische, man zählt in einem einzigen 900 Millionen Eier.
Im Handel sind die Sorten Gaspy und Labrador (nach den Fangplätzen), wovon dem Labrador der Vorzug zu geben ist, weil er fett und zart ist, sich leicht einweichen läßt und den besseren Geschmack hat.
Der Stockfisch wird in Stücke, etwa von der Größe des Handtellers, geschnitten und mit Mehl bestreut. In einer Pfanne (oder Tiegel) werden mit viel Öl 2 oder 3 Knoblauchzehen, die etwas zerdrückt sind, angeröstet und der Stockfisch hineingegeben. Auf den Seiten braun werden lassen, wobei er öfter bewegt werden muß, damit er nicht ansetzt. Salz ist nicht erforderlich oder nur nach Abschmecken, aber 1 Prise Pfeffer ist sehr gut. Am Schluß gibt man noch einige EL Tomatensauce nach Rezept Nr. 5 oder Tomatenmark darüber. Man läßt noch etwas kochen und kann servieren.

351 Stockfisch alla bolognese

Man teilt ihn in große Stücke wie den vorigen und wirft ihn so, ohne alle Zutaten, in eine Pfanne (Tiegel) mit wenig Öl. Obenauf wird zerhackter Knoblauch und Petersilie gestreut. 1 Prise Pfeffer, einige Tropfen Öl und ein paar Stückchen Butter darüber und bei starkem Feuer gar werden lassen. Man wendet den Fisch, aber mit Vorsicht, denn da er nicht mit Mehl eingestäubt ist, wird er leicht zerfallen. Wenn er von beiden Seiten »durch« ist, spritzt man Zitronensaft darüber und serviert.

352 Stockfisch süß-sauer

Er wird gebraten wie der Stockfisch der Nr. 350, nur ohne Knoblauch. Wenn er allseits gebräunt ist, gießt man Süß-sauer darüber, läßt ihn noch etwas auf dem Feuer und serviert ihn warm.
Das Süß-sauer (»dolce-forte« oder »agro-dolce«) oder wie immer man es nennen will, bereitet man in einem Glas vor. Zu 500 g Stockfisch genügt 1 fingerbreit Essigessenz, 2 fingerbreit Wasser, genügend Zucker sowie Pinienkerne und Rosinen in entsprechender Menge. Es ist gut, wenn man es ein wenig kochen läßt, bevor man es über den Fisch gießt. Wenn die Mahlzeit gelungen ist, werdet ihr feststellen, daß sie zur besten ihrer Art gehört.

353 Stockfisch vom Rost

Nicht zu stark gedörrten Stockfisch kann man bei geringer Glut auf den Grill geben. Man legt ihn auf ein weißes, starkes, mit Butter eingefettetes Papier, am besten Pergament. Bestreicht ihn mit Öl, würzt mit Pfeffer und gibt, nach Belieben, auch ein paar Blätter Rosmarin daran.

354 Stockfisch in weißer Salsa

400 g eingeweichter Stockfisch, 70 g Butter, 30 g Mehl, 1 Kartoffel von etwa 150 g, 3½ dl Milch

Der Stockfisch wird gekocht, von Haut, Flossen und Gräten befreit. Die Kartoffel wird gleichfalls gekocht und in Scheiben geschnitten. Man macht eine Balsamella aus Milch und Mehl, wenn sie gar ist, streut man etwas gehackte Petersilie und Muskat hinein, schüttet die Kartoffelscheiben dazu und salzt. Zum Schluß kommt auch der in Stücke geschnittene Fisch in den Topf. Etwas ruhen lassen und servieren. Wenn es sich nicht um starke Esser handelt, reicht die Menge für 4 Personen. Zum Garnieren kann man Scheibchen hartgekochter Eier auf den Fisch legen.

355 Stockfisch geschmort

500 g eingeweichter Stockfisch, davon 300 g vom Rücken und 200 g durchwachsenes Fleisch (die fetten Partien). Man entfernt Haut und Gräten und schneidet das Rückenfleisch in dünne Scheibchen, das fette in 2 fingerbreite Würfel. 1 große Knoblauchzehe (oder 2 kleine) und einige Petersilienstengel werden zerkleinert und mit einer ausgiebigen Menge Öl auf das Feuer gesetzt. Wenn alles gebräunt ist, gibt man den Stockfisch hinein, würzt ihn mit Salz und Pfeffer und bewegt ihn, damit er die Würze gut aufnimmt. Nach kurzer Zeit setzt man 6 oder 7 EL der Tomaten-Salsa Nr. 99 zu und läßt das Ganze langsam wenigstens 3 Stunden lang kochen. Nach Bedarf gibt man wenig warmes Wasser dazu und nach zweistündigem Kochen 1 zerschnittene Kartoffel. Die Menge reicht für 3 oder 4 Personen, das Gericht ist appetitlich, aber nicht ganz leicht verdaulich.

356 Steigaal

Man wäscht die Aale mehrmals, und wenn sie keinen Schaum mehr geben, legt man sie in ein Sieb zum Abtropfen.

Man setzt 1 oder 2 ganze, etwas zerdrückte Knoblauchzehen und einige Blätter Salbei mit Öl auf das Feuer. Wenn der Knoblauch gebräunt ist, legt man die Aale hinein – falls sie noch leben, deckt man einen Topf darüber, damit sie nicht fortspringen. Man gibt Salz und Pfeffer zu, bewegt sie öfter mit dem Rührlöffel; sobald die Pfanne zu trocken wird, gibt man etwas Wasser zu. Wenn die Fische gar sind, legiert man sie mit gequirltem Ei, dem man Parmesan, Semmelbrösel und Zitronensaft zugesetzt hat.
Wenn die Aale 300 bis 350 g wiegen, was für 4 Personen reichen sollte, legiert man sie mit

2 Eiern, 2 EL Parmesan, 1 EL Semmelbrösel,
½ Zitrone und etwas Wasser.

357 Gebratener Steigaal (I)

Man schmort ihn mit Öl, ganzem Knoblauch und Salbei wie im vorigen Rezept, nimmt den Knoblauch heraus und zerkleinert die Aale sehr fein. Eine entsprechende Menge Ei wird mit Salz verquirlt, Parmesan und Semmelbrösel verrührt und alles mit dem zerkleinerten Aal vermengt. Diese Mischung wird eßlöffelweise zum Braten in die Pfanne gelegt. Man serviert diese Fritelle mit Zitronenscheiben. Mancher wird beim Essen nicht glauben, daß es sich um ein Fischgericht handelt.

358 Gebratener Steigaal (II)

In Viareggio habe ich gesehen, daß man jungen Aal auch wie andere Fische braten kann. Er wird in Weizen- oder Maismehl gewälzt und in die Pfanne gelegt, ohne andere Zutaten. Die Zubereitung ist einfach, aber nicht so gut wie im vorigen Rezept.
Es ist noch zu erwähnen, daß das Blut der Muränoiden giftig ist, sofern es in den menschlichen Blutkreislauf gelangt – gebraten oder gekocht ist es unschädlich.

359 Geschmorter Hecht

Der bei uns im Süßwasser überall heimische Hecht hat einige Besonderheiten. Er ist sehr gefräßig, und da er sich ausschließlich von Fisch nährt, ist sein Fleisch sehr delikat. Er hat aber viele Gräten, deshalb nimmt man Fische von 600 bis 700 g. Außerdem sind solche vorzuziehen, die in fließenden Gewässern leben. Man erkennt sie am grünlichen Rücken und silberweißen Leib. Hechte aus stehenden Gewässern sind dunkler gefärbt. Es gibt Hechte mit einem Gewicht von 10, 15, ja 30 kg und schwer schätzbarem Alter, man nimmt an, über 200 Jahre. Die Eier und Samentaschen dienen nicht als Nahrungsmittel, weil sie stark purgierende Wirkung haben.
Angenommen, man habe einen Hecht von um die 700 g. Man entfernt die Schuppen, nimmt ihn aus, schneidet Kopf und Schwanz ab und zerteilt ihn in 4 oder 5 Stücke, die für ebensoviel Personen reichen. Jedes Stück wird der Länge nach mit 2 Stückchen Speck gespickt, der gepfeffert und gesalzen ist. Dann nimmt man 1 Stück Zwiebel, so groß wie eine Walnuß, 1 kleine Knoblauchzehe, 1 Stengel Sellerie, 1 Stückchen Möhre und etwas gehackte Petersilie und zerkleinert alles so fein, daß es nicht durchgeschlagen werden muß. Man setzt es mit Öl auf das Feuer, und wenn es braun geworden ist, gießt man Tomatensauce oder in Wasser gelöstes Mark dazu, würzt mit Pfeffer und Salz. Diese Sauce läßt man zusammen mit einem Stückchen in Mehl gewälzter Butter etwas kondensieren, rührt sie gut durch und legt den Fisch hinein. Man läßt langsam kochen, wobei der Fisch gewendet werden muß. Zum Schluß gießt man 1 EL Marsala (es kann auch anderer Wein sein) dazu, läßt noch einmal aufkochen und bringt den Fisch in seiner Salsa auf den Tisch.

360 Gebratener Glatthai

Der Fisch wird in runde, nicht zu dicke Stücke zerlegt und muß dann einige Stunden in gequirltem Ei mit Salz stehen. ½ Stunde vor dem Braten wälzt man die Stücke in einem Gemisch aus Knoblauch, Petersilie (beides zerkleinert), Parmesan und Semmelbrösel, würzt mit Pfeffer und Salz. Eine kleine Knoblauchzehe reicht für 500 g Fisch. Vor dem Auftragen legt man Zitronenscheiben dazu.

361 Geschmorter Glatthai

Man zerlegt den Fisch in etwas dickere Stücke. Dann zerkleinert man Knoblauch, Petersilie und sehr wenig Zwiebel, setzt alles mit Öl auf das Feuer, und wenn es gut gebräunt ist, legt man die Fischstücke hinein, salzt und pfeffert. Wenn auch der Fisch braun geworden ist, setzt man etwas Rotwein oder trockenen Weißwein und Tomatensauce (oder -mark) zu und läßt gar werden.

Arrosti

Von wenigen Ausnahmen abgesehen, wird Geröstetes am Spieß heute nicht mehr mit Speck, Knoblauch, Rosmarin oder ähnlichem gespickt, weil Würzen bei dieser Zubereitung zu stark durchschlagen und Widerwillen erregen. Am besten nimmt man das Fett, das in der jeweiligen Landschaft am besten und gebräuchlich ist, Öl, Butter oder ausgelassenen Speck.
Geröstetes hat man gerne gewürzt, deshalb nimmt man für Kalbfleisch, Lamm, Geflügel und Schwein etwas mehr Salz. Beim Fleisch größerer, ausgewachsener Tiere ist das nicht nötig, weil es an sich würziger ist. Man soll aber stets erst salzen, wenn das Fleisch halb oder ⅔ gar ist. Es ist ein großer Fehler, Fleisch zu salzen, ehe man es auf den Spieß steckt, weil es dann vom Feuer ausgetrocknet wird.
Schwein und Fleisch von jungen Tieren wie Kalb- oder Lammfleisch muß stärker durchgebraten werden, weil es viel Feuchtigkeit enthält, dagegen brät man Rind- und Hammelfleisch weniger, damit es nicht zu trocken wird. Geflügel röstet man an der Flamme, aber nicht zu nahe, weil es sonst an Aroma verliert.
Hühnerfleisch gerät zarter und hat schönere Farbe, wenn man es in eine mit Butter bestrichene Folie hüllt. Ist das Huhn halbgar, nimmt man die Folie ab, salzt es, bestreicht es mit Fett und läßt es ohne Folie gar werden. Dasselbe gilt für Geflügel im allgemeinen. Es sollte in diesem Falle auch innen etwas gesalzen werden. Die Brust von Truthahn und Perlhuhn kann man mit Speck spicken. Junge Tauben und Masthühnchen werden auch kalt genossen.
Geröstetes Fleisch bewahrt besser seinen Nährwert als anders zubereitetes Fleisch und ist auch leichter verdaulich.

362 Roastbeef (I)

Dieses englische Wort ist als »rosbiffe« in die italienische Sprache eingedrungen und heißt einfach Ochsenbraten. Ein gutes Rosbiffe ist ein gehaltvolles Gericht und gehört an eine vorwiegend männlich besetzte Tafel, wo man sich nicht mit Kleinigkeiten zufriedengibt. Im übrigen gibt auch das beste Roastbeef den Zähnen Arbeit. Am besten geeignet ist das Lendenstück (wie für das Beefsteak alla fiorentina des Rezepts Nr. 385). Damit es zart gerät,

sollte es von einem jungen Tier stammen und mindestens 1 kg wiegen, dann trocknet es am Feuer nicht aus. Wenn man es aufschneidet, muß es eine schöne rosa Farbe haben und saftig genug sein. Um das zu erreichen, brät man bei starkem Feuer, so daß es gleich zu Beginn Farbe bekommt. Man streicht das Fleisch mit Öl ein und stellt die Schale zum Abtropfen unter. Am Ende gießt man noch eine Kelle Fleischbrühe darüber, die mit der vom Fleisch abgetropften Flüssigkeit zusammen als Sauce dient. Gesalzen wird, wenn es halbgar ist, aber sparsam, weil es an sich schon würzig genug ist. Man soll sich stets vor Augen halten, daß das wohltätige Salz zugleich ein schlimmer Feind der guten Küche sein kann. ½ Stunde bevor man die Minestra aufzutragen gedenkt, stellt man das Fleisch zum Feuer, das dürfte ausreichen, wenn das Stück nicht zu dick ist. Um zu prüfen, ob es gar ist, sticht man an der dicksten Stelle mit einer feinen Pikiernadel hinein, tut das aber nicht zu oft, um keinen Saft zu verlieren. Der austretende Saft darf nicht blutig und nicht dunkel sein. Die als Beilage gebrauchten Kartoffeln werden roh, mit Öl, gesondert gebraten. Man schält sie vorher; wenn es kleine sind, können sie ganz bleiben, sonst nimmt man Viertelstückchen.
Man kann Roastbeef auch im Backofen braten, dann wird es aber nicht so gut wie am Spieß. In diesem Fall gibt man Salz, Öl, 1 Stückchen Butter und geschälte Kartoffeln dazu und schüttet 1 Glas Wasser in den Tiegel.
Will man übriggebliebenes Roastbeef nicht kalt essen, so schneidet man es in Scheiben und wärmt es mit Butter, Fleisch- oder Tomatensauce auf.

363 Roastbeef (II)

Diese zweite Art ist meiner Ansicht vorzuziehen, weil das Roastbeef saftiger und würziger ist.
Wenn man das Fleisch auf den Spieß gesteckt hat, wickelt man eine nicht zu dünne, gut mit ausgelassener Butter bestrichene weiße Papierfolie (Anmerkung: Die von Artusi mehrmals angewendete Papierfolien wird man heute in den meisten Fällen durch Alu-Folie ersetzen können). Die Enden der Folie werden gut zuge-

bunden, dann brät man an starkem Feuer bei öfterem Drehen. Wenn das Fleisch halbgar ist, nimmt man die Folie ab, salzt und läßt es bräunen. Nachdem man es vom Feuer genommen hat, läßt man es gut zugedeckt noch 10 Minuten stehen und serviert erst dann.

364 Sfilettato mit Trüffeln

Die Florentiner Metzger nennen das Lendenstück vom Rind oder Kalb, von dem das Filet genommen wird, »sfilettato«.
Man nimmt also 1 dickes Stück Sfilettato und spickt es mit Trüffeln, besser weiße als schwarze. Die Stückchen sollen etwa 3 cm lang und spitz zugeschnitten sein. Zu jedem Trüffelstückchen kommt 1 Stückchen Butter, mit dem man den Spalt schließt, den man mit der Messerspitze in das Fleisch geschnitten hat, um die Trüffel einzuführen. Man macht auf der Außenseite Einschnitte, damit das Fleisch sich nicht wirft, bindet es zusammen und steckt es zum Braten auf den Spieß. Wenn es 3/4 gar ist, wird es mit Öl bestrichen und ganz wenig gesalzen, weil das Fleisch großer Tiere an sich schon würzig ist.

365 Kalbfleisch am Spieß

Kälber werden zu allen Jahreszeiten geschlachtet, sie sind aber im Frühling und Sommer besser genährt, fetter und auch von besserem Geschmack. Zum Braten am Spieß eignen sich am besten Lende und Hinterstück. Als Zutaten nur Öl und Salz. Man kann dasselbe Fleisch auch im Tiegel braten, dann spickt man es ein wenig mit Knoblauch und Rosmarin, nimmt Öl, Butter, etwas gehacktes Rauchfleisch, Salz, Pfeffer und Tomatensauce dazu. In der Flüssigkeit kocht man dann frische Erbsen. Diese Mahlzeit ist sehr beliebt.

366 Kalbsbrust im Backofen

Wenn ich wüßte, wer den Backofen erfunden hat, würde ich ihm auf eigene Kosten ein Denkmal setzen. Ich glaube, daß er es in unserem Jahrhundert der »monumento mania« mehr verdient als jeder andere.
Da es sich um eine Mahlzeit für den Familientisch handelt, läßt man das etwa 600 bis 700 g schwere Stück so, wie es ist, mit allen Knochen. Man spickt es mit 50 bis 60 g dünn geschnittenem Schinken, eher mager als fett, bindet es zusammen (Gespicktes nach innen), gießt großzügig das Fett von ausgelassenem Speck darüber und salzt es. Man stellt es in den Backofen, und 10 Minuten bevor man es herausnimmt, legt man geschälte, in Stücke geschnittene Kartoffeln dazu, die in dieser Sauce besonders gut werden.
Statt ausgelassenem Speck kann man Öl oder Butter nehmen, und wenn man nicht spicken will, salzt man entprechend mehr.

367 Lammbraten aus Arezzo

Lammbraten ist von Dezember bis Ostern gut, außerhalb dieser Zeit ist er nicht zu empfehlen.
Man nimmt 1 Keule oder ¼ Lamm und würzt es mit Salz, Pfeffer, Öl und einigen Tropfen Essig. Man sticht es hier und da mit dem Messer an und läßt es einige Stunden in dieser Flüssigkeit liegen. Dann steckt man das Fleisch auf den Spieß, nimmt ein Rosmarin-Ästchen, taucht es in die Flüssigkeit und bestreicht das Fleisch mehrmals damit, bis es gar ist. Das macht es nicht nur schmackhafter, vor allem verschwindet ein gewisser Geruch, der im Stall gehaltenen Tieren anhaften kann. Wem der Geschmack von Rosmarin zusagt, der kann das Fleisch auch mit einigen Ästchen Rosmarin spicken, die natürlich entfernt werden, wenn man serviert.

368 Hammelkeule

Die Jahreszeit für Hammel ist von Oktober bis Mai. Am Spieß gebratene Hammelkeule ist gesund und nahrhaft, vor allem für Menschen geeignet, die zu Fettleibigkeit neigen.
Vor dem Braten läßt man das Fleisch ein paar Tage mürbe werden, was zu einem gewissen Grad auch von der Temperatur abhängig ist. Ehe man die Keule auf den Spieß steckt, wird sie mit einem hölzernen Schlegel kräftig geklopft. Man häutet sie und nimmt, ohne zuviel zu zerschneiden, den inneren Knochen heraus. Das Fleisch wird zusammengebunden, aufgezogen und auf starke Glut gestellt. Erst wenn es zur Hälfte gar ist, vermindert man die Glut. Wenn das Fleisch anfängt, Feuchtigkeit abzusondern, die in einer Schale aufgefangen wird, benetzt man es damit und mit etwas entfetteter Fleischbrühe, aber mit sonst nichts. Gesalzen wird, wenn es gar ist. Man achte darauf, daß es weder blutig noch allzu stark gebraten ist. Die entstandene Sauce serviert man in einer gesonderten Schale.

369 Hase (I)

Am besten eignen sich die Hinterviertel zum Spießbraten, aber die Gliedmaßen dieses Wildbrets haben Häute, die vorher sorgfältig abgezogen werden müssen, ohne das Fleisch zu sehr zu verletzen. Vor dem Braten legt man das Tier 12 oder 14 Tage lang in eine wie folgt angesetzte Flüssigkeit (Beize): Man gießt in eine Kasserolle 3 Glas Wasser und ½ Glas Essig (je nach Größe des Bratens auch weniger), dazu 3 oder 4 gehackte Schalotten, 2 Lorbeerblätter (evtl. nur 1), 1 Sträußchen Petersilie, 1 Prise Pfeffer und wenig Salz. Man läßt alles 5 oder 6 Minuten kochen und gießt die Flüssigkeit über den Hasen, wenn sie kalt geworden ist. Vor dem Braten nimmt man ihn aus der Flüssigkeit, trocknet ihn ab und spickt ihn rundherum mit Speck bester Qualität. Er soll bei kleinem Feuer gar werden, wird entsprechend gesalzen und nur mit Rahm benetzt.
Es heißt, man solle die Leber des Hasen nicht essen, weil sie ungesund sei.

370 Hase (II)

Wenn der Hase mürbe ist, kann man die Hinterteile auf folgende Art braten, ohne sie vorher zu beizen. Die stärksten Häute werden von den äußeren Muskeln entfernt und das ganze Stück mit vorher gesalzenem Speck gespickt. Man zieht es auf den Spieß, wikkelt eine Folie darum, die mit Butter bestrichen und mit Salz bestreut wurde. Und sobald das Fleisch gar ist, wird sie wieder entfernt. Das Fleisch wird mittels eines Rosmarinzweigs mit ausgelassener Butter bestrichen, bräunen lassen, wobei man noch etwas nachsalzt.

371 Kaninchen am Spieß

Auch beim Kaninchen eignen sich nur die Hinterstücke zum Spießbraten. Sie werden mit Speck gespickt, mit Öl oder besser mit ausgelassener Butter bestrichen und erst gesalzen, wenn sie fast gar sind.

372 Gefüllte Rindskarbonade

500 g Karbonade, fingerdick, 200 g mageres Kalbfleisch, 30 g magerer und fetter Schinken, 30 g gesalzene Zunge, 30 g geriebener Parmesan, 30 g Butter, 2 Hühnerlebern, 1 Ei, 1 faustgroßes Stück frisches Brotmark

Man zerhackt 1 nußgroßes Stück Zwiebel, etwas Sellerie, Möhre und Petersilie, setzt alles mit der Butter zum Feuer, läßt es braun werden und legt das in Stücke geschnittene Kalbfleisch und die Hühnerlebern hinein, salzt und pfeffert. Man läßt das Fleisch mit etwas Fleischbrühe gar werden, hebt es heraus und zerkleinert es sehr fein mit dem Wiegemesser. Aus der verbleibenden Sauce macht man mit dem Brotteig einen festen Brei, dem, wenn nötig, etwas Fleischbrühe zugesetzt wird. Das zerkleinerte Fleisch, der Brei, das Ei, der Parmesan und der in Stückchen geschnittene Schinken und die Zunge werden verrührt. Damit ist die Füllung fertig. Das Rindfleisch taucht man kurz in Wasser; um es besser

bearbeiten zu können, klopft es dann mit dem Messerstiel und breitet es mit der Klinge aus. Man legt die Füllung mitten darauf, gibt ihr die Form einer kleinen Walze und packt sie, erst längs, dann quer, fest ein wie eine Wurst. Diese steckt man der Länge nach auf den Spieß und brät sie mit Öl und Salz.
Dieser delikate Rostbraten kann für 6 oder 7 Personen reichen.

373 Gefülltes Huhn am Spieß

Dieses Gericht paßt weniger in die Küche des Feinschmeckers als in die Familienküche. Für 1 Huhn mittlerer Größe baucht man ungefähr folgende Zutaten:

2 Würstchen (Salsicce, Rinder- oder Schweinemett), Leber, Kamm und Koller eines mittleren Huhns, 8–10 gut geröstete Kastanien,
1 ganze Trüffelknolle (evtl. getrocknete Pilze), Muskatwürze, 1 Ei

Wenn man statt eines Huhns einen Truthahn nimmt, verdoppelt man die Zutaten. Man beginnt damit, daß man die Würstchen und das Hühnerklein in Butter halbgar werden läßt, wobei man notfalls etwas Fleischbrühe zusetzt. Wegen der Salsicce (Gesalzenes) gibt man nur wenig Salz und wenig Pfeffer hinein. Man nimmt alles heraus und krümelt in das verbleibende Fett einen Klumpen Weißbrotmark, um 2 EL festen Brei anzurühren; wenn nötig, etwas Fleischbrühe dazugießen. Die Würstchen werden abgepellt, Hühnerklein und eingeweichte Pilze fein mit dem Wiegemesser zerkleinert, dann kommt alles zusammen mit Ei und Brei in den Mörser und wird zerstoßen – hat man keine getrockneten Pilze, sondern Trüffel, so werden sie nicht mit zerkleinert, sondern in dünne Scheibchen geschnitten, die roh bleiben. Damit hat man die Füllung für das Huhn. Diese Füllung läßt sich besser aufschneiden, wenn sie kalt ist, sie schmeckt dann auch besser.

374 Teufelshuhn

Es heißt so, weil es gewöhnlich mit scharfem Cayenne-Pfeffer und einer pikanten Salsa zubereitet wird. Wer es unvorbereitet ißt und spürt, wie sein Mund zu brennen anfängt, kommt leicht in Versuchung, Huhn und Koch zum Teufel zu wünschen. Die hier beschriebene Art ist einfacher und erheblich humaner.
Man nimmt ein Hähnchen oder ein junges Huhn, schneidet ihm Hals und Beine ab, schneidet es vorne ganz auf, nimmt es aus und drückt es flach. Dann wird es gewaschen, gut abgetrocknet und kommt auf den Rost. Sobald es braun zu werden beginnt, dreht man es um, streicht mit einem Pinsel Öl oder ausgelassene Butter darauf, gibt Pfeffer und Salz zu. Beginnt es auch auf der anderen Seite braun zu werden, dreht man es wieder um und behandelt die jetzt oben liegende Seite ebenso. So fährt man fort, wechselweise die Seiten einzufetten und zu würzen, bis das Huhn gar ist. Nimmt man statt des üblichen Pfeffers Cayenne, so wird das Gericht seinem Namen natürlich mehr gerecht.

375 Huhn alla Rudini

Dieses aus unerklärlichen Gründen auf einen solchen Namen getauftes Huhn (Anmerkung: Rudini war italienischer Staatsmann gegen Ende des 19. Jahrh.) ist ein einfaches, gesundes und delikates Gericht, darum beschreibe ich es trotzdem. Man nimmt ein junges Huhn und schneidet ihm Hals, Flügelspitzen und die Beine 2 fingerbreit vom Knie entfernt ab. Dann zerlegt man es in 6 Stücke, 2 aus den Flügeln und je ½ Brust, 2 aus den Schenkeln einschließlich der Hüften und 2 aus dem Vorderteil getrennten Rücken. Man entfernt die Hüftknochen und das Brustbein, die beiden Rückenstücke zerdrückt man.
Man verquirlt 1 Ei mit ½ Eierschale voll Wasser, bestäubt das Huhn mit Mehl, pfeffert und salzt ausreichend und legt es in das gequirlte Ei, bis es gebraucht wird. Dann wird es paniert. Man setzt eine Pfanne mit 100 g Butter auf und legt in das heiße Fett das Fleisch für einen Moment mit der Seite der Haut nach unten hinein. Man wendet sofort, deckt den Deckel auf die Pfanne und läßt

mit starker Oberhitze (geringer Unterhitze) etwa zehn Minuten braten. Man serviert mit Zitronenscheiben – es schmeckt kalt oder warm gleich gut.

376 Huhn im Mantel

Man nimmt ein ausgenommenes junges Huhn ohne Beine und Hals, bestreicht es mit zerlassener Butter, streut Salz darauf und gibt auch 1 Prise Salz ins Innere. Dann biegt man die Flügel an den Körper und wickelt 2 Scheiben eher fetten als mageren Schinken fest herum, nimmt den in Rezept Nr. 228 beschriebenen Teig, rollt ihn zur Dicke eines Geldstücks aus und bedeckt das Huhn damit, bestreicht es mit Eigelb und brät es bei mäßiger Hitze im Backofen. Man bringt es so auf den Tisch und zerlegt es erst dann.
Mir schmeckt es kalt besser als warm.

377 Perlhuhn

Dieser aus Numidien stammende Hühnervogel, der irrtümlich indisches Huhn genannt wird, war in der Antike das Symbol der brüderlichen Liebe. Als Meleagros, der König von Kalydonien, zu Tode gekommen war, beweinten die Schwestern ihn so sehr, daß sie von Diana in Perlhühner verwandelt wurden (Perle als Symbol der Träne). Die domestizierte Art, die noch halb wild und sehr unruhig ist, ähnelt dem Rebhuhn im Verhalten wie auch im Geschmack des delikaten Fleisches. Diese armen, wunderschönen Geschöpfe werden getötet, indem man ihnen die Kehle durchschneidet oder ihren Kopf unter Wasser hält. Vermeidbare Grausamkeiten sollten auch in der Küche vermieden werden. Das Fleisch dieses Geflügels muß mürbe gemacht werden. Im Winter hält es sich übrigens 5 oder 6 Tage ohne besondere Kühlung.
Am besten brät man das Perlhuhn am Grill oder am Spieß. Man legt ein eigens nachgesalzenes Stück Butter hinein, spickt die Brust mit Speck und hüllt sie in eine Folie, die mit Butter einge-

fettet und mit Salz bestreut wurde. Diese nimmt man ab, wenn das Huhn 2/3 gar ist, läßt es dann braun und gar werden, wobei man es mit Öl einstreicht und nachsalzt.
Auch Truthahn kann man auf diese Art grillen.

378 Gebratene Hausente

Die Ente von innen salzen, dann die Brust in dünne Speckscheiben wickeln, die von einem Bindfaden gehalten werden, mit Öl einfetten und erst salzen, wenn sie fast gar ist.
Wildente, die erheblich magerer ist und weniger Saft abgibt, sollte besser mit Butter gebraten werden.

379 Hausgans

Die Gans war schon zur Zeit des Homer domestiziert, und die Römer (388 v. Chr.) hielten sie als der Juno heiliges Tier auf dem Kapitol.
Die Hausgans ist im Gegensatz zu den Wildgänsen sehr füllig, so ergiebig und fett, daß sie bei den Israeliten das Schwein ersetzen konnte. Ich habe nur geringe Erfahrung damit, weil sie in Florenz nicht auf den Markt kommt und ihr Fleisch auch in der Toskana kaum gegessen wird. Ich habe sie aber gekocht gegessen, und sie schmeckte mir gut. Sie ergibt eine Fleischbrühe, die zu süß ist, aber gut entfettet und mit Rindfleisch gemischt gerät sie sehr gut.
Man teilte mir mit, daß man sie als Schmor- oder Grillbraten wie die Hausente behandeln soll und daß man am Rost ihre Brust mit Schinken spickt oder – für den, der Schinken ablehnt – mit Sardellen. Dann gibt man Öl, Pfeffer und Salz zu. In Deutschland füllt man sie zum Braten mit Äpfeln, aber wir Italiener müssen mit fetten Speisen, die schwer im Magen liegen, vorsichtig sein, wie die folgende Anekdote zeigt.
Einer meiner Bauern (Anmerkung: Es gab zu Artusis Zeiten noch abgabepflichtige Bauern »al terza«, »al quarto« etc.) wollte eines Jahres das Fest des heiligen Abtes Antonio besonders fei-

erlich begehen und lud seine Freunde, darunter auch den Verwalter, zu einer guten Mahlzeit ein.
Alles ging gut, denn es war auf das beste vorbereitet. Aber ein wohlhabender Bauer, dem die guten Speisen – und vor allem die Getränke – das Herz geweitet hatten, sagte zu seinem Tischgenossen: »Zum Fest San Giuseppe, der Schutzpatron meiner Pfarrei ist, will ich euch alle in meinem Haus sehen, und an diesem Tag wird es lustig.« Die Einladung wurde gerne angenommen, und am festgesetzten Tag fehlte nicht einer.
Als die Stunde des Festmahls herangekommen war, begann es wirklich lustig zu werden, denn die Vorspeise war bereitet mit Fleischbrühe von der Gans. Der Braten war von der Gans, das gekochte Fleisch war von der Gans, das Geschmorte war von der Gans, und wovon, denkt ihr, war das Gegrillte? Von der Gans! Ich weiß nicht, wie es den anderen erging, aber der Verwalter spürte gegen Abend etwas in seinem Leib, das ihm keine weitere Nahrungsaufnahme gestattete, und nachts brach in seinem Inneren ein Orkan los, der sich in Lauten, Winden, Regen- und Hagelschauern äußerte. Wer ihn am nächsten Tag sah, völlig abgeschlagen und mit hängenden Flügeln, durfte glauben, er sei selbst zu einer Gans geworden.
Berühmt sind die Straßburger Leberpasteten von Gänsen, die in einer langen, grausamen Behandlung gemästet werden.
Mir wurde einmal eine Gänseleber geschenkt, die aus dem Veneto kam und mit Herz und anhängendem Fett 600 g wog. Gemäß der mitgelieferten Anweisung briet ich sie auf folgende einfache Art: Zunächst setzte ich das grob zerschnittene Fett auf das Feuer, dann das zerteilte Herz und zum Schluß die Leber in dicken Scheiben. Als Würze nahm ich nur Pfeffer und Salz. Ich goß das überflüssige Fett ab und servierte mit Zitronenscheiben. Ich muß gestehen, daß es ein ganz delikater Leckerbissen war.
Über Gänseleber s. auch Rezept Nr. 226.

380 Puter

Der Truthahn gehört zur Gattung der Hühnervögel und zu den Leleagridae, einer Unterfamilie des Fasanes. Er ist nordamerikanischer Herkunft, sein Verbreitungsgebiet erstreckt sich vom Nordwesten der Vereinigten Staaten bis zur Landenge von Panama. Er hat den Namen Indisches Huhn, weil Columbus in dem Glauben, er könne einen Weg nach Ostindien entdecken, gen Westen segelte und das von ihm entdeckte Land den Namen Westindien bekam. Es scheint festzustehen, daß die Spanier diesen Vogel Anfang des 16. Jahrhunderts nach Europa brachten, und die ersten nach Frankreich ausgeführten Puter sollen einen Louisdor gekostet haben. Da dieses Tier so ziemlich alles frißt, was ihm vor den Schnabel kommt, hat das Fleisch eines schlecht genährten Truthahns keinen guten Geschmack, wird aber wohlschmeckend und sehr aromatisch, wenn er mit Mais und warmen Kleie-Kuchen ernährt wird. Man kann ihn auf alle Arten zubereiten: gekocht, geschmort, auf dem Rost und in der Pfanne. Das Fleisch der Henne ist besser als das des Hahns. Fleischbrühe von diesem Vogel ist besonders würzig, sie eignet sich gut zu einer Minestra aus Malfattini, Reis mit Kohl oder Rüben, Dinkelkorn, und wenn man sie mit Maismehl fariniert, kann man zwei Salsicce darin zerkleinern. Zum Kochen eignet sich am besten das Vorderteil mit den Flügeln, das das beste Fleisch hat. Zum Braten auf dem Rost oder am Spieß nimmt man besser die hinteren Partien. Im ersten Falle spickt man das Fleisch leicht mit Knoblauch und Rosmarin, außerdem gibt man gehacktes Würzfleisch (magerer Parmaschinken, Rauchfleisch oder Speck), etwas Butter, Salz und Pfeffer und aufgelöstes Tomatenmark dazu; im Bratfett röstet man Kartoffeln als Beilage. Spießbraten bestreicht man mit Öl und kann nach Belieben gebratene Polenta zugeben. Die Brust schließlich wird fingerdick ausgerollt und einige Stunden vor dem Grillen gut mit Öl, Salz und Pfeffer versehen. Sie ist als Imbiß geeignet, wenn man einmal etwas mehr trinken will. Man kann auch Leber und Magen dazu nehmen, den man klein aufschneidet, damit er die Würze besser annimmt.

Zum Schluß sei noch erwähnt, daß man jungen Truthahn wie das Perlhuhn als Ganzes am Spieß braten kann, wenn er das Gewicht von rund 2 kg nicht überschreitet.

381 Schweinefleisch in Milch gebraten

Man nimmt 1 Stück Lendenfleisch von etwa 500 g, salzt es und setzt es in einer Kasserolle mit 2½ dl Milch auf. Zudecken und langsam kochen lassen, bis die Milch verbraucht ist. Dann verstärkt man das Feuer, um das Fleisch zu bräunen, nimmt es heraus, schöpft das Fett ab und gießt in die Reste der geronnenen Milch einige Tropfen Wasser. Man rührt um, läßt aufkochen und bestreicht Brotschnitten damit, die nur leicht angeröstet sind und zum Schweinefleisch als Beilage gereicht werden.
Insgesamt 3 dl Milch sollten genügen. Das Schweinefleisch ist in dieser Zubereitung zart und bekömmlich.

382 Lamm orientalisch

Man hört, gegrillte, mit Butter und Milch bestrichene Lammschulter sei bei den Orientalen der beliebteste Leckerbissen. Darum habe ich es ausprobiert und zugeben müssen, daß man sowohl von der Schulter als auch von der Keule einen zarten, delikaten Spießbraten machen kann. Was die Keule betrifft, so habe ich sie auf folgende Art bereitet, die mir die beste scheint: Sie wird mittels Spicknadel ganz mit Speckstückchen gespickt, die vorher gepfeffert und gesalzen wurden. Dann bestreicht man das Fleisch mit Butter und Milch oder auch nur mit Milch und salzt es, wenn es halbgar ist.

383 Taube am Grill

Taubenfleisch ist wegen der großen Menge an Fibrin und Eiweiß sehr nahrhaft und wird vor allem Kranken und Genesenden empfohlen. In Machiavellis Lustspiel Clizia nimmt sich der alte Nicomaco vor, um einem verliebten Turiner gewachsen zu sein »mangiare uno pippione grosso, arrosto così verdemezzo che sanguigni un poco« (eine große Taube zu essen, so leicht gegrillt, daß sie noch etwas blutig ist). Man nimmt also 1 kräftige (aber noch junge) Taube, halbiert sie der Länge nach und drückt sie mit der

Hand flach. Dann legt man sie 4 oder 5 Minuten zum Braten in Öl, damit das Fleisch fest wird. So warm streut man Pfeffer und Salz darauf und bereitet folgende Mischung: 40 g Butter zergehen lassen, 1 Ei verquirlen und beides zusammengießen. Man legt die Taube einige Zeit hinein, wälzt sie dann in Semmelbrösel, grillt sie bei langsamem Feuer und serviert mit einer Salsa oder einer anderen Beilage.

384 Konservierte Leber

Jeder weiß, wie man Schweineleber mit Öl, Pfeffer und Salz würzt, sie in das »Netz« (Bauchfalte) hüllt und dann am Grill, am Spieß oder in der Pfanne brät. Aber nur wenige wissen, daß man sie einige Monate aufheben kann, wie es in der Gegend von Arezzo und vielleicht auch an anderen Orten praktiziert wird. Wenn sie gar ist, legt man sie in einen Tiegel und gießt kochend heiß das Fett von ausgelassenem Speck darüber.
Manche lieben es auch, Leber zwischen zwei Lorbeerblättern zu braten oder Fenchelsamen beizusetzen, aber das sind starke Gewürze, die nicht jedem bekömmlich sind.

385 Bistecca alla fiorentina

Aus dem englischen Wort Beefsteak, das man mit Ochsenrippe übersetzen könnte, ist unser Wort »bistecca« geworden, das nichts anderes ist als 1 ein oder 1½ Finger dickes Stück Karbonade mit Knochen, das von der Kalbslende stammt. Die Metzger von Florenz nennen das einjährige Rind Vitello, die etwa zweijährigen Bovine, sie bringen aber nicht für jedes Stück Fleisch einen Geburtsschein bei.
Dieses gesunde, schmackhafte und kräftige Gericht ist nicht in ganz Italien bekannt, vielleicht weil in den meisten Provinzen nur alte Arbeitstiere geschlachtet werden. Dort nimmt man Filet, weil es am zartesten ist, brät es eingerollt am Grill und nennt es unpassend gleichfalls Bistecca.
Um in den Genuß der wahren Bistecca fiorentina zu gelangen,

wäscht man es, trocknet es ab und legt es natural, ohne irgend etwas, bei starkem Feuer auf den Grill. Es wird mehrmals gewendet, bekommt Pfeffer und Salz erst, wenn es gar ist, und wird mit 1 Stückchen Butter darauf serviert. Es darf nicht zu stark gebraten werden, denn es ist sein Vorzug, daß es, wenn es zerschnitten wird, Saft auf dem Teller hinterläßt. Wenn man es vor dem Braten salzt, trocknet es über der Glut aus, wenn man Öl oder anderes Fett daran gibt, wird es talgig und unappetitlich.

Backwerk

386 Strudel

Erschreckt nicht, wenn euch diese Süßspeise etwas gepanscht vorkommt und wenn sie im fertigen Zustand unförmig daliegt wie ein riesiger Blutegel, ihr werdet sie trotzdem schätzen lernen.

500 g Renetten oder Äpfel guter Qualität, 250 g Mehl, 100 g Butter, 85 g Korinthen, 85 g Puderzucker, geriebene Zitronenschale, 2 oder 3 Prisen gemahlener Zimt

Man verrührt das Mehl mit warmer Milch, 1 nußgroßes Stück Butter, 1 Ei und 1 Prise Salz zu einem ziemlich festen Teig, den man etwas ruhen läßt. Dann rollt man ihn dünn aus wie den Teig für Taglierini. Die Äpfel werden geschält, das Gehäuse beseitigt, in dünne Scheiben geschnitten und so auf den Teig gelegt, daß die Ränder frei bleiben. Auf der Schicht der Äpfel verteilt man die Korinthen, die Zitronenschale, den Zimt, den Zucker und endlich die 100 g zerlassene Butter, von der man ein bißchen zurückbehält. Dann rollt man den Teig zusammen und bildet so eine Rolle, die man in eine Pfanne mit Butter legt, wo man sie, der Form der Pfanne entsprechend, in Kreisform auslegen muß. Mit der zuvor einbehaltenen Butter bestreicht man die ganze Außenseite des Strudels und stellt ihn in den Backofen. Wäre noch zu bemerken, daß sich die Korinthen oder Sultaninen von unseren Rosinen unterscheiden. Unsere sind klein und schwarz, die anderen doppelt so groß, hellbraun und gleichfalls kernlos.

387 Presnitz

Dieses Gebäck sah ich in der Auslage der ersten Konditorei von Triest, probierte es und fand es gut. Ich bat um das Rezept, versuchte es, und es geriet sehr gut. Wenn ich es euch also hier vermittle, spreche ich zugleich denen meinen Dank aus, die es mir gaben.

160 g Sultaninen, 130 g Zucker, 130 g geschälte Nüsse, 110 g fester Tortenboden (altback. Kuchen), 60 g Pinienkerne, 35 g Zitronat, 35 g Orangeat, 5 g Mischgewürze (Zimt, Nelken, Macis-Muskatöl), 2 g Salz, 1 dl Zypernwein, 1 dl Rum

Rum und Zypernwein werden gemischt, die gewaschenen Sultaninen darin eingeweicht. Man läßt sie einige Stunden stehen und nimmt sie heraus, wenn sie zu quellen anfangen. Die Pinienkerne werden gehackt, die kandierten Früchte (Zitronat und Orangeat) in winzige Stückchen geschnitten, Nüsse und Mandeln etwa auf Reiskorngröße mit dem Wiegemesser zerkleinert. Die Focaccia (altbackener Kuchen), wozu man »brioches« oder Mailänder Panettone nehmen kann, wird gerieben oder zerkrümelt. Die Sultaninen bleiben ganz. Es wird alles zusammengemischt und mit dem Rum und Zypernwein eingerührt.
Damit haben wir die Füllung, die jetzt in Blätterteig gehüllt werden muß, wozu man sich des Rezeptes Nr. 127 bedient, mit 160 g Mehl und 80 g Butter. Man rollt ihn lang, und zur Dicke eines Geldstücks aus, legt die Füllung darauf, daß sie wie eine kleine Wurst aussieht, und zieht anschließend die Ränder des Blätterteigs darüber und drückt sie zusammen. Der Umfang soll etwa 10 cm betragen. Man drückt den Kuchen etwas zusammen oder läßt ihn rund und legt ihn in Schlangenlinien in eine Pfanne mit Butter. Zuletzt streicht man ein Gemisch aus Eidotter und ausgelassener Butter darauf. Wenn man will, kann man aus der gleichen Menge auch zwei »Presnitz« machen, einen Hälfte dürfte für 6 oder 7 Personen reichen.

388 Krapfen (II)

Auf die folgende Art geraten sie besser als die nach Rezept Nr. 153, besonders wenn sie als Süßspeise dienen sollen, und die Kugeln sind runder, ohne oben eingedrückt zu sein.

200 g Weizenmehl, 50 g Butter, 20 g Bierhefe, weniger als 1 dl Sahne, 3 Eidotter, 1 TL Zucker, 1 gute Prise Salz

Die Hefe kommt mit 1 EL des Mehls und etwas von der Milch (lauwarm) in eine Tasse und kann nahe beim Feuer gären. Dann gibt man die Butter in eine Schüssel – im Winter im Wasserbad weich werden lassen – und rührt nacheinander die Eidotter hinein, darauf den Rest des Mehls, den auf das doppelte angewachsenen Gärteig, die Milch in kleinen Mengen, das Salz und den Zukker und knetet den Teig, bis er nicht mehr an der Schüssel haftet. Man streut einen feinen Mehlschleier darüber und stellt ihn zum Aufgehen an einen warmen Ort. Wenn er ausreichend gestanden hat, legt man ihn auf das Nudelbrett (mit Mehl einstreuen) und walzt ihn zu halber Fingerdicke aus. Dann nimmt man die Form des Rezepts Nr. 6 und sticht 24 Scheibchen aus. Auf die eine Hälfte legt man in die Mitte etwas Fruchtkonserve oder Konditorcreme, soviel wie eine kleine Nuß. Die Ränder näßt man mit einem in Milch getauchten Finger, deckt die leeren Scheibchen über die belegten und drückt die Ränder fest. Man läßt sie noch einmal aufquellen und bäckt sie dann in viel Öl oder Schmalz. Darauf streut man Puderzucker und bringt sie abgekühlt auf den Tisch. Nimmt man die doppelte Menge, so braucht man nur 30 g Hefe.

389 Savarin

Dieses Gebäck bekam seinen Namen zu Ehren von Brillat-Savarin. Geben wir uns also mit seinem französischen Namen zufrieden und empfehlen wir es seiner Güte und des schönen Aussehens wegen (der französische Schriftsteller Brillat-Savarin veröffenlichte 1826 die »Physiologie des Geschmacks oder Betrachtungen über transzendentale Gastronomie; ein theoretisches, historisches und zeitgemäßes Werk, allen Pariser Feinschmeckern gewidmet von einem Professor, Mitglied mehrerer gelehrter Gesellschaften«. d.Ü.). Wir benötigen dazu eine runde Form, die in der Mitte durchbrochen ist und doppelt soviel Fassungsvermögen hat, wie die Menge des Teigs ausmacht.

180 g Mehl, 60 g Butter, 40 g Zucker, 40 g süße Mandeln, 2 dl Milch, 2 Eidotter und 1 Eiklar, 1 Prise Salz, Bierhefe soviel wie 1 kleines Ei

Die Form wird mit ausgelassener Butter bestrichen, dann mit Mehl und Puderzucker ausgestreut. Auf den Boden legt man die in Stückchen geschnittenen geschälten Mandeln. Wenn man sie vorher röstet, ist es noch besser.
Man versetzt die Bierhefe mit etwas von der lauwarmen Milch und 1 guten Prise des Mehls, knetet einen Teig daraus, den man wie Rezept Nr. 391 (Babà) aufgehen läßt. Den Rest der Zutaten gibt man in eine Schüssel (die Milch nach und nach) und bearbeitet sie mit dem Rührlöffel. Man setzt den Gärteig hinzu, und wenn der Teig so gut durchgearbeitet ist, daß er sich leicht von der Schüssel löst, gießt man ihn über die Mandeln in der Kuchenform. Die Form kommt an einen Platz, der warm, aber nicht sehr warm sein soll, und muß vor Luftzug geschützt werden. Wichtig ist, daß dieses zweite »Aufgehen« 4 oder 5 Stunden dauert. Während der Teig dann im Backofen gar wird, bereitet man folgenden Sirup: 30 g Zucker werden mit Wasser (2 fingerbreit eines Glases) zum Kochen gebracht. Wenn der Zucker eingedickt ist, nimmt man ihn vom Feuer und läßt ihn abkühlen. Nachher gibt man 1 TL von mit Vanille versetztem Zucker und 2 EL Rum oder Kirsch hinein. Der Savarin wird gestürzt, und in warmem Zustand streicht man mit einem Pinsel den ganzen Sirup darüber. Man kann den Savarin warm oder kalt auf den Tisch bringen.
Obwohl die Menge gering ist, kann sie für 5 oder 6 Personen ausreichen. Wenn man merkt, daß der Teig mit der Milch etwas zu dünnflüssig wird, kann man einen Teil weglassen. Natürlich kann man auch die Mandeln weglassen.

390 Gâteau à la noisette

Dieser Süßspeise geben wir einen pompösen französischen Namen, der wirklich nicht unverdient ist.

125 g Reismehl, 170 g Zucker, 100 g Butter, 50 g süße Mandeln, 50 g geschälte Nüsse, 4 Eier, Vanille

Haselnüsse und Mandeln werden in warmem Wasser abgeschält und in der Sonne oder am Ofen gut getrocknet. Dann werden sie

fein zerstoßen und mit 2 EL Zucker unter das Reismehl gerührt. Die Eier werden mit dem Rest des Zuckers verrührt und kommen auch in den Teig, den man dann sehr gründlich mit dem Rührlöffel (Schaumschläger) durcharbeitet. Am Ende gießt man die zerlassene Butter hinein und verrührt auch sie sehr gut. Dann gießt man den Teig in eine glatte, runde Form, die etwas eng sein soll, damit er 4 oder 5 Finger hoch darin steht. Gebacken wird bei mäßiger Hitze, serviert wird kalt.
Die Menge reicht für 6 oder 7 Personen.

391 Babà

Diese Süßspeise verlangt, daß man »dabei bleibt«, mit anderen Worten: Zum Gelingen ist Geduld und Aufmerksamkeit erforderlich. Folgendes sind die Mengen:

250 g Mehl, 70 g Butter, 50 g Puderzucker, 50 g Korinthen (Sultaninen), 30 g Malagatrauben (Kerne entfernen), 30 g Hefe, etwa 1 dl Milch (besser Rahm), 2 Eier und 1 Eidotter, 1 EL Marsala,
1 EL Rum oder Cognac, 10 g kandierte Früchte (Scheibchen schneiden),
1 Prise Salz, Vanille

Mit dem Mehl und etwas angewärmter Milch rührt man die Bierhefe an (Anmerkung: Artusis Bierhefe entspricht genau der heutigen Bäcker- oder Preßhefe) und bildet einen festen Laib daraus. Darauf ritzt man mit dem Messer ein Kreuzchen ein, nicht etwa aus Hexenfurcht, sondern um später sehen zu können, ob er gut aufgegangen ist. Um das zu erreichen, stellt man ihn mit ein bißchen Milch in einer Schüssel in die Nähe des Ofens, aber nicht zu warm. Während er gärt, was etwa ½ Stunde dauert, verrührt man in einer Schüssel die Eier und dann nacheinander den Zucker, den Rest des Mehls, den aufgegangenen Hefeteig, die geschmolzene, noch warme Butter, den Marsala und den Rum. Wird der Teig zu fest, so verlängert man ihn etwas mit warmer Milch. Er wird mit dem Rührlöffel so lange durchgearbeitet, bis er sich von der Schüssel löst, dann setzt man ihm als letztes die Trauben und die kandierten Früchte zu und läßt ihn gehen. Wenn er aufgegangen

ist, gießt man ihn mit Hilfe des Rührlöffels in die Form, die mit Butter ausgestrichen und mit Mehl und Puderzucker eingestäubt wurde.
Die Form muß so groß sein, daß sie die doppelte Menge des Kuchenteigs aufnehmen kann. Man deckt einen Topf darüber, damit kein Zug daran kommen kann, und läßt den Teig noch einmal etwa zwei Stunden stehen, während dieser Zeit geht er weiter auf. Zu diesem Zweck stellt man ihn ziemlich warm, vielleicht in den wenig geheizten Backofen. Der Teig wächst an bis zum Rand der Kuchenform; bis er endgültig gebacken wird, darf er keinen Zug mehr bekommen, weil er sonst zusammenfällt. Gar ist er, wenn man ihn mit einem Messerchen ansticht und dieses trocken bleibt. Dennoch läßt man ihn bei schwacher Hitze noch eine Weile im Ofen, so daß er austrocknet, was wegen seiner Größe notwendig ist. Wenn der Babà aus der Form und gelungen ist, muß er die Farbe einer Brotrinde haben. Man bestreut ihn noch mit Puderzukker und genießt ihn kalt.

392 Marzipan-Blätterteig

Den Blätterteig macht man nach Rezept Nr. 126. Wenn er ausgerollt ist, schneidet man ihn in zwei Scheiben von Tellergröße. Auf eine dieser Scheiben streicht man mit einigem Abstand vom Rand das Marzipan nach Rezept Nr. 401, etwa 1 cm dick. Nun deckt man die zweite Scheibe Blätterteig darüber, näßt die Ränder mit einem in Wasser getauchten Finger und drückt sie zusammen. Die Oberseite des Blätterteigs wird mit gequirltem Eidotter bestrichen, dann bäckt man den Kuchen und streut nachher Puderzucker darüber. Die Menge sollte für 7 oder 8 Personen reichen. Diese Süßspeise (Dolce) wird als Delikatesse gelobt.

393 Knusprige Plätzchen (I)

500 g Mehl, 220 g Puderzucker, 30 g Butter, 1 Prise Anis, 5 Eier, 1 Prise Salz, 120 g ganze Mandeln, einige Pinienkerne

Die Mandeln und Pinienkerne werden erst später gebraucht, alles übrige verrührt man mit 4 Eiern, des fünften bedient man sich, wenn der Teig weicher werden soll. Man bildet 4 fingerdicke, handgroße Teigkuchen, brät sie mit Butter in der Pfanne, fariniert sie und bestreicht sie oben mit Eidotter.
Man brät sie nicht zu sehr, damit man sie in Scheiben schneiden kann, was am besten am nächsten Tag geschieht, wenn sich die Kruste besser schneidet. Die Scheiben werden dann auf beiden Seiten leicht getoastet, und die Biscotti croccanti sind fertig.

394 Knusprige Plätzchen (II)

400 g Mehl, 200 g Zucker, 80 g Butter, 40 g Mandeln, 30 g Sultaninen, 20 g Pinienkerne, 20 g kandierter Kürbis oder Zitronat, 1 Prise Anis, 2 EL Weingeist, 1 knapper TL Natron, 1 Ei und 3 Dotter

Diese Plätzchen sind feiner als die vorigen, sie lassen keinen Wunsch offen. Die in warmem Wasser gehäuteten Mandeln und die Pinienkerne bleiben ganz, das Kandierte wird in Stückchen geschnitten. Man häuft das Mehl an, macht oben eine Vertiefung und gibt Eier, Zucker, Butter, Weingeist und Natron hinein. Der Teig wird verknetet, aber nicht übermäßig. Dann macht man eine Öffnung, bringt darin verteilt den Rest der Zutaten unter und rollt den Teig zu einer etwa 1 Meter langen, etwas plattgedrückten Stange aus, die man in 4 oder 5 Stücke aufteilt, wie sie in die Pfanne passen. Sie werden mit Eidotter bestrichen und gebacken. Anschließend schneidet man zentimeterdicke Scheiben in der üblichen Biskuitform und toastet auf beiden Seiten leicht.

395 Zarte Kekse

Für diese Biscotti sollte man ein ungefähr 10 cm breites Blechkästchen haben, das etwa so lang ist wie der Durchmesser des Backofens, damit es hineinpaßt. Wenn man nachher 1½ cm dicke Scheiben schneidet, haben die Plätzchen die richtige Form.

40 g Weizenmehl, 30 g Kartoffelmehl, 90 g Zucker, 40 g süße Mandeln, 20 g Orangeat oder Zitronat, 20 g Marmelade, 3 Eier

Die Mandeln werden wie üblich geschält, halbiert und in der Sonne oder am Ofen getrocknet. Die Konditoren lassen gewöhnlich die braune Haut daran, aber man muß sie da nicht nachahmen, denn die Schalen kleben oft am Gaumen fest und sind unverdaulich. Das Kandierte und die Marmelade (die ebenfalls fest sein soll, etwa Quitte) werden in kleine Stückchen geschnitten. Zunächst verrührt man mindestens ½ Stunde lang die Eidotter mit dem Zucker und etwas Mehl, dann gibt man die zu festem Schaum geschlagenen Eiklar dazu und wenn sie gut verteilt sind das Mehl, das man durchsiebt. Langsam umrühren, dabei Mandeln, Kandiertes und Marmelade hineinstreuen. Das Blechkästchen wird mit Butter bestrichen und mit Mehl bestäubt. Die Scheiben werden erst am nächsten Tag aufgeschnitten und können nach Belieben auf einer oder auf beiden Seiten getoastet werden.

396 Biscotti

Sie sind nicht teuer, leicht zu backen und trotzdem sehr praktisch, da man sie zum Tee oder einem anderen Getränk nehmen kann und weil sie eingeweicht wunderbar schmecken.

250 g Mehl, 50 g Butter, 50 g Staubzucker, 5 g Ammoniak (Hirschhornsalz oder Backpulver), 1 Prise Salz, Vanilleschote oder Vanillezucker, 1 dl warme Milch

Man häuft das Mehl an, macht eine Vertiefung und gibt alle Zutaten hinein, außer der Milch, die man nach und nach nimmt, um den Teig anzurühren, der weich sein soll und stark bewegt werden muß, damit er fein wird. Dann rollt man ihn zur Dicke eines Geldstücks aus, wobei man nach Bedarf Mehl darüber streut. Als letztes geht man mit der Rillen-Walze darüber, man kann aber auch mit einem Reibeisen oder einer Gabel Muster darauf ziehen. Dann werden die Küchlein in gefällige Formen geschnitten, oder man zerschneidet den Teig in gut fingerlange, 2 cm breite Streifen, wie ich es tue. So werden sie ohne Fett gebacken (Anmerkung: Artusi verwendet das Wort Biscotto – Kuchen – auch für nur einmal Gebackenes.)

397 Gesundheitskuchen

Freut euch, denn mit diesem Biscotto werdet ihr niemals sterben, oder ihr werdet so alt wie Methusalem. Würde mich ein indiskreter Mensch, der sieht, daß ich noch gesund und recht beweglich bin, nach meinem Alter fragen, wo würde ich tatsächlich antworten: »So alt wie Methusalem, der Sohn des Enoch.«

350 g Mehl, 100 g brauner Zucker, 50 g Butter, 10 g Weinsteinrahm, 5 g Natron, 2 Eier, Vanillezucker (wenig), Milch

Man vermischt den Zucker mit dem Mehl, macht eine Vertiefung und gibt die übrigen Ingredienzien hinein, die man mit Milch zu einem nicht zu festen Teig rührt, dem man die Form eines etwa ½ m langen Zylinders gibt. Gebacken wird in einer Pfanne mit etwas Butter; dazu schneidet man die Rolle in 2 Stücke, damit sie in die Pfanne passen, legt sie aber nicht zu nahe zusammen, weil sie aufgehen. Am Tag darauf zerschneidet man die Rollen in etwa 30 Scheiben und toastet sie.

398 Biscotto alla Sultana

Der Name ist zwar pompös, aber nicht unverdient.

150 g Puderzucker, 100 g Weizenmehl, 50 g Kartoffelmehl, 80 g Sultaninen, 20 g Kandiertes, 5 Eier, etwas geriebene Zitronenschale, 2 EL Rum oder Cognac

Zuerst setzt man die Sultaninen und das Kandierte (auf die Größe von Wassermelonen-Kernen zerkleinert) mit so viel Cognac oder Rum auf das Feuer, daß es gerade bedeckt ist. Wenn der Alkohol kocht, zündet man ihn an und läßt ihn abseits vom Ofen brennen,

bis die Flüssigkeit verzehrt ist. Dann legt man den Inhalt zum Abtrocknen in ein zusammengefaltetes Tuch. Man verrührt die Eidotter, den Zucker und die Zitronenschale ½ Stunde lang. Das Eiklar wird mit dem Schaumschläger zu einer festen Masse verarbeitet und dem Gemisch zugesetzt. Dann siebt man Weizen- und Kartoffelmehl hinein und rührt dabei ganz langsam um, damit sich alles gut verbindet, ohne daß man es zu sehr aufwühlt. Zuletzt kommen die Sultaninen und das Kandierte mit den oben erwähnten 2 EL Rum oder Cognac dazu. Man gießt den Teig in eine glatte Form oder eine Kasserolle, die dem Kuchen eine hohe, rundliche Gestalt geben. Die Form wird zuvor mit Butter ausgestrichen und mit Mehl und Puderzucker bestäubt. Der Kuchen muß dann sofort in den Ofen, damit die Sultaninen und das Kandierte nicht auf den Boden der Form absinken. Geschieht das trotzdem, so läßt man beim nächsten Mal ein Eiklar fort.
Diese Süßspeise wird kalt verzehrt.

399 Brioches

300 g Mehl, 150 g Butter, 30 g Hefe, 20 g Zucker, 5 g Salz, 6 Eier

Man rührt die Hefe mit warmem Wasser in ein Viertel des Mehls und bildet daraus einen festen, runden Laib, auf dem man oben einen kreuzweisen Einschnitt macht. Er wird in einer kleinen Kasserolle mit einem Mehlschleier am Boden zum Gären an einen »lauwarmen« Platz gestellt.
In das übrige Mehl macht man oben eine Vertiefung, gibt den Zucker, das Salz und 1 Ei hinein und vermischt es, schneidet die Butter in kleinen Stückchen dazu und beginnt das Mehl einzuarbeiten, zuerst mit einer Messerklinge, dann mit den Händen. Dieser Teig kommt in eine Schüssel, wo man ihn besser durchkneten kann. Wenn der zuvor angesetzte Hefeteig auf das Doppelte gequollen ist, wird auch er von Hand eingeknetet, wobei nacheinander auch die Eier zugesetzt werden. Die Schüssel wird zugedeckt und kommt an einen warmen (nicht zu warmen) Platz. Ist der Teig ausreichend gegangen, so nimmt man kleine Mengen ab, die man in etwa 20 Blechförmchen füllt, die zuvor mit Butter oder zerlasse-

nem Speck ausgestrichen und mit einer Mischung aus Mehl und Puderzucker eingestreut wurden.
Die kleinen Kuchen müssen noch eine Weile gehen, werden mit Eidotter bestrichen, damit sie schön goldgelb werden, und im Backofen herausgebacken.

400 Torta ricciolina (I)

Von der Torta ricciolina gebe ich euch zwei Rezepte, denn ich wollte das erste, das ich einen professionellen Koch ausführen ließ, etwas abwandeln, um es in Aussehen und Geschmack zu verbessern.

120 g geschälte süße Mandeln (ein paar bittere dabei),
170 g Puderzucker, 70 g Kandiertes, 60 g Butter, Zitronenschale

Aus Mehl und 2 Eiern knetet man einen Teig und macht daraus Taglierini der feineren Art (dünner, schmaler), wie man sie für Minestra in Fleischbrühe nimmt.
In einer Ecke des Nudelbretts häuft man die Mandeln, den Zukker, das in Stückchen geschnittene Kandierte und die geschabte Zitronenschale und zerkleinert alles mit dem Wiegemesser und der Rolle auf die Größe von Weizenkörnern. Darauf nimmt man eine Bratpfanne ohne Fett, wenn sie groß ist, breitet man nur in der Mitte eine Schicht von Taglierini aus, auf die man die vorbereiteten Zutaten schichtet. Es folgt eine zweite Lage Taglierini und darauf wieder eine Lage Zutaten und so weiter, solange es reicht. Die Torte soll rund und wenigstens 2 Finger dick werden. Auf das derart Vorbereitete gießt man die zerlassene Butter und verteilt sie mit einem Pinsel gut auf der ganzen Oberfläche, so daß sie gleichmäßig eindringen kann.
Man bäckt die Torte, streut in warmem Zustand ausgiebig Puderzucker darüber und serviert, wenn sie abgekühlt ist.

401 Torta ricciolina (II)

Man bereitet einen Mürbeteig aus:

170 g Mehl, 70 g Zucker, 60 g Butter, 25 g Speck, 1 Ei

Einen Teil davon gibt man in die vorher mit Butter ausgestrichene Form, die einen Durchmesser von 20 bis 21 cm haben soll. Den Teig nicht dicker als ein Geldstück ausrollen. Darauf streicht man das nach folgendem Rezept bereitete Marzipan:

120 g geschälte süße Mandeln (mit drei bitteren), 100 g Zucker, 15 g Butter, 15 g Orangeat (kandierte Orangenschale), 1 Eidotter

Man zerstößt die Mandeln mit dem Zucker im Mörser, gibt danach das in Stückchen geschnittene Orangeat hinein und verrührt alles mit der Butter, dem Eidotter und 1 EL Wasser. Aus dem Rest des Mürbeteigs bildet man einen Ring, den man mit einem in Wasser getauchten Finger ringsum an den Rand der Form heftet. Das in der Mitte aufgetragene Marzipan bedeckt man mit einer ½ Finger dicken Schicht sehr feiner Taglierini, die nur eine Bereicherung, nicht die Substanz des Kuchens sein sollen. Sie werden mit 20 g flüssiger Butter überzogen, die mit einem Pinsel verteilt wird. Die Torte wird bei mäßiger Hitze gebacken und danach mit 10 g zerkleinertem Zitronat bestreut und mit Puderzucker dem etwas Vanille beigesetzt ist. Erst einen oder zwei Tage später servieren.

402 Torta alla marengo

Man macht einen Mürbeteig aus der halben Menge des Rezepts Nr. 406 A. Dann bereitet man eine Creme mit folgenden Mengen:

4 dl Milch, 60 g Zucker, 30 g Mehl, 3 Eidotter, etwas Vanille

Man nimmt 100 g spanisches Brot nach Rezept Nr. 409 und schneidet es in ½ cm dicke Scheiben. Eine Form mittlerer Größe wird mit Butter ausgestrichen und der Boden mit einer dünnen

Schicht aus Teig bedeckt. Ringsherum legt man an den Rand der Form einen Ring aus demselben Teig, 1 Finger breit, 2 Finger hoch, den man mit einem in Wasser getauchten Finger an das Metall heftet.
Der Teig auf dem Boden wird mit der Hälfte der dünnen Schnitten bedeckt, die mit Melissenlikör angefeuchtet sind. Darauf wird die Creme ausgestrichen und darüber die restlichen Kuchenschnitten gelegt, die ebenfalls mit Melissenlikör besprengt sind. 2 der 3 Eiklar, die beim Zubereiten der Creme übrig blieben, werden mit dem Rührbesen geschlagen, sobald der Schaum fest genug ist, rührt man langsam 130 g Puderzucker ein und bedeckt mit dieser Marenga den Kuchen – den Rand läßt man frei, um ihn mit Eigelb zu bestreichen. Der Kuchen kommt in den Backofen. Wenn die Marenga sich verfestigt hat, deckt man eine Folie darüber, damit sie nicht braun wird.
Die Torte erst abkühlen lassen, bevor man sie aus der Form nimmt, mit etwas Puderzucker bestäuben. Die sehr süße Torta ist zwar nach dem Ort Marengo benannt, meines Wissens aber nicht, weil er ein Schlachtort war.

403 Torte mit Pinienkernen

Diese Torte findet in manchen Konditoreien reißenden Absatz. Wer in diesen Dingen nicht bewandert ist, möchte glauben, sie sei von einem Professor an der Sorbonne erfunden. Ich kann euch trotzdem das genaue Rezept vermitteln.

½ l Milch, 100 g Grieß (mittleres Korn), 65 g Zucker, 50 g Pinienkerne, 10 g Butter, 2 Eier, 1 Prise Salz, Vanillegeschmack

Der Grieß muß nicht genau abgewogen, aber körnig und fest sein. Die Pinienkerne werden mit dem Wiegemesser auf die Größe eines halben Reiskorns zerkleinert. Wenn der Grieß in der Milch gar geworden ist, setzt man alle übrigen Ingredienzien zu, als letztes die Eier, die schnell eingerührt werden müssen.
Man macht einen Mürbeteig aus:

200 g Mehl, 100 g Butter, 100 g Zucker, 1 Ei

Wenn das Flüssige nicht ausreicht, um das Mehl anzurühren, setzt man einige Tröpfchen Weißwein oder Marsala hinzu.
Man nimmt eine Form, die so groß ist, daß der Kuchen nur fingerdick wird. Sie wird mit Butter ausgestrichen und der Boden mit einer dünnen Schicht Teig bedeckt. Darauf schüttet man den Grieß mit Zutaten, den noch übrigen Mürbeteig zerschneidet man in schmale Leisten, aus denen man ein Gitternetz über den Kuchen legt. Dies wird mit Eidotter bestrichen und der Kuchen gebacken. Man streut noch Puderzucker darüber und läßt die Torte vor dem Servieren abkühlen.

404 Schweizer Torte

Ob sie nun aus der Schweiz stammt oder nicht, mir hat sie jedenfalls zugesagt. Man macht einen ziemlich kompakten Teig aus:

300 g Mehl, 100 g Butter, 1 Prise Salz, geriebene Zitronenschale, genug Milch zum Anrühren

Wenn der Teig fertig ist, läßt man ihn ein bißchen ruhen.
Man nimmt eine Form mittlerer Größe, streicht sie mit Butter aus und bedeckt den Boden gut 2 Geldstücke dick mit dem Teig. Aus dem Rest des Teigs bildet man einen äußeren Kranz um den Kuchen und verteilt darauf 500 g geschälte und in nußgroße Stückchen geschnittene Renetten oder eine andere Apfelsorte erster Qualität. Darüber streut man 100 g Zucker, der mit 2 Prisen pulverisiertem Zimt versetzt ist, und gießt noch 20 g zerlassene Butter nach.
Die Torte kann warm oder abgekühlt für 6 oder 7 Personen serviert werden.
Den Pulverzimt, die Zitronenschale und die flüssige Butter auf den Äpfeln habe ich selbst zugesetzt. Ich meine, das schweizerische Rezept wird dadurch nicht schlechter.

405 Süßspeise neapolitanisch

Diese Süßspeise sieht gut aus und schmeckt auch so.

120 g Zucker, 120 g Mehl, 100 g süße Mandeln, 4 Eier

Die gehäuteten Mandeln werden an der Sonne oder im Ofen getrocknet, dann nimmt man 1/3 (die größten) und teilt sie in ihre natürlichen Hälften. Die übrigen werden in dünne Scheiben geschnitten. Die Eier und den Zucker setzt man in einer Metallschüssel (Kupfer, Messing) auf den Ofen, so daß sie 20° warm werden und schlägt sie länger als 1/4 Stunde mit dem Rührbesen. Man nimmt die Mischung ab, rührt das Mehl ein und gießt sie in eine glatte, runde oder ovale Form, die vorher mit Butter ausgestrichen und mit Mehl und Puderzucker (je 1 TL voll vermischt) eingestäubt wurde. Die Form sollte so groß sein, daß der gegarte Kuchen etwa 4 Finger dick ist. Nach dem Backen läßt man ihn gut abkühlen und schneidet ihn dann horizontal in 1 cm dicke Scheiben.
Darauf bereitet man eine Creme aus folgenden Zutaten:

2 Eidotter, 3 dl Milch, 60 g Zucker, 15 g Mehl, 10 g Butter, Vanilleschote

Diese Creme gießt man heiß auf die Oberseite der Scheiben und setzt den Kuchen dann wieder zusammen, indem man eine auf die andere legt.
Die Creme gerät besser, wenn man zuerst die Butter mit dem Mehl zusammen sieden, aber nicht braun werden läßt. Dann läßt man abkühlen (lauwarm), gibt die Eidotter, die Milch und den Zucker dazu und setzt alles zusammen wieder auf das Feuer.
Jetzt muß man die ganze Außenseite des Kuchens mit einer Glasur überziehen. Dazu kocht man in einem kleinen Topf 230 g Zukker mit 1 dl Wasser ein, bis die Flüssigkeit zwischen den Fingern etwas klebt, aber noch keine Fäden zieht – ein anderes Kennzeichen für die richtige Dichte ist, daß sie nicht mehr dampft und große Blasen wirft. Die Flüssigkeit wird abgenommen, wenn sie abzukühlen beginnt, preßt man den Saft 1/4 Zitrone hinein und rührt um, bis sie schneeweiß geworden ist. Wenn sie einem unter

der Hand zu fest wird, gießt man etwas Wasser darauf. Man schüttet die in Scheibchen geschnittenen Mandeln hinein, vermischt sie gut und bestreicht mit dem Gemisch den Kuchen. Die halbierten Mandeln steckt man senkrecht in die Oberseite.
Statt der Creme kann man eine Fruchtkonserve nehmen, aber mit Creme schmeckt die Torte besonders gut, und ich rate, einen Versuch zu machen.

406 Mürbeteig

Ich gebe euch hier drei verschiedene Rezepte für Mürbeteig und überlasse euch die Wahl, je nachdem, wie ihr ihn verwenden wollt. Als das feinste muß ich aber das dritte Rezept empfehlen.

Rezept A

500 g Mehl, 220 g weißer Zucker, 180 g Butter, 70 g Speck, 2 Eier und 1 Dotter

Rezept B

250 g Mehl, 125 g Butter, 110 g weißer Zucker, 1 Ei und 1 Dotter

Rezept C

270 g Mehl, 115 g Zucker, 90 g Butter, 45 g Speck, 4 Eidotter, geriebene Orangenschale

Man erspart sich Schwierigkeiten, wenn man den Zucker vorher im Mörser fein zerreibt – ich nehme Staubzucker – und mit dem Mehl vermischt. Wenn die Butter hart ist, wird sie vorher mit einer in Wasser getauchten Hand auf dem Nudelbrett pastos geknetet. Der Speck darf, auch wenn er ausgelassen wird, keine Spur ranzig sein. Aus allem zusammen macht man ein Gemisch, das so wenig wie möglich bearbeitet wird. Deshalb ist es zweckmäßig, sich beim Einrühren von Anfang an der Klinge eines Tafelmessers zu bedienen. Wenn möglich, setzt man den Teig einen Tag früher an, als man ihn braucht. Das Stehen in rohem Zustand schadet ihm nichts, er läßt sich sogar leichter backen, weil er noch mürber wir. Braucht man ihn für Pasteten, Crostate (der eigentliche Mürbeteigkuchen) oder Torten, so rollt man ihn erst mit der glatten Nudelrolle aus, danach den Teil der später nach oben oder außen kommt noch mit der linierten oder gemusterten Rolle, die Ober-(Außen-)Seite wird immer mit Eidotter »vergoldet«. Nimmt man Puderzucker, so wird der Teig besser. Reste kann man mit einem Tröpfchen Weißwein oder Marsala wieder zusammenfügen, damit man nicht zu viel herumkneten muß. Diese Weine eignen sich auch, den Teig noch mürber zu machen.

407 Plätzchen aus gelbem Mehl (I)

200 g Maismehl, 150 g Weizenmehl, 150 g Puderzucker, 100 g Butter, 50 g Speck oder Schmalz, 10 g Anis, 1 Ei

Die beiden Mehlsorten, der Zucker und Anis werden gemischt und dann mit der Butter, dem Schmalz und dem Ei verknetet, man nimmt aber von dem Mehl nur soviel, wie sich ohne weiteren Zusatz von Flüssigkeit verarbeiten läßt, und macht einen Laib daraus, den man beiseite stellt. Die Reste rührt man mit etwas Weißwein und Wasser an und bildet einen zweiten Laib, den man nun mit dem ersten vermengt und so wenig wie möglich bearbeitet. Der ganze Teig muß ziemlich weich bleiben. Man rollt ihn auf dem mit gemischtem Mehl bestreuten Nudelbrett zur Dicke von einem ½ Finger aus und stanzt mit Blechförmchen verschiedener Form und Größe kleine Kuchen aus. Die Form oder das Blech wird mit dem Schmalz eingestrichen, mit Mehl bestäubt, dann legt man die Kuchen darauf, bestreicht sie mit Eidotter und bäckt sie. Wenn sie gebacken sind, streut man Puderzucker darüber.

408 Plätzchen aus gelbem Mehl (II)

Diese sind leckerer als die vorigen.

200 g Maismehl, 100 g Butter, 80 g Staubzucker,
10 g getrocknete Holunderblüten, 2 Eidotter

Wenn der Teig zu fest wird, gibt man einen Tropfen Wasser zu. Er wird etwas dicker als ein Geldstück ausgerollt und in Scheibchen geschnitten wie der in Rezept Nr. 433, denn auch diese Plätzchen sind als Teegebäck zu verwenden, das man, um es ansehnlicher zu machen, an der Oberfläche mit der Gabelspitze oder mit einem Reibeisen »mustert«.
Die Blätter des Holunders sind harn- und schweißtreibend und bei Kräuterweiblein käuflich.

409 Spanisches Brot

6 Eier, 170 g Puderzucker, nach Belieben geriebene Zitronenschale

Zuerst werden die Eidotter mit dem Zucker verrührt, dann setzt man das Mehl zu, das zuvor noch eigens in der Sonne oder am Ofen ausgetrocknet wurde. 2 EL voll von dem nichtbenützten Eiklar werden zu Schaum geschlagen und werden nach etwa halbstündigem Kneten dem Teig zugesetzt, um ihn geschmeidiger zu machen, der Rest nach und nach bei der weiteren Bearbeitung.
Man kann die Eier auch am Feuer schlagen, wie im Rezept Nr. 405 für Süßspeise neapolitanisch.

410 Kuchen

6 Eier, 250 g Puderzucker, 100 g Weizenmehl, 50 g Kartoffelmehl,
30 g Butter, geriebene Zitronenschale

Wenigstens ½ Stunde lang werden die Dotter mit dem Zucker und 1 EL Mehl durchgerührt. Das Eiklar wird zu einem festen Schaum geschlagen und zugesetzt. Man mischt behutsam, und wenn der Schnee aufgenommen ist, setzt man Weizen- und Kartoffelmehl zu, beides zuvor in der Sonne oder am Ofen getrocknet und durchgesiebt. Der Teig kommt 3 Finger hoch in eine Form, die vorher mit Butter (zerlassen und abgekühlt) ausgestrichen und mit Puderzucker und Mehl (gemischt) bestreut wurde. Man kann diesen Kuchen mit geschlagenem Eischnee auch anders bereiten: Zunächst werden die Dotter und der Zucker verrührt, dann kommt das Mehl dazu, wenn es gut durchgearbeitet ist, schlägt man die Eiklar zu einem festen Schnee, gibt zuerst 2 EL in den Teig, um ihn wieder weicher zu machen, und dann nach und nach den Rest – langsam einkneten.

411 Schokoladenplätzchen

6 Eier, 200 g Puderzucker, 150 g Weizenmehl, 50 g dunkle Schokolade

Die Schokolade wird geschabt, kommt mit dem Zucker und den Eidottern in eine Schüssel und wird verrührt. Dann setzt man das Mehl zu und arbeitet den Teig mehr als ½ Stunde gut durch. Endlich mischt man den festgeschlagenen Eischnee langsam darunter. Das Backen bereitet keine Schwierigkeiten.

412 Panettone Marietta

Marietta ist eine tüchtige Köchin und dabei so gut und fleißig, daß ich dieses Gebäck, dessen Herstellung ich von ihr gelernt habe, nach ihr benennen möchte.

300 g feines Mehl, 100 g Butter, 80 g Zucker, 80 g Sultaninen, 1 Ei und 2 Dotter, 1 Prise Salz, 10 g Weinsteinrahm (Cremor di tartaro), 1 TL oder knapp 5 g Natron, 20 g Kandiertes (in Stückchen), geriebene Zitronenschale, etwa 2 dl Milch

Im Winter erwärmt man die Butter im Wasserbad und verrrührt sie dann mit den Eiern. Man fügt das Mehl hinzu und die Milch in kleinen Mengen, darauf auch die übrigen Zutaten ohne Sultaninen und die beiden Pulver, die zuletzt gebraucht werden. Bevor man sie zusetzt, muß der Teig wenigstens ½ Stunde lang gut durchgearbeitet werden und mit Milch die richtige Festigkeit bekommen, das heißt, nicht zu fest und nicht zu flüssig. Man gießt ihn in eine glatte Form, die höher als breit ist und den doppelten Inhalt aufnehmen kann, damit der sich aufblähende Kuchenteig nicht über den Rand tritt, sondern die Gestalt eines runden Brotes annehmen kann. Die Form wird vorher innen mit Butter bestrichen, dann mit Mehl und Puderzucker (gemischt) bestreut. Der Stollen ist gar, wenn er sich aufgebläht hat und oben rissig geworden ist. Dieser Panettone ist sehr zu empfehlen, denn er ist besser als der handelsübliche Mailaneser Panettone und macht weniger Umstände (die deutsche Übersetzung »Stollen« ist eine Verlegenheitslösung, da der Panettone nicht flach ist, sondern die Form des Gugelhupfs hat – aber keiner ist).

413 Bologneser Brot

Dies ist ein Brot, das der klassischen Bologneser Küche alle Ehre macht. Es wird nur zu Flüssigkeiten genossen, in die man es eintaucht.

500 g Weizenmehl, 180 g Puderzucker, 180 g Butter, 70 g Rosinen, 50 g grob gehackte Pinienkerne, 30 g Zitronat in kleinen Scheibchen, 8 g Weinsteinrahm (Cremor di tartaro), 4 g Natron, 2 Eier, 1 dl Wasser

Zucker und Mehl werden vermengt und auf dem Nudelbrett aufgehäuft. Man macht oben eine Vertiefung, in die Butter, Eier und Milch kommen – die Milch lauwarm und mit beiden darin aufgelösten Pulvern, die sofort zu gären anfangen. Daraus setzt man den Teig an. Wenn er durchgearbeitet ist, gibt man Pinienkerne, Kandiertes und Rosinen zu.
Er wird wieder geknetet, bis alles gut verteilt ist. Dann werden daraus zwei etwas über fingerdicke Laibe etwa in Form eines Weberschiffchens gemacht, mit Eigelb bestrichen und sofort gebacken.

414 Ciambelle (I)

1,7 kg feinstes Mehl, 300 g Zucker, 200 g Hefe, 150 g Butter, 50 g Speck, 4 dl Milch, 2 dl Marsala, 2 EL Rum, 6 Eier, 1 TL Natron, 1 Prise Salz, geriebene Zitronenschale

Wenn man exakt obige Mengen nimmt, hat der Teig genau die richtige Festigkeit. Zum Aufgehen bereitet man die schon beschriebene kleine Teigmenge vor, die auch beim Brot als Gärstoff dient.
Man löst also die Hefe in der Hälfte der Milch auf und knetet so viel Mehl hinein, daß es einen festen Teig gibt. Den legt man in der Schüssel auf eine gut fingerdicke Mehlschicht und stellt ihn an einen warmen Ort, wo er vor Luftzug geschützt ist. Sobald er gut aufgegangen ist, wozu je nach Jahreszeit 8 bis 10 Stunden erforderlich sind, zerbröckelt man ihn und vergrößert ihn mit dem Rest der Milch und dem dazu erforderlichen Mehl. Man wartet, bis der Teig erneut gegoren und sich aufgebläht hat, was wieder einige Zeit dauert. Man legt ihn dann auf das Nudelbrett und knetet den Rest des Mehls und sämtliche Zutaten hinein. Es muß lange genug und mit Kraft geknetet werden, damit der Teig glatt und einheitlich wird.
Die Formen werden mit dem ausgelassenen Speck eingefettet, dann kommen die Ciambelle hinein, die beliebig groß und ziemlich breit sein dürfen. Sie müssen in der Küche oder an einem Platz, der mäßig warm ist, noch einmal »gehen«, bis sie ausreichend aufgegangen sind. Dann macht man mit der Messerspitze auf der Oberfläche lange Einschnitte, bestreicht sie mit Eigelb (dorare, vergolden) und streut grob zerstoßenen Kristallzucker darüber.
Gebacken wird bei mäßiger Hitze.
Im Winter sollte man den Hefeteig mit warmer Milch ansetzen und die Ciambelle zum Aufgehen etwas in die Röhre oder an einen anderen warmen Platz stellen. Mit der Hälfte der angegebenen Mengen kann man 4 schöne Ciambelle von je 350 g machen, falls man sie nicht kleiner haben will.

415 Ciambelle (II)

Diese Familien-Ciambelle sind einfacher zu machen.

500 g Mehl, 180 g Zucker, 90 g Butter, 15 g Weinsteinrahm (Cremor di tartaro), 5 g doppeltkohlensaures Natron, 2 Eier, Zitronenschale oder Anis oder Zitronat (Stückchen)

Man macht in das Mehlhäufchen eine Vertiefung, gibt die zerlassene Butter, die Eier und den Zucker hinein. Mit diesen Zutaten und der Milch wird ein fester Teig angerührt und kräftig durchgearbeitet. Die beiden Pulver und die Würzen kommen zuletzt.
Statt 1 Ciambella kann man auch 2 daraus machen, auch wenn sie in der Mitte eine große Öffnung haben, sind sie noch dick genug. Man macht auf der Oberfläche wieder einige Einschnitte, bestreicht sie mit Eigelb, streicht die Form mit Butter oder Speck aus und stellt sie in den Backofen. Auch aus der halben Menge bekommt man eine ordentliche Ciambella.

416 Pizza alla napoletana

Mürbeteig nach Rezept Nr. 406 A oder das ganze Rezept B derselben Nummer.

150 g Quark, 70 g süße Mandeln mit 3 bitteren, 50 g Zucker, 20 g Mehl, 1 Ei und 1 Dotter, Zitronenschale oder Vanille, ½ Glas Milch

Aus Milch, Zucker, Mehl und dem Ei wird im Topf eine Creme angerührt. Wenn sie gar ist und noch kochend, wird das Eidotter und die Würze zugesetzt. Darauf kommt der Quark und die geschälten, fein zerstoßenen Mandeln in die Creme. Man mischt gut und streicht die Masse auf den Mürbeteig, nach Art einer Torte. Das heißt, man hat zwei Blätter Mürbeteig, von der die eine den Aufstrich bekommt, die andere wird wie ein Deckel darauf gelegt und oben mit Eigelb bestrichen. Nach dem Backen läßt man die Pizza abkühlen, bestreut sie mit Puderzucker und serviert sie kalt. Mir mundet diese Süßspeise vorzüglich.

417 Quattro Quarti all'inglese

Seinen Namen hat dieses Gebäck von der ungewöhnlichen Art, wie die Mengen bestimmt werden.

5 Eier (mit Schale gewogen, 1. Viertel), Zucker vom Gewicht der Eier (mit Schale, 2. Viertel), Mehl desgleichen (3. Viertel), 200 g Rosinen, 30 g Kandiertes (zerkleinert), 1 TL doppeltkohlensaures Natron

Erst werden die Eier mit dem Zucker verrührt, dann kommt das Mehl dazu. Der Teig wird ½ Stunde lang mit dem Rührlöffel bearbeitet, darauf läßt man ihn 1 bis 2 Stunden ruhen und rührt anschließend die im Wasserbad gelöste Butter, das Natron, die Rosinen und das Kandierte hinein. Der Teig kommt in eine mit Butter bestrichene glatte Form (auch Pfanne), wird mit Mehl und Puderzucker (gemischt) bestreut und gebacken.
Die Rosinen müssen vorher unbedingt gewaschen und getrocknet werden. Bei dieser Gelegenheit muß ich mir über die sprichwörtliche Trägheit der Italiener Luft machen, die die Sachen aus anderen Ländern importieren, die sie im eigenen Land in Reichweite haben. In der unteren Romagna wird eine blaue, kernlose und dünnhäutige Traubenart geerntet, die »uva romanina«, mit der ich meiner Küche alle anderen Qualitäten (Rosinen, Sultaninen) ersetzt habe. Man trocknet sie 7 oder 8 Tage im Ofen und pflückt sie mit dem Traubenkamm ab.

418 Quattro Quarti all'italiana

Dieser Kuchen wird genauso gebacken wie der vorige, außer, daß man statt des Kandierten (Zitronat, Orangeat) etwas geriebene Zitronenschale und statt der Rosinen 100 g süße Mandeln (mit ein paar bitteren) nimmt. Auch hierzu gehört doppeltkohlensaures Natron, weil es den Kuchen lockerer macht. Wenn die Mandeln in warmem Wasser gehäutet sind, trocknet man sie in der Sonne oder am Herd, zerstampft sie mit 2 EL des Zuckers im Mörser und mengt sie unter das noch trockene Mehl. Ohne diese Vorsichtsmaßnahme wird man die Mandeln alle an einer Stelle zusammen finden. Dieser Teig muß sehr gut durchgearbeitet werden, sowohl ehe man die Butter zusetzt als auch nachher. Mein Koch hat ausprobiert, daß er besser wird, wenn die Schüssel während der Arbeit in warmem Wasser steht, was übrigens auch für ähnliche Teigsorten gilt.

419 Mandelkuchen

3 Eier, Zucker vom Gewicht der Eier (mit Schale), 125 g Kartoffelmehl, 125 g Butter, 125 g süße Mandeln, darunter 3 bittere, geriebene Zitronenschale

Die Mandeln werden in warmem Wasser geschält, an der Sonne oder am Herd getrocknet und mit 1/3 des Zuckers im Mörser fein zerstoßen. Die drei Eidotter verrührt man mit dem Rest des Zuckers und der geriebenen Zitronenschale, bis sie weißlich geworden sind. Man rührt zuerst das Kartoffelmehl hinein, dann die zerstoßenen Mandeln und die verflüssigte Butter und arbeitet alles gut durch. Als letztes kommt das zu Schaum geschlagene Eiklar dazu. Wenn alles gut vermengt ist, in den Ofen schieben, abkühlen lassen und mit Puderzucker bestäuben.
Wenn die Form einen Durchmesser von etwa 22 cm hat, bekommt der Kuchen die richtige Höhe. Natürlich muß die Form wieder eingefettet sein (mit der oben angegebenen Butter) und auch wieder mit einem Gemisch aus Mehl und Puderzucker eingestreut. Diese Süßspeise ist ganz hervorragend und reicht für 8 Personen.

420 Offelle von Marmelade

Das Wort »offella« kommt im Dialekt der Romagna und, wenn ich nicht irre, auch der Lombardei vor und soll von dem lateinischen Wort »offa« stammen, das »Bissen« oder »Mehlkloß« bedeutet, im frühen Italienischen dann aber für Kuchen und verschiedene Arten von Backwerk verwendet wurde.
»Dar l'offa al cerbero« (etwa »dem Höllenhund seinen Fraß vorwerfen«) ist eine Redensart, die sich auf Opportunisten bezieht.

Es gibt ja heute nicht wenige, die auf einträgliche Ämter Jagd machen und dann vom Volksvermögen zehren, als hätten sie vier Mäuler zum Fressen. Aber kehren wir lieber zu unseren Offelle zurück.

500 g Rosenäpfel, 125 g Puderzucker, 30 g Kandiertes (Zitronat, Orangeat), 2 TL gemahlener Zimt

Die Äpfel werden in 4 Teile geschnitten, geschält und vom Gehäuse befreit, dann werden die Stücke so dünn wie möglich in Scheiben geschnitten, in einer Kasserolle mit 2 Glas Wasser aufgesetzt und mit dem Rührlöffel weiter zerkleinert. Diese Apfelsorte ist sehr fest und braucht Wasser, um gar zu werden; wenn die Kasserolle also trocken wird, gießt man welches nach. Man wartet, bis sie zu Brei geworden sind, gibt dann den Zucker hinein und schmeckt ab, denn je nach Reifegrad können die Äpfel mehr oder weniger sauer sein. Als letztes kommt das Kandierte (zerkleinert) und der Zimt hinein.
Man bedient sich des Mürbteigs nach 406 A, walzt ihn mit der Rolle zur Dicke eines Geldstücks aus und stanzt Blättchen von gut 7 cm Durchmesser mit schön gewelltem Rand heraus. Ein Scheibchen unten, ein Scheibchen oben (dieses mit Muster-Nudelrolle verziert) und dazwischen die Marmelade und die Ränder angefeuchtet, damit sie zusammenhaften. Man »vergoldet« die Offelle mit Eigelb, bäckt sie und streut Puderzucker darauf.

421 Marzipan-Offelle

Man nimmt den Rührteig des vorigen Rezepts und das Marzipan nach Rezept Nr. 401 statt der Marmeladen-Füllung. Statt Orangeat kann man in diesem Falle auch frische Orange nehmen. Diesen Offelle kann man auch eine unterschiedliche Form geben, um sie von den anderen zu unterscheiden. Ich nehme zum Beispiel runde Scheibchen mit gewellten Rändern, deren eine Hälfte ich mit dem Marzipan bestreiche, und lege das Scheibchen zur Form eines Halbmondes zusammen.

422 Krokant

120 g süße Mandeln, 100 g Puderzucker

Die Mandeln werden geschält und dann in ihre beiden natürlichen Hälften geteilt. Diese wiederum schneidet man längs oder quer (nach Belieben) in kleine Scheibchen, setzt sie auf das Feuer und läßt sie trocknen, bis sie gelblich werden, röstet sie aber nicht. Inzwischen setzt man in einer Kasserolle auch den Zucker auf. Wenn er sich verflüssigt hat, schüttet man die noch warmen Mandeln hinein und mischt durch. Man mäßigt die Glut, damit der Krokant nicht bitter wird, denn sobald er Zimtfarbe angenommen hat, muß er sofort vom Feuer genommen werden. Man gießt ihn dann in kleinen Dosen in eine beliebige Form, die mit Butter oder Öl eingefettet wurde, und verstreicht jeden neuen Guß mit einer Zitrone zu den Rändern hin soweit wie möglich, ehe er fest wird. Man nimmt ihn aus der Form, wenn er abgekühlt ist. Sollte das Schwierigkeiten machen, so taucht man die Form in kochendes Wasser. Man kann die Mandeln auch an der Sonne trocknen und mit dem Wiegemesser zerkleinern, wenn sie dann im Zucker sind, setzt man noch ein Stückchen Butter hinzu.

423 Salami inglese

Diese Süßspeise, die eigentlich gefülltes Brot heißen müßte und in den Auslagen der Konditorei einen so appetitlichen Eindruck macht, sieht für den nicht Eingeweihten recht schwierig aus, sie ist aber sehr einfach.

200 g Puderzucker, 170 g feinstes Mehl, 6 Eier

In diesem und ähnlichen Fällen empfehlen Kochbücher ganz allgemein, das Mehl vorher in der Sonne oder am Herd eigens zu trocknen, damit es leichter wird. Man bäckt aus den angegebenen Mengen ein spanisches Brot, indem man den Teig ½ Finger stark in eine rechteckige Form gibt, die mit Butter eingefettet und mit Mehl bestäubt wurde. Dazu verrührt man die Eidotter etwa ½

Stunde lang mit dem Zucker, hebt sehr langsam den gutgeschlagenen Eierschnee unter und streut dann durch ein Sieb das Mehl darauf. Wenn das spanische Brot gebacken ist, schneidet man von ihm in noch warmem Zustand eine ausreichende Anzahl etwa 2 cm breiten Streifen, die so lang sind wie das Brot, für das sie als Füllung dienen sollen. Damit diese Streifen besser aussehen, sollen sie verschiedene Farben haben. Also netzt man die einen mit farblosem Likör, so daß sie gelb bleiben, andere mit Alkermes (Kermes mineralis, Antimonoxyd), und sie werden rot, die übrigen macht man mit in weißem Likör gelöster Schokolade fast schwarz. Diese Streifen legt man in der Farbe abwechselnd übereinander mitten auf das ganz gebliebene Stück des spanischen Brots, das man vorher mit einer nicht zu dickflüssigen Fruchtkonserve bestrichen hat (wie auch die Streifen, damit sie haften). Man zieht die Seiten des spanischen Brots darüber und macht aus dem ganzen eine Rolle, die später, wenn sie in Scheiben geschnitten ist, ein buntes, schachbrettartiges Muster zeigt.
Für den Familientisch kann man die englische Salami auch einfacher machen, in diesem Falle genügt für ein großes Blech die Hälfte der oben angegebenen Mengen. Man bestreicht das spanische Brot mit Likör, dann mit Fruchtkonserve (Quitte, Aprikose, Pfirsich o. ä.), legt dünne Scheibchen Kandiertes darauf und rollt das ganze spanische Brot wie ein Blatt in sich zusammen. Es wäre natürlich gut, dem Ganzen ein bessers Ansehen zu geben durch einen zierlichen Zuckerguß oder eine Schokoladenkruste, wie die Konditoren sie machen. Aber diese Herren haben gewisse Geheimnisse, wie man so etwas perfekt macht, und geben sie nicht gerne preis. Die folgende Prozedur genügt aber auch.
Ihr verrührt Puderzucker mit Eiklar zu einer ziemlich festen Masse, die ihr gleichmäßig über den Kuchen verteilt. Ihr könnt aber auch ein Blatt Papier zu einer Spitztüte zusammenrollen, die unten ein kleines Loch hat, durch das ihr beliebige Muster auf den Kuchen malen könnt. Soll der Zuckerguß schwarz sein, so nehmt ihr 60 g Puderzucker und 30 g Schokoladenpulver, mischt es und rührt es mit Eiklar an. Wenn der Zuckerguß nicht von selbst trocknet, setzt ihr ihn noch einmal mäßiger Wärme aus.

424 Sieneser Pferdchen

Zu den Spezialitäten Sienas gehören außer Panforte (Pfefferkuchen) auch Ricciarelli und Cavallucci. Wie die Namen zustande gekommen sind, ist mir auch rätselhaft, die Cavallucci (Pferdchen) zum Beispiel sind kleine ovale Gebilde, 4 cm lang, 3 cm breit. Es kann aber sein, daß die Sieneser durch den jährlichen Wettkampf ihrer Contrade (Stadtviertel) zu solchen Pferdenarren geworden sind, daß sie in allem, was ein bißchen langgestreckt ist, ein Rennpferd erblicken.
Ich kann euch im Folgenden nur mitteilen, wie man sie in Form und Geschmack nachahmt, denn in Siena, wo sie im großen produziert werden, halten die Konditoren natürlich Rezept und Machart geheim.

300 g Mehl, 300 g weißer Zucker, 100 g geschälte Nüsse, 50 g Orangeat, 15 g Anis, 5 g Zimt

Die Nüsse werden kleingehackt, das Orangeat in Stückchen geschnitten.
Den Zucker setzt man mit 1/3 seines Gewichts an Wasser auf das Feuer. Wenn das Wasser so verkocht ist, daß die Mischung Fäden zieht, setzt man sämtliche Ingredienzien zu, rührt um und gießt alles auf das auf dem Nudelbrett ausgebreitete Mehl, um es zu verkneten. Dabei stellt sich wahrscheinlich heraus, daß man noch etwas zusätzliches Mehl braucht, um dem Teig die rechte Festigkeit zu geben. Jetzt formt man die elliptischen »Pferdchen«, deren man gut 40 bekommt, nach den oben angegebenen Maßen. Sollte der Teig des Zuckers wegen klebrig sein, bestreut man sie noch mit Mehl. Dann werden sie bei mäßiger Hitze »weiß« gebacken, wobei man sorgfältig darauf achtet, daß der Zucker nicht gebräunt wird.

425 Römische Saubohnen

Diese Küchlein pflegt man zum Gedächtnis der Toten zu backen anstelle der Saubohnen (verschiedene Sorten der »dicken Boh-

nen«), die man früher zu solchen Gelegenheiten in Wasser mit Schinkenknochen kochte. Dieser Brauch muß seine Wurzeln in der frühesten Antike haben, denn Saubohnen opferte man den Parzen, dem Pluto und der Proserpina. Im alten Ägypten wurden sie nicht gegessen, nicht angebaut, nicht einmal angerührt, die Priester wagten nicht einmal, ihren Blick auf Saubohnen ruhen zu lassen, weil sie als »unrein« galten. Anderswo galten Saubohnen, besonders eine dunkle Sorte, als Grabbeigaben, weil man glaubte, in ihnen wohnten die Seelen der Toten, weil ihre Form der des Höllentores ähnele.
Zu den Lemuria (Fest der Toten, 9., 11. und 13. Mai) spuckte der Hausvater neunmal in der Nacht schwarze Bohnen als Opfergabe aus, um die Geister der Ahnen, der Verstorbenen und die Götter der Unterwelt vom Haus fernzuhalten. Festus (2. Jahrh. n. Chr.) berichtet, die Blüten dieser Pflanze hätten eine unheilvolle Bedeutung, der Brauch, Saubohnen den Toten zu opfern, soll einer der Gründe gewesen sein, weshalb Pythagoras seinen Schülern den Genuß jeder Art von Bohnen verbot. Das Verbot, Bohnen sogar zu berühren, sollte sie aber auch von politischer Tätigkeit abhalten, denn bei Wahlen wurden die Stimmen mit Bohnen gezählt.
Das Gebäck, das sich Fave dolci nennt, läßt sich auf vielerlei Arten zubereiten. Ich teile drei Rezepte mit, von denen das dritte das anspruchsvollste ist.

Erstes Rezept

200 g Mehl, 100 g Zucker, 100 g süße Mandeln, 30 g Butter, 1 Ei, geriebene Zitronenschale (oder Zimt oder Orangensaft)

Zweites Rezept

200 g süße Mandeln, 100 g Mehl, 100 g Zucker, 30 g Butter, 1 Ei, Gewürze wie oben

Drittes Rezept

200 g süße Mandeln, 200 g Staubzucker, 2 Eiklar, Gewürze wie oben

Für die beiden ersten Rezepte werden die Mandeln mit dem Zukker zusammen auf die Größe eines halben Reiskorns zerkleinert (vorher schälen und trocknen). Dann kommen sie mit den übrigen Ingredienzien zusammen ins Mehl, mit dem man einen ziemlich weichen Teig macht, mit soviel Likör oder Aquavit, wie notwendig ist. Dann formt man daraus Küchlein in der Gestalt einer dicken Saubohne, jedes der Rezepte wird deren 60 bis 70 ergeben. Sie kommen auf ein zuvor mit Butter oder ausgelassenem Speck eingefettetes und mit Mehl bestreutes Blech und werden mit Eidotter bestrichen. Beim Backen muß man achtgeben, weil sie klein und sehr schnell gar sind.
Bei dem dritten Rezept werden die geschälten Mandeln wieder in der Sonne oder am Ofen getrocknet und dann im Mörser fein zerkleinert, wobei man nach und nach das Eiklar zusetzt. Als letztes gibt man den Zucker dazu, wobei mit einer Hand ständig gerührt werden muß. Der Teig kommt auf das Nudelbrett, das man mit einem sehr dünnen Mehlschleier überzogen hat, und wird dort zu einem langen Stab ausgerollt. Diesen zerlegt man in 40 oder mehr Stückchen, denen man die Form von Saubohnen gibt. Gebacken wird wie vorher.

426 Cotognata

3 kg Quitten, 2 kg feiner, weißer Zucker

Die eben mit Wasser bedeckten Früchte werden aufgesetzt, und sobald sie anfangen rissig zu werden, nimmt man sie ab, schält sie und schabt sorgfältig das ganze Fruchtfleisch bis zum Kerngehäuse ab, das dann durch ein feines Sieb geschlagen wird. Danach kommt es mit dem Zucker zusammen wieder auf den Ofen und wird ständig gerührt, damit es nicht ansetzt. 7 oder 8 Minuten genügen. Ob das Mus gut ist, erkennt man, wenn man etwas mit dem Löffel aufnimmt und es langsam wie ein Tuchfetzen davon abgleitet. Füllt man die Masse als Konserve in Gefäße, so bleibt sie heller als die in Rezept Nr. 474 beschriebene, ist aber weniger aromatisch, weil ein Teil des Duftes beim Kochen im Wasser verlorengeht.

Um aus der obigen Masse Cotognata (Quittenmus) zu bekommen, breitet man sie flach auf einem Brett aus, etwas dicker als ein Geldstück, und deckt einen Schleier darüber, damit sich nicht Fliegen und Wespen als Feinschmecker einstellen. So läßt man es an der Sonne trocknen. Wenn die Oberfläche getrocknet ist, zerteilt man das Mus in Vierecke so groß wie eine Tafel Schokolade, fährt mit der Messerklinge darunter, um es vom Holz zu lösen, und läßt es nun von der anderen Seite trocknen. Man kann diese Täfelchen auch mit einem Zuckerguß versehen. Zu diesem Zweck setzt man 100 g Zucker mit 2 EL Wasser auf das Feuer. Wenn der Zucker so lange gekocht hat, daß er Fäden zieht (man probiert es mit einem Tropfen zwischen zwei Fingern), streicht man die Lösung mit einem Pinsel über die Mustäfelchen. Gerinnt der Zucker bei der Arbeit, so läßt man ihn mit einigen Tropfen Wasser noch einmal aufkochen. Wenn sich der Zucker auf der einen Seite der Cotognata verfestigt hat, bestreicht man auch die andere.

427 Portugiesischer Kuchen

150 g süße Mandeln, 150 g Zucker, 50 g Kartoffelmehl, 3 Eier, 1½ Orangen

Zuerst werden die Eidotter mit dem Zucker verrührt, dann fügt man nacheinander zuerst das Mehl, dann die geschälten und mit 1 EL des oben angegebenen Zuckers im Mörser zerstoßenen Mandeln und den durchgeschlagenen Saft der Orangen hinzu, schließlich noch die abgeraspelte Oberhaut einer ganzen Orangenschale. Zuletzt rührt man den fest geschlagenen Eischnee hinein, gießt den Teig etwa 1½ Finger dick in eine Pappschachtel und bäckt ihn bei sehr gemäßigter Hitze. Wenn er fertig ist, überzieht man ihn mit einem weißen Guß nach Rezept Nr. 308.

428 Makronen (I)

250 g weißer Puderzucker, 100 g süße Mandeln, 50 g bittere Mandeln, 2 Eiklar

Die Mandeln werden gehäutet, an der Sonne oder am Ofen getrocknet und dann sehr fein mit dem Wiegemesser zerkleinert. Der Zucker und das Eiklar werden mindestens ½ Stunde lang mit dem Rührlöffel bearbeitet, dann macht man zusammen mit den Mandeln daraus einen festen Teig, der sich zu Kügelchen von der Größe einer kleinen Nuß formen läßt. Ist der Teig zu fest geraten, gibt man noch etwas Zucker daran, ist er zu weich, noch etwas Eiklar, das diesmal aber geschlagen sein muß. Sollen die Makronen bräunliche Farbe haben, setzt man dem Teig ein wenig am Ofen gebräunten Zucker bei.
Sowie die etwa 1 cm dicken Makronen fertig werden, legt man sie auf Oblaten oder direkt auf das mit Butter eingestrichene, mit Mehl und Puderzucker (gemischt) bestreute Blech. Man sollte aber zwischen den einzelnen Kügelchen einen kleinen Abstand wahren, weil sie sich stark aufblähen und innen hohl bleiben. Gleichfalls nur bei mäßiger Hitze backen.

429 Makronen (II)

Dieses Rezept halte ich für besser als das vorige, es ist auch leichter auszuführen.

300 g weißer Staubzucker, 180 g süße Mandeln, 20 g bittere Mandeln, 2 Eiklar

Die Mandeln werden wieder gehäutet, danach mit einem ratenweise zugesetzten Eiklar im Mörser zerstoßen. Dann fügt man die Hälfte des Zuckers hinzu und bearbeitet die Mischung mit einer Hand. Anschließend gießt man die Masse in ein größeres Gefäß. Während man sie mit der einen Hand weiter bearbeitet, setzt man nacheinander zuerst ½ Eiklar, dann den Rest des Zuckers und schließlich das letzte halbe Eiklar zu.
Durch diese Bearbeitung entsteht ein einheitlicher Teig von der richtigen Festigkeit, den man zu einem länglichen, schmalen Stück ausrollen und in kleine Stückchen schneiden kann. Diese nimmt man einzeln in die Hand und feuchtet sie etwas an, damit man nußgroße Kügelchen daraus formen kann, die zu einer Dicke

von 1 cm zusammengedrückt werden. Das übrige geschieht wie vorhin, nur daß man diese Makronen vor dem Backen in mäßiger Hitze noch leicht mit Puderzucker bestäubt. Obige Menge ergibt etwa 30 Stück.

430 Marzipan-Feingebäck

Man rührt einen Mürbeteig nach Rezept Nr. 406 C.
Dann bereitet man das Marzipan nach Rezept Nr. 401 aus folgenden Mengen:

180 g geschälte süße Mandeln mit 3 bitteren, 150 g Zucker, 25 g Butter, 25 g Orangeat, 1 Eidotter, einige EL Wasser

Man nimmt Förmchen für kleines Hefegebäck (Brioches) oder etwas kleinere, bestreicht sie mit Butter und gibt eine Schicht Mürbeteig hinein – nicht dicker als ein Geldstück – biegt die Ränder des Teigs nach oben, legt Marzipanmasse in die Form und deckt ein zweites Blättchen Mürbteig darüber. Damit es haftet, feuchtet man das erste Blättchen an den Rändern etwas an. Nach dem Backen streut man Puderzucker darüber.
Die Menge ergibt 16 bis 18 Stück.

431 Feingebäck aus Grieß

180 g Grieß, 100 g Zucker, 50 g Pinienkerne, 20 g Butter, 8 dl Milch, 4 Eier, 1 Prise Salz, geriebene Zitronenschale

Der Grieß wird in Milch gekocht, und wenn er sich zu ballen beginnt, schüttet man die zusammen mit dem Zucker im Mörser zerstoßenen Pinienkerne hinein, darauf auch die Butter und die übrigen Zutaten ohne die Eier, die man erst zuletzt braucht, wenn die Masse abgekühlt ist. Im übrigen verhält man sich wie bei den Pasticcini aus Reis nach dem folgenden Rezept. Vor dem Servieren mit Puderzucker bestreuen.
Aus der Menge macht man 18 bis 20 Stück.

432 Feingebäck aus Reis

150 g Reis, 70 g Zucker, 30 g Butter, 30 g Kandiertes, 8 dl Milch, 3 Eier, 2 EL Rum, 1 Prise Salz

Der Reis wird gekocht, wobei man ständig umrührt, damit er nicht ansetzt. Wenn er zu ⅔ gar ist, kommt die Butter, der Zucker, das Salz und das in Stückchen geschnittene Kandierte dazu. Sobald er gar und abgekühlt ist, rührt man zuerst den Rum und die Eidotter ein, danach den festgeschlagenen Eischnee.
Man nimmt wieder die kleinen Förmchen, fettet sie gut mit Butter ein, bestreut sie mit Semmelbrösel, füllt sie und gibt sie in den Ofen. Diese Pasticcini schmecken am besten warm.
Aus der angegebenen Menge macht man 12 bis 14 Stück.

433 Teegebäck

Mistress Wood, eine liebenswürdige englische Dame, hatte mich zu einem Tee mit Selbstgebackenem eingeladen und gab mir dann das Rezept (bei ehrgeizigen Kochkünstlern eine selten feststellbare Freundlichkeit), das ich zu Hause ausprobiert habe.

440 g feinstes Mehl, 160 g Kartoffelmehl, 160 g Puderzucker, 160 g Butter, 2 Eiklar, ausreichend lauwarme Milch

Man mischt die beiden Mehlsorten mit dem Zucker und häuft sie auf dem Nudelbrett an. In eine Vertiefung gibt man das Eiklar und die Butter in kleinen Stückchen, dann rührt man (zuerst mit der Klinge eines Tafelmessers, dann mit den Händen) den Teig an, wozu man sich der Milch in angemessener Menge bedient. Der Teig muß etwa ½ Stunde geknetet werden und soll ziemlich fest sein. Er wird mit der Rolle zur Dicke eines Geldstücks ausgewalzt, dann sticht man Scheibchen von gut 6 cm Durchmesser aus, wie in Rezept Nr. 6. Man durchlöchert sie mit der Gabelspitze und bäckt sie auf einer mit Butter eingestrichenen Unterlage.
Auch die Hälfte der angegebenen Mengen ergibt schon eine beträchtliche Zahl kleiner Kuchen.

434 Katzenzungen

Das Rezept für dieses Teegebäck stammt aus Paris.

100 g Butter, 100 g weißer Puderzucker,
100 g feinstes Mehl, 1 Eiklar

Man gibt die Butter in eine Schüssel und bearbeitet sie mit dem Rührlöffel, um sie geschmeidig zu machen. Als nächstes schüttet man den Zucker dazu, darauf das Mehl und als letztes das Eiklar, wobei man den Teig ständig bewegt, damit er einheitlich wird. Er kommt in die Spritztüte, die eine runde oder viereckige Öffnung von etwa 1 cm haben soll, und drückt etwa fingerlange Stückchen auf das mit Butter bestrichene Blech, mit etwas Abstand, denn sie schmelzen zusammen und werden dabei breiter. Gebacken wird bei mäßiger Hitze.
Die Menge reicht für 50 Plätzchen.

435 Sandkuchen

Sandkuchen ist deutscher Herkunft und heißt so, weil er im Mund sandartig zerkrümelt. Deshalb eignet er sich zum Tee, der ihn auch noch schmackhafter macht.

185 g frische Butter, 185 g Puderzucker, 125 g Reismehl,
125 g Stärkemehl, 60 g Kartoffelmehl, 4 Eier, Saft ¼ Zitrone,
1 EL Cognac, 1 TL doppeltkohlensaures Natron, etwas Vanille

Stärkemehl ist nichts anderes als besonders fein gemahlenes Mehl guter Qualität. Zuerst wird die Butter in kaltem Zustand bearbeitet, dann setzt man nacheinander die Eidotter zu, wobei man den Rührlöffel stets in derselben Richtung bewegt (Uhrzeigersinn oder umgekehrt). Weiter rührt man Zucker, Cognac und Zitronensaft (in dieser Reihenfolge) ein, darauf die verschiedenen Mehlsorten und als letztes Natron und den geschlagenen Eischnee – von letzterem aber zunächst nur 2 EL, um den Teig zu lockern, und darauf langsam das übrige. Der Teig kommt in eine entsprechend große Form, die wieder mit Butter eingefettet und mit Mehl und Puderzucker (gemischt) bestreut ist. Bei mäßiger Hitze backen, was ungefähr 1 Stunde dauert.

Torten und Süßspeisen

Nicht um mich zu rühmen, sondern zur Erheiterung des Lesers veröffentliche ich folgenden Brief, der mich am 14. Juli 1906 aus Portoferraio erreichte, als ich gerade die Druckfahnen der zehnten Auflage korrigierte.

Mein verehrter Herr Artusi,
ein Dichter schenkte mir ein Exemplar Eures schönen Buches »la scienza in cucina« und fügte einige Verse hinzu, die bei einer neuen Auflage, die ich Euch baldigst wünsche, dienlich sein können.

ein Bewunderer

(Es folgt dann ein Lobgesang auf Artusi und sein Werk, dessen letzte Zeilen hier mitgeteilt seien, um zu belegen, in welchem Maße er die Gemüter seiner Zeitgenossen erregt hat.)

One sé stesso ogni infelice accusi
Che non ha in Casa il libro
dell' Artusi;
E dieci volte un asino si chiami
Se a mente non ne sa tutti i dettami

Darum sehn alle so unglücklich aus, haben sie nicht den Artusi im Haus.
Und zehnmal sind die Esel zu nennen, die seine Rezepte nicht auswendig kennen.

436 Nußkuchen

140 g geschälte Nüsse, 140 g Puderzucker, 140 g geriebene Schokolade (oder Pulver), 20 g Zitronat, 4 Eier, etwas Vanillezucker

Die Nüsse und der Zucker werden zusammen im Mörser fein zerstampft, dann setzt man ihnen in einer Schüssel die Schokolade, den Vanillezucker und die Eier zu, zunächst die Dotter, dann den geschlagenen Eischnee, und als letztes das sehr fein gehackte Zitronat.
Man nimmt eine Form, in welcher der Teig nicht höher als 2 fingerbreit anstehen soll, streicht sie mit Butter ein und bestreut sie mit Semmelbrösel. Meine Gäste haben diesen Kuchen stets vorzüglich gefunden.

437 Quarktorte

Diese Torte wird in der Romagna zu Bauernhochzeiten gebacken, sie ist das Muster, nach dem die Konditoren dann allerlei ähnliches Gebäck machen.

500 g Quark, 150 g Zucker, 150 g süße Mandeln,
4 oder 5 bittere Mandeln, 4 Eier und 4 Dotter, etwas Vanille

Man bereitet die Torte vor wie Pudding, aber die mit einem Eiklar im Mörser zerstoßenen Mandeln sollte man durch ein Sieb geben. Dann wird das Blech (Form) reichlich mit Speck eingefettet und mit einer Folie der Pasta matta nach Rezept Nr. 125 ausgelegt. Darauf streicht man etwa 1½ Finger dick die obige Mischung und bäckt mit Oberhitze. Ich empfehle sehr mäßige Hitze; zur Vorsicht legt man noch ein mit Butter getränktes Blatt Papier auf die Torte, denn sie ist am schönsten, wenn sie weiß gebacken ist. Sobald sie abgekühlt ist, zerschneidet man sie so, daß jedes Stückchen seinen Teil Pasta matta behält, den man mitessen oder auch nur als Backhilfe ansehen und beiseite legen kann.
Es kann für 12 oder mehr Personen reichen.

438 »Torte« aus gelbem Kürbis

Die Süßspeise bereitet man im Herbst oder Winter, wenn es den gelben Kürbis zu kaufen gibt.

1 kg Kürbis, 100 g süße Mandeln, 100 g Zucker, 30 g Butter,
30 g Semmelbrösel, ½ l Milch, 3 Eier, 1 Prise Salz,
etwas gemahlener Zimt

Der Kürbis wird geschält und vom gröbsten Faserwerk befreit, dann schabt man ihn über einem Tuch. Man nimmt die vier Ecken des Tuches zusammen und preßt das Geschabte aus, um den größten Teil der im Kürbis enthaltenen Flüssigkeit zu entfernen. Dabei wird sich das Gewicht von 1 kg auf etwa 300 g reduzieren. Dann läßt man ihn in der Milch kochen, was je nach Qualität 25 bis 40 Minuten erfordern kann. Inzwischen werden die schon enthäuteten Mandeln mit dem Zucker zusammen im Mörser fein zerstoßen, und wenn der Kürbis gar ist, setzt man ihm alle Ingredienzien zu außer den Eiern, die erst eingerührt werden, wenn er abgekühlt ist. Für den Rest richtet man sich nach dem vorigen Rezept der Quarktorte.

439 Kartoffel-»Torte«

Obwohl es sich nur um Kartoffeln handelt, braucht ihr über die pompöse Bezeichnung »Torte« nicht zu lachen, denn ihr werdet sehen, daß sie verdient ist. Wahrscheinlich werden eure Gäste nicht einmal die »plebejische« Herkunft dieser Speise erraten; ihr könnt sie ihnen verheimlichen, denn es würde sie enttäuschen.
Viele Leute essen mehr mit der Phantasie als mit dem Gaumen. Bei Nahrungsmitteln, die aus keinem anderen Grund für schlecht gehalten, weil sie billig sind oder einen nicht angenehm klingenden Namen haben (Saubohnen), solltet ihr deshalb erst Namen und Herkunft nennen, wenn sie verspeist und verdaut sind. Bei dieser Gelegenheit muß ich euch erzählen, daß ich einmal an einem Gastmahl im Kreis von Freunden und Vertrauten teilnahm, und der Gastgeber, um sich ein wenig zu brüsten, beim Braten scherzend meinte: »Ihr könnt euch nicht beklagen, daß ich euch heute schlecht bewirtet hätte, denn ich habe dreierlei Fleisch, Hammel, Huhn und Kaninchen.« Bei dem Wort »Kaninchen« rümpften einige Gäste die Nase, andere waren sprachlos, und einer von ihnen, ein enger Freund der Familie, blickte voll Entsetzen auf seinen Teller und sagte: »Hör mal, was ist dir eingefallen uns so etwas vorzusetzen. Wenn du es wenigstens nicht gesagt hättest. Mir ist jedenfalls der Appetit vergangen.«
An einer anderen Tafel kam zufällig das Gespräch auf die Porchetta (Schwein von 60 bis 70 kg, das aufgeschlitzt, mit Würzen gefüllt und als Ganzes im Ofen gebraten wird), und eine Dame rief aus: »Mir wäre es unmöglich, jemals solche Schweinerei zu essen.« Der Hausherr, den die Mißachtung dieses in seiner Gegend sehr geschätzten Bratens ärgerte, lud die Dame später wieder ein und setzte ihr ein schönes, mageres Stück Porchetta vor. In

dem Glauben, es handele sich um Kalbfleisch, aß die Dame den Braten nicht nur, sondern fand ihn von vorzüglichem Geschmack. Viele ähnliche Fälle könnte ich berichten, aber den einen muß ich noch mitteilen: Ein Herr, der eine Torte als Geschenk erhalten hatte, aß während zweier Tage mit großem Appetit davon. Als er dann erfuhr, sie sei aus gelbem Kürbis gemacht, aß er nie wieder etwas Ähnliches und fühlte sich außerdem durch den Spender beleidigt. Also das Rezept:

700 g große, mehlige Kartoffeln, 150 g Zucker, 70 g süße Mandeln mit 3 bitteren, 5 Eier, 30 g Butter, 1 Prise Salz, geriebene Zitronenschale

Die Kartoffeln werden gekocht (besser noch gedämpft), gepellt und in noch gut warmem Zustand durch das Sieb geschlagen. Die Mandeln werden auf bekannte Art gehäutet, dann mit dem Zukker zusammen im Mörser fein zerstoßen. Sie kommen mit den restlichen Zutaten zusammen in die Kartoffeln, werden 1 ganze Stunde lang mit dem Rührlöffel bearbeitet, wobei man nacheinander zuerst einzeln die Eier und dann die geschmolzene Butter zusetzt. Diese Mischung kommt in ein mit Speck oder Butter ausgestrichenes und mit Semmelbrösel bestreutes Gefäß, wird im Ofen gebacken und abgekühlt serviert.

440 Torta milanese

Wegen der ungewöhnlichen Zusammensetzung habe ich lange gezögert, euch mit dieser Torte bekannt zu machen. Für ein Festmahl wirkt sie etwas unscheinbar, und für den Familientisch ist sie etwas zu teuer. Da sie aber von Bekannten, die sie einmal kennengelernt haben, immer wieder gemacht wird, teile ich euch das Rezept mit.

200 g Rind- oder Kalbfleisch (gekocht oder gebraten), 100 g Schokolade, 100 g Zucker, 50 g Butter, 50 g Pinienkerne, 50 g Sultaninen, 25 g zerkleinertes Zitronat

Das Fleisch wird sehr fein mit dem Wiegemesser zerkleinert, die

Pinienkerne geröstet, die Sultaninen weicht man in etwas Marsala ein, aus dem sie vor dem Gebrauch herausgenommen werden.
Das Fleisch wird unter ständigem Umrühren in Butter gebraten, damit es nicht ansetzt. Wenn es ein wenig Farbe bekommen hat, nimmt man es vom Fenster und läßt es abkühlen.
Die Schokolade wird zerrieben oder zerstückelt, in 3 EL Wasser aufgelöst und der Zucker hineingerührt. Man gießt sie über das Fleisch, danach die Pinienkerne, die Sultaninen und das Zitronat. Gut umrühren. Nun bildet man einen Mürbteig für die Torte nach folgendem Rezept:

170 g Weizenmehl, 80 g Maismehl, 80 g Puderzucker, 70 g Butter, 25 g fetten Speck, 1 Ei, Marsala oder Weißwein zum Anrühren

Man nimmt eine Form, die so groß ist, daß die Torta nicht höher als fingerbreit wird, bestreicht sie mit Butter oder Speck und belegt den Boden dünn mit Mürbteig. Darauf breitet man das Fleisch aus, das mit einer zweiten (mit der Musterrolle verzierten) Mürbteigfolie abgedeckt wird.
Der oben liegende Teig wird mit Eidotter bestrichen, die Torta wird nach dem Backen kalt serviert.

441 Torta di pane bruno alla tedesca

Diese Torte empfehle ich euch zu versuchen.

125 g süße Mandeln, 125 g Zucker, 4 EL Cognac, 3 gehäufte EL geriebene Roggenbrot-Kruste, 5 Eier

Zuerst wird der Zucker mit 2 Eiern verrührt, dann setzt man die geschälten und mit 1 EL Zucker fein zerstoßenen Mandeln hinzu, rührt weiter um und gibt nacheinander das geriebene Brot, 3 Eidotter und schließlich den Cognac hinein. Die 3 übrigen Eiklar werden geschlagen und ebenfalls eingerührt. Eine entsprechend große Form wird mit Butter ausgestrichen, mit Mehl und Puderzucker eingestäubt. Wenn die Torta fertiggebak-

ken ist, bedeckt man sie mit einem zarten Guß wie den im folgenden Rezept oder auch mit einem Überzug aus Schokolade nach folgender Art:
Man setzt 30 g Butter mit 100 g zerriebener Schokolade auf das Feuer, wenn sich alles gut aufgelöst hat, rührt man noch 30 g Puderzucker ein. Wenn die Süßspeise nicht mehr heiß ist, streicht man die Paste darauf.
Falls es den Leser nicht langweilt, möchte ich noch eine Erfahrung mit deutscher Küche berichten:
Unvergeßlich so lange ich lebe bleibt mir die Gästetafel eines großen Hotels in Bad Levico (Anmerkung: Levico, ostwärts von Trient. Artusi erlebte Trient als »Irredenta«, unerlöstes italienisches Land, also habsburgisch, daher in Levico »deutsche Küche«). Angefangen mit Gebratenem, Geschmortem, Gegrilltem und Gekochtem schwamm jedes Gericht in einer Flut von Sauce – immer der gleichen Sauce nach Aussehen und Geschmack, und als seien damit der Gaumenfreuden noch nicht genug, wurde alles mit einem Kloß von Fadennudeln serviert – Fadennudeln! Versteht ihr mich? Auf diese Art müssen sie ja doppelt und dreifach zu lange gekocht worden sein: Es war eine Plage!
Was für ein Unterschied zu unserem Geschmack! Mein Koch hat Anweisung, Fadennudeln in Brühe erst ganz kurz aufkochen zu lassen, wenn ich schon zu Tisch sitze.
Die italienische Küche kann mit der französischen wetteifern und ist ihr in manchen Punkten überlegen. Aber der heutige Zustrom vom Fremden in Italien, der immerhin dreihundert Millionen im Jahr einbringt und nach einer überschlägigen Rechnung im Jahre 1900 um zweihundert Millionen in Gold anwächst, führt dazu, daß die italienische Küche infolge dieses reisenden Völker-Mischmaschs ihre Eigenart verliert. Die Veränderung der Eßgewohnheiten hat schon begonnen und äußert sich besonders in großen Städten und an Orten, die mit vielen Fremden geschlagen sind. Um mich zu überzeugen, war ich kürzlich in Pompeji und besuchte dort mit einem Reisebegleiter ein Gasthaus, in dem sich eine Gruppe von männlichen und weiblichen Deutschen befand. Wir wurden genauso behandelt wie diese. Als dann der Padrone kam, um höflich zu fragen, ob alles zu unserer Zufriedenheit gewesen sei, erlaubte ich mir einige Bemerkungen über die »kaum

genießbaren« Beilagen, und er gab mir zur Antwort: »Wir müssen unsere Küche dem Geschmack dieser fremden Herren anpassen, denn sie sind es, an denen wir verdienen.« Vielleicht ist das auch der Grund, daß es heißt, die Bologneser Küche habe sich ganz plötzlich verändert und sei auch nicht mehr, was sie einmal war.

442 Torta tedesca

Hier ist eine andere Torta, die aus der gleichen Nation stammt, aber auch sie ist gut bis vorzüglich.
Unsere Großväter erzählten, daß, als die Deutschen (s. Anmerkung im vorigen Rezept) im Verlauf des 18. Jahrh. nach Italien einfielen, sie etwas rohe Gewohnheiten hatten. Sie sahen zum Beispiel mit Entsetzen, daß sie eine Brühe aus Talgkerzen bereiteten, die sie in heißes Wasser tauchten. Als sie dann 1849 leider wieder über uns herfielen (Novara), wurden sie doch als recht zivilisiert empfunden, und Talg wurde eigentlich nur noch in den mächtigen Schnurrbärten der kroatischen Miliz bemerkt, die sie damit zu fingerlangen, starr abstehenden Gebilden machten. Dennoch haben sie, soviel man von den Reisenden erfährt, in der Küche immer noch eine Vorliebe für Talg, was die Italiener für unangenehm, Übelkeit erregend und in der Küche gänzlich unbrauchbar halten. Im Gegensatz dazu stimmt man allgemein darin überein, daß die Deutschen vorzügliche Süßspeisen haben, und ihr selbst könnt euch bei den folgenden und weiteren Süßspeisen, die den Stempel dieser Nation tragen, davon überzeugen.

250 g Zucker, 125 g Mehl, 125 g süße Mandeln, 100 g Butter, 15 g Weinsteinrahm (Cremor di tartaro), 5 g doppeltkohlensaures Natron, 8 Eidotter, 5 Eiklar, etwas Vanille

Die geschälten Mandeln werden in der Sonne oder am Ofen getrocknet und zusammen mit 1 Eiklar gut im Mörser zerstoßen. Die Butter wird zuerst allein bearbeitet (im Winter im Wasserbad vorgewärmt), dann kommen einzeln die Eidotter und schließlich der Zucker hinein. Man rührt alles zusammen mindestens ½ Stunde lang, gibt die Mandeln dazu und rührt weiter, schließlich

kommt der geschlagene Eischnee und das durchgesiebte Mehl dazu, Eischnee und Mehl langsamer einrühren. Das letzte sind die Pulver, die den Teig weich und leicht machen. Die Form, die mit Butter bestrichen und mit Puderzucker und Mehl bestreut wird, soll nicht zu voll werden.
Das Ganze wird nach dem Backen mit einem zarten Schmelz überzogen, den man darauf streicht. Dazu benötigt man:

100 g Butter, 100 g Puderzucker, 30 g Kaffeepulver

Der gemahlene Kaffee wird in wenig Wasser gekocht, so daß man 2 oder 3 EL klaren, aber sehr starken Kaffee bekommt. Die Butter wird ½ Stunde lang mit dem Rührlöffel in derselben Richtung bearbeitet. Man gibt den Zucker dazu und rührt weiter, als letztes den Kaffee in Gaben von ½ TL. Man hört mit dem Kaffee sofort auf, wenn man merkt, daß sein Geschmack durchschlägt. Die Mischung wird auf die abgekühlte Torta gegossen und mit einem Tafelmesser glattgestrichen.
Als Anhaltspunkt: Der sehr delikate Zuckerguß muß die Farbe von Milchkaffee haben, statt des Kaffees kann man auch aufgelöste Schokolade nehmen, wie es im vorigen Rezept beschrieben wurde.

443 Dolce Roma

Ein mir leider unbekannt gebliebener Herr hatte die Freundlichkeit, mir aus Rom dieses Rezept zu schicken, wofür ich ihm dankbar bin, denn es handelt sich um eine gutaussehende, köstliche Speise, die so gut beschrieben war, daß ich nicht viel herumprobieren mußte. Einen Mangel hatte sie trotzdem, denn ich mußte der Dolce einen Namen geben. Angesichts der vornehmen Herkunft gedachte ich sie mit der Dolce Torino und der Dolce Firenze in eine Reihe zu stellen und nannte sie nach der Stadt, deren Ruhm seit der Antike die Welt erfüllt.
Man wählt nicht zu reife Äpfel mittlerer Größe von bester Qualität und wiegt 600 g, also 5 oder 6 Äpfel, ab. Sie werden geschält, das Gehäuse mit einem Blechröhrchen ausgestochen. Darauf

bringt man sie mit 2 dl stark alkoholischem Weißwein und 130 g Zucker zum Kochen. Wenn man sie beim Kochen etwas bewegt, sollen sie nicht zerdrückt werden, auch nicht zerfallen. Sie werden herausgenommen und senkrecht (eine Öffnung nach unten) in eine hübsche Schüssel gestellt, die man auf den Tisch bringen kann und die feuerfest ist. Sie werden mit folgender Creme übergossen:

4 dl Milch, 3 Eiklar, 70 g Zucker, 20 g Mehl, Vanillezucker (wenig)

Die 3 Eiklar werden fest mit dem Rührbesen geschlagen, mit 20 g Puderzucker versetzt und damit die Äpfel bedeckt. Das Ganze wird leicht gebacken (Oberhitze, wenig Unterhitze), bis die Oberfläche Farbe bekommt. Bevor man serviert, streicht man noch mit einem Pinsel den Sirup darüber, der dadurch entsteht, daß man das Kochwasser der Äpfel weiter kondensiert.
Es reicht für 5 oder 6 Personen.

444 Dolce Torino

Diesen Dolce präpariert man in Rechteckform in einer Schale oder auf einem Teller.

100 g Savoiardi, 100 g Schokolade, 100 g frische Butter,
70 g Puderzucker, 1 Eidotter, 2 EL Milch, etwas Vanillezucker

(Anmerkung: »Savoiardi« sind leichte Biscotti, ähnlich dem, was man bei uns »Löffelbiskuits« nennt).
Die Savoiardi werden der Länge nach aufgeschnitten und beide Teile mit Likör befeuchtet – besser noch eine Hälfte mit Likör, die andere mit Alkermes (rote Antimonblende, auch als Kermes mineralis im Handel), damit es etwas farbig wird. Zuerst wird die Butter mit dem Zucker und der Eidotter verrührt. Man setzt die geschabte und zerbröselte Schokolade mit der Milch auf das Feuer, wenn sie sich gelöst hat, gießt man sie warm in die bearbeitete Butter, streut den Vanillezucker hinein und verrührt alles gut zu einem Brei.

Nun legt man eine erste Schicht besagter Savoiardi auf die Schüssel und streicht sie leicht mit dem Brei ein. Darüber legt man eine zweite Schicht Savoiardi, eine dritte, und jedesmal streicht man von dem Brei darauf, der Rest des Breis kommt auf die oberste Schicht und wird so glatt wie möglich verstrichen. Ehe man ihn am nächsten Tag aufträgt, wird die Oberfläche noch einmal mit einem am Feuer gewärmten Messer geglättet, außerdem kann man diesen Dolce noch mit Pistazien oder leicht gerösteten Nüssen verzieren, beides sehr klein gehackt, aber nicht zerstoßen. 40 g mit der Schale abgewogene Nüsse oder 15 g Pistazien sollten ausreichen. Ihr wißt schon, daß die Nüsse in warmem Wasser von der braunen Haut befreit werden müssen.
Die Dosis reicht für 6 bis 7 Personen.

445 Dolce Firenze

Diesen habe ich in der schönen alten Stadt der Blumen entdeckt, ohne daß es jemand für nötig befunden hätte, ihm einen Namen zu geben, also wagte ich es, ihn Dolce Firenze zu nennen. Sollte er seiner bescheidenen Art wegen dieser berühmten Stadt nicht allzuviel Ehre machen, dann könnte er mit den Worten entgegnen: »Nehmt mich einfach für den bescheidenen Familientisch, dann habt ihr etwas feines für wenig Geld.«

100 g Zucker, 60 g feinstes Brot, 40 g Sultaninen, 3 Eier,
ausreichend Butter, ½ l Milch, geriebene Zitronenschale

Das Brot schneidet ihr in sehr dünne Scheiben, röstet diese an, bestreicht sie noch warm auf beiden Seiten mit Butter und legt sie in eine hübsche Schale, die nachher auf den Tisch kommt. Über die Brotscheiben streut ihr die Sultaninen und die geriebene Zitronenschale. Die Eier verquirlt ihr gut mit dem Zucker und der Milch und gießt die Mischung über das Feinbrot und die Zutaten. Die Schale kommt mit einem Deckel darauf in den Herd, es wird bei Oberhitze gebacken und warm serviert.
Es kann für 5 Personen reichen.

446 Makronenpastete mit Eiercognac

100 g Makronen, 100 g Zucker, 80 g Kartoffelmehl, ½ l Milch, 3 Eier

Zucker und Kartoffelmehl kommen in eine Kasserolle, die Milch wird in kleinen Mengen eingerührt.
Die Makronen zerstößt man im Mörser zu Pulver; wenn das ihrer besonderen Qualität wegen nicht möglich ist, werden sie mit etwas Milch eingeweicht und durch ein Sieb geschlagen. Dann kommen sie in die Kasserolle, werden verrührt und gebacken, bis sie fest werden. Man nimmt sie vom Feuer und gießt die Eier hinein, sobald sie lauwarm sind – erst die Dotter, dann den geschlagenen Eischnee. Man bestreicht eine Form mit einer Mittelöffnung mit Butter, gießt den Teig hinein und stellt ihn in den Backofen. Wenn er gebacken ist, füllt und bedeckt man ihn mit dem Eierpunsch nach Rezept Nr. 454 und serviert.

447 Pastete aus süßem Mehl

Ein Herr aus einer bekannten Familie in Barga, den persönlich zu kennen ich nicht die Ehre habe, und der (wie er sagt) von der Qualität dieses meines Buches begeistert ist, hat mir danken wollen und deshalb das folgende Rezept geschickt, das ich der Veröffentlichung und des Lobes für würdig erachte.

200 g süßes Mehl (Kastanienmehl), 50 g Schokolade, 30 g Zucker, 25 g Butter, 20 g Zitronat, 12 süße Mandeln und einige Pistazienkerne, ½ l Milch, 3 Eier, 150 g geschlagene Sahne mit etwas Vanille

Mandeln und Pistazien werden wie üblich gehäutet, diese in zwei Hälften, jene kleingehackt und beide geröstet. Auch das Zitronat wird zerkleinert.
Die Schokolade wird in 1 dl Milch am Feuer aufgelöst, dann setzt man ihr den Zucker und die Butter zu und stellt sie beiseite. Das Mehl kommt in einen Tiegel, der Rest der Milch wird hineingegossen und gut umgerührt, damit sich keine Klümpchen bilden. Dann verbindet man den Mehlteig mit der Schokolade und läßt

ihn eine Weile auf dem Feuer, nachdem er heruntergenommen und abgekühlt ist, gibt man die Eier dazu, erst die Dotter, dann den geschlagenen Eischnee, zuletzt Mandeln, Pistazien und Zitronat. Man füllt den Teig in eine in der Mitte durchbrochene Form, und bäckt ihn im Wasserbad. Bevor er aus der Form kommt, umgibt man diese mit gehacktem, mit Salz vermischtem Eis, damit er gefriert. Auf den Tisch kommt er mit obiger Sahnefüllung.
Die Menge reicht für 7 oder 8 Personen.

448 Kindbett-Küchlein

Das Geschlecht, das man mit gutem Recht »das sanfte« (gentile) nennt, weil es mit seinem feineren moralischen Empfinden zum Fortschritt der Menschheit beiträgt, hat auch viel dazu beigetragen, daß die Liste meiner Rezepte zahlreicher und abwechslungsreicher wurde.
Eine Dame aus Conegliano schreibt mir, sie habe zu ihrer Verwunderung in meinem Buch weder die »pinze dell'Epifania« noch (lacht bitte nicht) die »biscotti puerperali« entdeckt, zwei Dinge, die nach ihrer Meinung von nicht geringer Bedeutung sind. Sie erzählt, daß die Bauernfamilien des schönen Conegliano in der Vergil des Dreikönigsfestes durch die umliegenden Hügel und Ebenen schwärmen, fröhliche Feuer entzünden, auf der Tenne des Gutshofes Gebete sprechen, um eine gute Ernte vom Himmel zu erflehen und dann glücklich und zufrieden ins Haus zurückkehren, wo sie am Kamin die mit einem guten Wein angemachte Pinza erwartet (eine pikante Sauce). Nun, die Pinza paßt zu diesen Leuten und zu diesem Klima, ich will sie hier nicht beschreiben, wohl aber wende ich meine Aufmerksamkeit den »biscottini puerperali« zu, die nach dem Rezept dieser Dame nahrhaft und schmackhaft sind und sehr angebracht, die Kräfte einer jungen Frau, die einen Sohn geboren hat, zu erneuern.

8 Eidotter, 150 g Puderzucker, 40 g Kakaopulver, 40 g Butter, etwas Vanillezucker

Man gibt die Zutaten in eine Schüssel und rührt eine gute Viertelstunde lang. Dann wird der Teig in 4 Papierkästchen von 8 cm Länge und 6 cm Breite gefüllt. Diese bäckt man in einer bedeckten Pfanne bei mäßiger Glut von oben und unten, bis sie ziemlich fest geworden sind, aber keine Kruste bilden, weil man sie mit dem Teelöffel ißt, der Ausdruck »biscottini« also nicht ganz treffend ist.

449 Quarkpudding

300 g Quark, 100 g Zucker, 100 g süße Mandeln und 3 oder 4 bittere, 5 Eier, geriebene Zitronenschale

Die Mandeln werden wie üblich im warmen Wasser geschält und dann zusammen mit 1 Eiklar im Mörser fein zerstoßen. Man mischt sie unter den Quark, den man, falls er zu fest oder klumpig ist, vorher durch ein Sieb schlägt. Man gibt die Butter und die gequirlten Eier hinein und gießt den Teig in eine mit Butter ausgestrichene und mit Semmelbrösel bestreute Puddingform. Er wird im Ofen oder zwischen zwei Feuern gebacken und kalt serviert (zwei Feuer = Ober- und Unterhitze gleich).
Es kann für 6 oder 7 Personen reichen.

450 Budino alla napoletana

Man kocht Grieß in 3 Gläsern Milch, achtete darauf, daß er nicht zu fest wird, nimmt ihn ab, rührt Zucker, 1 Prise Salz und geriebene Zitronenschale hinein, und wenn er nicht mehr heiß ist, setzt man 3 Eidotter und 2 Eiklar zu. Es muß alles gut vermischt werden. Eine Form mittlerer Größe wird mit Butter oder Speck ausgestrichen und dann mit einer Folie aus Mürbeteig (dick wie ein Geldstück) ausgekleidet (die halbe Menge des Rezepts Nr. 406 A wird genügen). Man gießt ⅓ des Grießpuddings hinein und verteilt darauf in kleinen Abständen Stücke (oder Teelöffel voll) Fruchtkonserve verschiedener Art wie Himbeere, Quitte, Aprikose etc. Darauf folgt eine zweite und dritte Schicht, immer Grieß und Fruchtkonserve abwechselnd. Oben darüber kommt dann

wieder eine Schicht Mürbeteig, deren Ränder man mit dem in Wasser getauchten Finger anfeuchtet, damit er an dem Teig haftet, mit dem die Form ausgelegt ist. Man »vergoldet« die Oberfläche mit Eidotter und stellt den Pudding in den Backofen. Wenn er aus der Form ist, streut man Puderzucker darüber und serviert ihn kalt.
Zur Fruchtkonserve kann man auch Sultaninen und zerhacktes Kandiertes geben.

451 Diplomatenpudding

Der Pudding heißt nicht nur so, er ist auch recht kompliziert und hat einen vielfältigen Geschmack. Darum widme ich ihn dem größten aller Diplomaten, dem Idol des Tages. Denn die Menschen brauchen nun einmal ein Idol, das sie verehren können, und haben sie keins, so machen sie sich eins, indem sie bescheidene Verdienste maßlos übertreiben. Ich bin von Natur ungläubig, aber nicht ganz ohne Hoffnung. Ich halte es mit denen, die sagen, »warten wir, bis er tot ist, dann reden wir darüber«. Wieviel Idole und Sterne haben wir in unserer Zeit aufstrahlen sehen, die schnell wieder untergingen oder vergessen wurden. Als ich das folgende Rezept aufzeichnete, wurde einer von allen bewundert, jetzt ist er vom Firmament verschwunden (Anmerkung: die frühere Erwähnung des Jahres 1849 läßt vermuten, daß Artusi mit dem glänzendsten aller Sterne Garibaldi meinte – er kämpfte schon vor dem Zug der Tausend in den Jahren 48/49 gegen Österreicher und Franzosen. Artusis resignierender Ton schreibt sich dann wohl von der Tatsache her, daß Garibaldis Politik von Camillo Cavour später unterlaufen wurde, und König Viktor Emanuel den General – und politischen Abenteurer – Garibaldi nur mit dem einzigen Wort »danke« belohnte).
Die Mengen für 10 Personen:

1 l Milch, 100 g Zucker, 100 g Savoiardi (Löffelbiskuits),
80 g Malagatrauben, 50 g Sultaninen, 50 g Aprikosenkonserve,
50 g Quittenkonserve, 20 g Kandiertes (Zitronat, Orangeat),
½ dl Kirsch, 6 Eidotter, 4 Eiklar

Die Milch soll mit dem Zucker ½ Stunde kochen.
Den Malagatrauben entnimmt man die Kerne. Das Kandierte wird in kleine Stücke geschnitten, desgleichen die Konserven, die also in diesem Falle nicht aus Mus, sondern aus kompakten Früchten bestehen sollten.
Die Trauben und das Kandierte kommen mit Rum auf das Feuer, wie für Rezept Nr. 398 »Risotto alla sultana«.
Wenn die Milch gekocht hat, läßt man sie abkühlen, gießt dann die gequirlten Eier und den Kirsch hinein. Man nimmt eine glatte Zylinderform, streicht sie gut mit Butter ein und füllt sie auf folgende Art: Auf den Boden kommt eine Schicht Früchte, dann eine Lage Savoiardi (s. Rezept Nr. 444), dann wieder Früchte und Konserven und Savoiardi und so fort, solange der Vorrat reicht. Als letztes gießt man ganz langsam die auf obige Art vorbereitete Milch darüber, bäckt die Süßspeise im Wasserbad und serviert sie warm.
Jemand sagte, wenn dieser Pudding seinem »diplomatischen« Titel Ehre machen wolle, so müsse er »geheim« auf der Tafel erscheinen, das heißt, die Füllung müsse verborgen sein, wie es bei politischen Geheimnissen üblich ist. Wenn ihr das erreichen wollt, so nehmt ihr noch 140 g Savoiardi dazu, damit legt ihr zuerst den Boden und beim Einfüllen nach und nach auch die Seitenwände der Form aus, so daß der Pudding nun wirklich zu einer »Verschlußsache« wird.

452 Plum-Pudding

Dieses englische Wort bedeutet Pflaumenpudding, obwohl in Wirklichkeit keine Pflaumen darin sind.
Man rührt eine Mischung an, zu der man für jedes darin zum Legieren verwendete Ei folgende Zutaten nimmt:

30 g Zucker, 30 g Rosinen, 30 g Sultaninen, 30 g Weißbrotmark,
30 g Nierenfett (Hammel), 15 g Zitronat, 15 g Orangeat, 1 EL Rum

Aus den Rosinen werden die Kerne entfernt, das Kandierte wird in sehr kleine Stückchen geschnitten. Hat man kein Nierenfett

vom Hammel, so kann man auch welches vom Kalb nehmen. Es wird enthäutet und dann ebenso wie der Brotteig sehr fein zerkleinert.
Man quirlt die Eier, mischt alles zusammen und läßt es einige Stunden ruhen. Danach gießt man es auf ein Tuch, das man mit einem Bindfaden fest zusammenbindet, damit es eine Kugel bildet. Man setzt einen Topf mit Wasser auf, und wenn das Wasser kocht, hängt man die Kugel so hinein, daß sie nicht den Boden berührt. So wird der Pudding langsam gekocht, und zwar soviel Stunden, wie man Eier dazu verwendet hat. Dann wird er vorsichtig von dem Tuch befreit und bekommt oben ein Grübchen, in das man ein oder zwei Gläschen Cognac oder Rum gießt, der den ganzen Pudding durchzieht. Man zündet ihn an und bringt ihn so, warm und brennend, auf den Tisch, wo man ihn in Scheiben schneidet, sobald die Flamme erloschen ist. Plumpudding von 3 Eiern sollte für 6 Personen reichen.

453 Zuppa Inglese

In der Toskana, wo man aus Gründen des Klimas und der Gewöhnung alle Lebensmittel leicht und wenn möglich in flüssiger Form zubereitet, ist diese Creme dünn ohne Stärke oder Mehl und wird in einer Kaffeetasse serviert. Sie ist dann zwar delikater, eignet sich aber nicht zu einer englischen Suppe in der Form und sieht auch nicht sehr gut aus.
Hier sind die Mengen für eine »crema pasticcera«, wie die Köche sie nennen, um sie von einer Creme ohne Mehl zu unterscheiden.

5 dl Milch, 85 g Zucker, 40 g Mehl, besser noch Stärkemehl,
4 Eidotter, Vanillewürze (wenig)

Zuerst wird der Zucker mit den Eidottern verrührt, dann kommt das Mehl und zuletzt in kleinen Mengen die Milch dazu. Der Topf wird auf starkes Feuer gesetzt und ständig umgerührt. Sobald er aber zu dampfen beginnt, zieht man ihn auf schwächeres Feuer, damit sich keine Klumpen bilden. Wenn die Masse etwas

fester geworden ist, läßt man sie noch 8 bis 10 Minuten auf dem Feuer und dann abkühlen.
Man nimmt eine kannelierte Form, bestreicht sie mit Butter und füllt sie auf folgende Weise: Wenn man eine gute Fruchtkonserve hat, wie Aprikose, Pfirsich oder Quitten, legt man sie als erstes auf den Boden der Form, darauf eine Schicht Creme und eine Schicht Savoiardi (Löffelbiskuits), die man in weißen Likör getaucht hat. Nehmen wir einmal an, die Form habe 18 Kannelierungen, dann kann man neun Savoiardi in Alkermes tauchen und neun in weißen Likör, die man dann abwechselnd in die Vertiefungen einpaßt. Man gießt dann wieder Creme darauf, wieder eine Schicht Löffelbiskuits und so fort, bis die Masse verbraucht ist.
Man sollte die Savoiardi nicht zu stark mit Likör nässen, weil sie sich sonst nicht an die Creme binden. Ist der zur Verfügung stehende Likör zu süß, streckt man ihn mit Rum oder Cognac. Zu hart gewordene Fruchtkonserven können mit Wasser am Feuer eingeweicht werden, kommen aber abgekühlt in die Form.
Obige Menge reicht für 7 oder 8 Personen.
Im Sommer sollte der Kuchen mit Eis gekühlt werden, um ihn dann aus der Form zu nehmen, taucht man ihn kurz in warmes Wasser, damit sich die Butter (vom Einstreichen) löst.
(Es ist klar, daß das Wort Zuppa in »Zuppa inglese« nicht exakt unserem Wort Suppe entspricht, wie ja auch eine Fischsuppe in den seltensten Fällen eine »Suppe« ist. Das italienische Wort »inzuppare« bedeutet einfach einweichen, die Menge der Flüssigkeit spielt keine Rolle.)

454 Pastete aus Löffelbiskuits

100 g Savoiardi, 70 g Malagatrauben, 50 g Sultaninen, 30 g Zitronat, Marsala nach Bedarf

Aus den Malagatrauben entfernt man die Kerne, das Zitronat wird in Stückchen geschnitten. Man nimmt eine in der Mitte durchbrochene Form und streicht sie mit Butter ein. Die Savoiardi werden an der Oberfläche vorsichtig mit Marsala benetzt

und abwechselnd mit Schichten von Trauben und Zitronat (gemischt) in die Form gefüllt.
Dann macht man eine Creme aus:

2 dl Milch, 2 Eiern, 50 g Zucker, etwas Vanille

So roh wird diese Creme über die Savoiardi in die Form gegossen. Gebacken wird im Wasserbad und der Kuchen warm aus der Form genommen. Ehe man ihn auf den Tisch bringt, füllt man in das Loch eine Zabaione (warmer Eierpunsch), der den ganzen Kuchen überzieht. Sie besteht aus:

2 Eiern, 50 g Zucker, 1½ dl Marsala

Die Zabaione wird in einer Schüssel über dem Feuer im Wasserbad angesetzt, und ständig mit dem Rührbesen geschlagen, bis sich eine cremige Masse gebildet hat. Diese Süßspeise reicht für 6 Personen und wird ihnen munden.

455 Täßchen

Dies ist eine sehr feine Nachspeise, die man am Ende einer Mahlzeit in Tassen reicht, die kleiner sind als Kaffeetassen, 1 Täßchen pro Person – daher der Name »le tazzine«. Im Folgenden die Mengen für 10 Personen.

300 g Zucker, 60 g süße Mandeln, 10 Eidotter, 1 dl Wasser, Duftstoff »Orangenblütenwasser«, Zimt in ausreichender Menge

Die geschälten Mandeln werden nußbraun geröstet, sehr fein zerstoßen und beiseite gestellt.
Den Zucker läßt man in der angegebenen Wassermenge 1 oder 2 Minuten lang kochen, er darf aber nicht braun werden. Wenn er lauwarm ist, setzt man die Eidotter zu, einzeln nacheinander oder höchstens 2 auf einmal. Das Gefäß kommt auf sehr mäßige Glut und wird ständig in ein und derselben Richtung umgerührt. Wenn die Masse etwas kondensiert ist und keine Gefahr mehr be-

steht, daß sie ansetzt oder klumpt, kann man sie, damit sie besser aufgeht, von unten nach oben mit dem Schaumschläger durchklopfen, bis die Eidotter ihre lebhafte Färbung verloren haben und alles eine dichte Creme geworden ist. Darauf kommen Duftstoff und Mandeln dazu und werden gut verrührt. Die steife Flüssigkeit wird in Täßchen abgefüllt, und auf jedes streut man in der Mitte 1 Prise Zimt, was aber dem Gast überlassen bleibt, der je nach Geschmack mit dem Löffelchen etwas davon einrührt, um das »Getränk« duftiger zu machen. Man kann diese Süßspeise auch einige Tage vor der Mahlzeit zubereiten, weil sie sich so lange hält.

456 Krokant im Wasserbad

150 g Zucker, 85 g süße Mandeln, 5 Eidotter, 4 dl Milch

Die Mandeln werden geschält und mit dem Wiegemesser etwa auf die Größe eines Getreidekorns zerkleinert. 110 g des Zuckers kommen auf das Feuer. Wenn er sich verflüssigt hat, gießt man die Mandeln dazu und rührt ständig um, bis sie zimtfarben sind. Man schüttet sie in eine mit Butter bestrichene Pfanne. Sobald sie abgekühlt sind, werden sie mit den restlichen 40 g Zucker im Mörser fein zerstoßen.

Man setzt die Eidotter zu, anschließend die Milch, rührt gut um und gießt alles in eine in der Mitte durchbrochene Form, die zuvor mit Butter ausgestrichen wurde. Gebacken wird im Wasserbad, und falls es Sommer ist, stellt man die Form danach auf Eis.

Soll der Krokant für mehr als 6 Personen sein, dann nimmt man von allem das Doppelte. Wenn man im Sommer der Milch nicht recht traut, läßt man sie vorher für sich 1 Viertelstunde kochen.

457 Latte brûlé

1 l Milch, 180 g Zucker, 8 Eidotter und 1 Eiklar

Die Milch wird mit 100 g Zucker aufgesetzt und eine ganze Stunde lang gekocht, dann läßt man sie abkühlen. Die restlichen

80 g Zucker werden in einer Kasserolle aufgesetzt, in der man ihn flüssig werden läßt. Man gießt davon so viel in eine glatte Form, daß der Boden wie mit einem dünnen Schleier bedeckt ist. Was noch in der Kasserolle ist, bleibt weiter auf dem Feuer, bis es schwarz ist. Dann kommt eine kleine Kelle Wasser dazu, worauf der Zucker knisternd gerinnt. Er bleibt aber weiter auf dem Feuer und wird umgerührt, bis er eine steife, schwarze Flüssigkeit bildet. Man stellt ihn beiseite, quirlt die Eier und mengt dann alles zusammen: die Milch, die Eier und den verbrannten Zucker. Man probiert, ob die Mischung süß genug ist, und seiht sie dann durch ein nicht zu enges Sieb. Gebacken wird im Wasserbad mit Oberhitze, wenn die Oberfläche beginnt Farbe anzunehmen, legt man ein mit Butter eingefettetes Blatt unter den Deckel. Um festzustellen, ob er gar ist, sticht man den Kuchen mit einem kleinen Messerchen an. Wenn dieses sauber und trocken bleibt, nimmt man die Form vom Feuer, läßt gut abkühlen und fährt vor dem Ausformen mit einem dünnen Messer an der Innenseite der Form entlang. Dann kippt man die Süßspeise mit einem Tuch oder auch ohne auf eine Platte. Im Sommer sollte man vor dem Kippen die Form auf Eis stellen. Die Menge kann für 10 Personen reichen.

458 Milch alla portoghese

Dieses Gericht ähnelt dem vorigen, aber ohne den ausgeglühten Zucker.

1 l Milch, 100 g Zucker, 8 Eidotter und 2 Eiklar

Als Würze eignen sich Vanille, Koriander und Kaffee in gleicher Weise.

Nimmt man Kaffee, dann gemahlen, entscheidet man sich für Koriander, zerstößt man eine Prise davon im Mörser. Die Würze kommt zum Kochen in die Milch, die nachher durchgeschlagen wird. Wenn es sich nicht um besonders gute Milch handelt, kann man sie 1¼ Stunde kochen lassen.

Nicht zu vergessen der Schleier aus geschmolzenem Zucker am Boden der Form.

459 Latteruolo

Dies ist eine köstliche Zuspeise. An manchen Orten der Romagna (vielleicht auch anderswo in Italien) bringen die Bauern sie ihrem Padrone als Geschenk zum Fest »Corpus Domini«.

1 l Milch, 100 g Zucker, 8 Eidotter, 2 Eiklar, Vanille oder Koriander

Die Milch wird mit dem Zucker 1 Stunde lang gekocht, auch eine Viertelstunde länger, wenn ihr der Qualität nicht ganz sicher seid. Nehmt ihr Koriander dazu, so behandelt ihn wie im vorigen Rezept angegeben. Bei der Milch muß von Zeit zu Zeit die sich bildende Haut durchgestoßen werden. Sie wird dann durchgeschlagen, und wenn sie abgekühlt ist, mischt man die gequirlten Eier hinein.
Man nimmt eine Pfanne, die man mit der Pasta matta nach Rezept Nr. 125 auslegt und bereitet sie vor wie für den Migliaccio di Romagna, Nr. 460, bäckt mit mäßiger Ober- und Unterhitze. Um das Bräunen zu verhindern, legt man eine mit Butter eingefettete Folie darüber. Wenn der Kuchen abgekühlt ist, zerschneidet man ihn mit dem untergelegten Teig in Mandelgröße wie den Migliaccio.

460 Migliaccio di Romagna

»Wenn das Schwein fliegen könnte, wäre es unbezahlbar«, sagt ein Sprichwort, und ein anderes meint, »das Schwein bietet mit seinen verschiedenen Fleischsorten und der unterschiedlichen Zubereitung so viel Geschmacksschattierungen, daß es für jeden Tag im Jahr eine andere gibt«. Was an diesem volkstümlichen Gerede dran ist, mögt ihr selbst entscheiden, mir genügt es, euch ein Gericht zu vermitteln, das an den sogenannten »nozze del maiale« (Schlachtfest, eigentlich »Schweinehochzeit«) zubereitet wird.
In der Romagna schlachten die wohlhabenden Familien und die Bauern zu Haus, was vor allem für die Jugend eine Art Fest bedeutet. Dies ist auch die Gelegenheit, sich seiner Freunde, Verwandten oder der Menschen zu erinnern, denen man sonstwie verpflichtet ist, und so schickt man dem einen zum Beispiel drei oder

vier Karbonaden, dem anderen einen Lungenflügel, dem dritten einen Teller mit einem guten Migliaccio. Und die beschenkte Familie verhält sich im umgekehrten Falle natürlich ebenso. Ihr werdet mit dem Sprichwort sagen, »É pane da rendere e farina da imprestare« (Brot auf Rückerstattung und geborgtes Mehl). In Wirklichkeit handelt es sich aber um Bräuche, die Freundschaften und Bekanntschaften zwischen den Familien aufrechterhalten.
Kommen wir nach diesem langen Vorwort zum Kern der Sache, dem Rezept Migliaccio di Romagna, eines Gerichts, das man einfach kennen muß.

7 dl Milch, 330 g Schweineblut, 200 g erstklassiger Honig oder Most-Saft, 100 g geschälte süße Mandeln, 100 g Zucker, 80 g Paniermehl (feine Semmelbrösel), 50 g Kandiertes, 50 g Butter, 2 TL feine Würze (nach Wahl oder käufl. Duftstoffe), 100 g Schokolade, 1 TL Muskatnuß, 1 Stück Zitronenschale

Die Mandeln werden zusammen mit dem in kleine Stückchen geschnittenen Kandierten im Mörser fein zerstoßen, man setzt nach und nach einige Teelöffel Milch zu und schlägt dann alles durch das Haarsieb. Die Milch wird mit der Zitronenschale aufgesetzt, 10 Minuten kochen lassen. Nun nimmt man die Schale heraus. Man gibt die geriebene Schokolade in die Milch, wenn sie sich gelöst hat, wird sie vom Feuer genommen und kühlt ein bißchen ab. Man gießt das schon durch ein Haarsieb passierte Blut und alle anderen Zutaten hinein, als letztes die Semmelbrösel, die nicht ganz zugesetzt werden müssen, wenn es zuviel sind.
Gebacken wird im Wasserbad, wobei man öfter umrühren muß, damit nichts ansetzt. Ob die Mischung gar und fest genug ist, erkennt man daran, daß man den Rührlöffel hineinsteckt. Wenn er aufrecht stehenbleibt, ist es gut, wenn das auch nach längerer Zeit nicht geschieht, muß noch der Rest der Semmelbrösel zugesetzt werden. Weiter geht man vor wie in Rezept Nr. 437 für Quarktorte, man gießt die Masse also in eine mit Pasta matta nach Rezept Nr. 125 ausgelegte Pfanne; wenn sie gut abgekühlt ist, zerschneidet man sie. Die Pasta matta wird nur leicht angebacken, damit sie sich leichter zerschneiden läßt, und der Migliaccio darf beim Backen nicht austrocknen, sondern muß abgenommen wer-

den, wenn man ihn mit einem Holzsplitter ansticht und dieser trocken herauskommt.

Nimmt man den Honig statt unvergorenem Traubensaft, so schmeckt man ab, ehe man den Zucker dazugibt, damit es nicht zu süß wird, auch die übrigen Würzen müssen abgestimmt sein. In der Sorge, nicht von allen richtig verstanden zu werden, gehe ich in der Beschreibung der Einzelheiten manchmal vielleicht etwas zu weit. Manchmal aber genügt es noch nicht, denn mir schrieb eine Köchin aus einem Dorf der Romagna: »Ich habe meinen Padroni den Migliaccio gemacht, wie er in Eurem sehr bewunderten Handbuch für die Küche abgedruckt ist. Er hat ihren Beifall gefunden, nur habe ich nicht gewußt, wie man die Mandeln und das Kandierte durch das Haarsieb passiert. Habt die Güte, es mir mitzuteilen.«

Ich antwortete ihr darauf: »Ich weiß nicht, ob Euch bekannt ist, daß es für den Küchengebrauch geeignete Siebe aus Roßhaar gibt, die fein und kräftig sind, und außerdem äußerst feinmaschige Siebe aus Eisendraht. Damit und mit etwas Öl läßt sich ziemlich alles passieren.«

Sirup/Säfte

Sirup von säurehaltigen Früchten ist in Wasser gelöst oder gefroren eine Erfrischung, die besonders in der warmen Jahreszeit willkommen ist. Man sollte ihn aber erst genießen, wenn die Verdauung beendet ist, denn des vielen Zuckers wegen liegt er schwer im Magen und sollte auf keinen Fall kurz nach der Mahlzeit genommen werden.

461 Himbeersirup

Der Wohlgeruch dieser Frucht macht sie zum König unter den Fruchtsäften. Nachdem man die Himbeeren gut mit den Händen zerdrückt hat, geht man weiter vor wie in Rezept Nr. 463, auch mit den gleichen Mengen Zucker und Zitronensäure. Allerdings ist die Gärungsperiode kürzer, weil diese Beerenfrucht weniger Glutin enthält als Johannisbeeren. Diese Säfte brauchen soviel Zukker, weil er der Konservierung dient. Die übermäßige Süße wird durch die Zitronensäure ausgeglichen.

462 Himbeersaft sauer

Man macht ihn mit Zitronensäure und Weinessig bester Qualität, beides gießt man in den Himbeersirup, wenn er vom Feuer genommen wird. Die nötige Essigmenge probiert man aus, indem man ein bißchen Sirup in Wasser löst und abschmeckt. Dieses Getränk löscht besser den Durst als das vorige, ist aber gleichfalls angenehm trinkbar.

463 Sirup von Johannisbeeren

Diese stark glutinhaltige Frucht fordert eine lange Fermentation. Wenn man Zucker in dem frisch ausgepreßten Johannisbeersaft auflöst, bekommt man keinen Sirup, sondern Gelatine.
Man zerdrückt die Johannisbeeren an den Stielen, so wie man es beim Mosten von Trauben macht, und stellt sie in einem Ton- oder Holzgefäß an einen kühlen Platz. Wenn sie angefangen ha-

ben zu fermentieren (was erst nach 3 oder 4 Tagen sein kann), drückt man die oberste Schicht herunter und rührt von da ab zweimal täglich um, solange die Flüssigkeit arbeitet. Sie wird dann in kleinen Mengen durch ein Tuch geschlagen und gut mit den Händen ausgepreßt, anschließend muß sie gefiltert werden, wenn nötig 3- bis 4mal oder auch öfter, bis sich eine vollkommen klare Flüssigkeit ergibt. Diesen Saft setzt man auf das Feuer, und wenn er gerade anfangen will zu kochen, setzt man Zucker und Zitronensäure im folgenden Mengenverhältnis zu:

3 kg Saft, 4 kg weißer Zucker, 30 g Zitronensäure

Es muß pausenlos umgerührt werden, damit der Zucker nicht ansetzt. Wenn der Sirup 2 oder 3 Minuten lang stark gekocht hat, probiert man ihn, um bei Bedarf noch Zitronensäure nachgeben zu können, nimmt ihn dann ab, läßt ihn kalt werden, füllt ihn in Flaschen und bewahrt ihn im Keller auf.
Das Schöne an diesen Säften ist, daß sie vollkommen klar sind, und um das zu erreichen, muß man sie lange genug gären lassen.

464 Zitronensirup

3 Zitronen, 600 g weißer Zucker, 1 Glas Wasser (etwa 3 dl)

Man schält die Zitronen sorgfältig (auch das weiße Häutchen etc.), zerlegt sie und entnimmt ihnen die Kerne, ohne sie auszupressen. Eine der Schalen zerteilt man mit dem Federmesser in dünne Streifchen, wirft sie in das Wasser, und wenn dieses zu kochen beginnt, gießt man den Zucker hinein. Man läßt noch etwas kochen, nimmt dann die Zitronenschalen heraus und gibt statt dessen die zerlegten Zitronen hinein. Der Sirup wird eingekocht, ob er fertig ist, erkennt man daran, daß er beim Kochen perlt und die Farbe von Weißwein annimmt.
Er wird in einem Glasgefäß konserviert, bei Bedarf nimmt man 1 EL voll heraus und löst ihn in Wasser. Damit hat man ein ausgezeichnetes, erfrischendes Getränk; man wundert sich, daß es in

Italien noch Gegenden gibt, wo es in den Kaffeehäusern nicht angeboten wird.

465 Marena

Man nimmt echte Weichselkirschen, die auch in reifem Zustand noch sauer sind. Man entfernt die Stengel und preßt die Kirschen wie Trauben beim Keltern. Man legt eine Handvoll Kerne beiseite, deren Verwendung ich später erläutern werde. Die gepreßten Kirschen werden in einem irdenen Gefäß mit einem ordentlichen Stück Zimt (Stangenzimt) an einen kühlen Ort gestellt, wo sie nach frühstens 48 Stunden zu gären anfangen. Man drückt sie nach unten und rührt von Zeit zu Zeit um. Jetzt bräuchte man eine Presse, um den Saft herauszudrücken, wenn man aber keine hat, nimmt man jeweils kleine Mengen in ein dünnes Tuch und preßt sie mit den Händen aus.
Ich betonte schon, daß diese Säfte völlig klar sein sollen, wenn die Flüssigkeit also geruht und sich gesetzt hat, gießt man den klaren Teil ab und passiert den Rest mehrmals durch einen Wollfilter. Die gereinigte Flüssigkeit setzt man mit dem empfohlenen Stück Zimt in folgendem Mengenverhältnis ans Feuer:

6 kg klarer Saft, 8 kg weißer Zucker, 50 g Zitronensäure

Zucker und Zitronensäure werden erst zugegeben, wenn der Saft gut warm ist. Von da ab wird öfter umgerührt, damit sich der Zukker nicht am Boden ansetzt und braun wird. Die Kochdauer ist kurz, 4 bis 5 Minuten genügen, um den Zucker fest mit der Flüssigkeit zu verbinden. Längeres Kochen würde dem Fruchtsaft das Aroma nehmen, bei ungenügendem Kochen würde der Zucker sich mit der Zeit wieder aussondern. Die Marena wird dann in ein tönernes Gefäß gegossen und kalt in Flaschen abgefüllt. Man verschließt die Flaschen mit einfachen Korkstöpseln und bewahrt sie im Keller auf, wo sich die Marena wie die anderen Konserven aus Fruchtsaft jahrelang unverändert aufbewahren läßt.
Nun zu den vorher erwähnten Kernen: Man trocknet sie und versetzt sie mit 30 g geschälten Mandeln, zerkleinert alles im Mörser

sehr fein und mischt es unter die Kirschen, ehe sie zu fermentieren begonnen haben. Der leicht bittere Geschmack verfeinert das Aroma des Sirups.

466 Sapa

Die Sapa ist weiter nichts als ein Traubensirup, der in der Küche vielfache Verwendung findet, weil sein besonderer Geschmack sich für viele Gerichte eignet. Besonders willkommen ist sie im Winter den Kindern, die daraus mit frisch gefallenem Schnee eine Art Speiseeis improvisieren.

Man preßt gut reife, weiße Trauben bester Qualität, und wenn sie etwa 24 Stunden fermentiert haben, zieht man den Most ab und schlägt ihn durch ein Tuch. Dieser Most muß viele Stunden auf dem Feuer kochen, bis er zu Sirup geworden ist, den man in Flaschen aufbewahrt.

Konserven

Konserven und Fruchtgelatine sind für die Familienküche sehr bequem, weil sie oft zu den Süßspeisen des Nachtischs verwendet werden können, außerdem sind sie als gesunder, nahrhafter und wohlschmeckender Brotaufstrich besonders bei Kindern beliebt.

467 Tomatenkonserve ohne Salz

Wenn diese wertvolle südamerikanische Frucht aus der Familie der Solanazeen (Solanum lycopersicum) seltener wäre, würde sie so teuer oder sogar teurer als Trüffel sein. Ihr Saft verbindet sich auf so glückliche Weise mit den verschiedensten Lebensmitteln, daß es sehr lohnend ist, stets eine gute Konserve in Bereitschaft zu haben und darauf einige Mühe zu verwenden. Es gibt viele Methoden, solche Konserven zu machen, und jeder hält die seinige für die beste. Ich beschreibe euch hier die Methode, die mir am geeignetsten erscheint, und mit der ich viele Jahre gut gefahren bin.

Man nimmt Tomaten vom Acker, denn die aus dem Garten sind stärker wasserhaltig. Man nimmt auch lieber die kleineren als die dicken. Sie werden grob zerschnitten und in einem Kessel aufgesetzt. Wenn sie zerkocht sind, werden sie in einem feinmaschigen Beutel aufgehängt, um das überflüssige Wasser ablaufen zu lassen, dann schlägt man sie mit Nachdruck durch ein Haarsieb, um sie von Kernen und Schalen zu befreien.

Der Kessel wird ausgewaschen, und der durchgeschlagene Saft kommt wieder hinein, um eingekocht zu werden. Um festzustellen, ob er die richtige Konsistenz hat (und hier liegt die Schwierigkeit), gießt man ein paar Tropfen auf einen Teller. Wenn sie nicht zerfließen und auch keinen molkig-wässerigen Ring um sich bilden, ist die rechte Dichte erreicht. Es wird in Flaschen abgefüllt, wobei man noch einmal prüfen kann, ob die Konserve ausreichend gekocht hat – dann nämlich, wenn sie sich etwas mühsam durch den Trichter quält.

Will man die Konserve nicht so stark kochen, sie etwas flüssiger, »natural« haben, so nimmt man für je 2⅓ l Saft 3 g Salizylsäure, eine Menge, die unschädlich sein soll, aber ich habe sie bis jetzt noch nicht verwendet, da ihr Verkauf von der Regierung aus Ge-

sundheitsgründen verboten wurde (Anmerkung: die Verwendung von Salizylsäure ist heute bei uns noch erlaubt, muß bei Fabrikkonserven aber auf der Packung deklariert werden).
Man nimmt am besten kleine Flaschen, deren Inhalt schnell verbraucht ist, aber auch eine angebrochene Flasche kann 12 oder 13 Tage stehen, ohne daß ihr Inhalt verdirbt. Man verschließt sie mit fest sitzenden Korkpfropfen, die man noch mit Bindfaden sichert, wobei man zwischen dem Korken und der Tomatenkonserve ein bißchen Luft läßt. Damit scheint die Operation beendet zu sein, sie braucht jedoch noch ein kurzes, aber notwendiges Nachwort: Man stellt alle Flaschen eng zusammen auf Heu, Lappen oder ein anderes Isoliermittel in einen Kessel, gießt Wasser in den Kessel, daß es bis zum Hals der Flaschen reicht, und macht Feuer darunter. Wenn man beobachtet, daß die Korken sich heben wollen und herausspringen würden, wenn sie nicht durch den Bindfaden gesichert wären, zieht man den Kessel vom Feuer, und damit ist die Arbeit wirklich abgeschlossen. Wenn das Wasser abgekühlt ist (oder auch etwas früher), nimmt man die Flaschen heraus, drückt die Korken nach und bewahrt die Flaschen im Keller auf. Wenn die Konserve richtig eingekocht wurde, wird sie nicht gären. Das kann nur geschehen, wenn zu wenig eingekocht wurde, also zuviel Wasser darin geblieben ist.
Ich habe mir sagen lassen, wenn man die Flaschen vor dem Abfüllen im Ofen anwärmt und die Konserve hineingibt, wenn sie gut warm ist, brauche man sie später nicht in einem Kessel mit Wasser zu kochen. Ich selbst habe es nicht ausprobiert. Ich empfehle die auf solche Weise zubereitete Tomatenkonserve sehr, denn sie kann die Arbeit in der Küche sehr erleichtern.

468 Süße Tomatenkonserve

Das mag zwar recht seltsam klingen, aber es lohnt sich, diese Konserve einmal auszuprobieren.

> »Ch'ogni erba si conosco per lo seme«
> Jedes Kraut erkennt man am Samen
> (bibl.: an ihren Früchten werdet ihr sie erkennen)

sagt Dante, und wahrhaftig, wenn in dieser Konserve keine Körner zurückbleiben, wird keiner erraten, woraus sie gemacht ist.

1 kg Tomaten, 300 g weißer Zucker, Saft 1 Zitrone, etwas Vanille und geriebene Zitronenschale

Hierzu müssen die Tomaten sehr reif, fleischig und möglichst rund sein. Man setzt sie zum Einweichen in gut warmes Wasser, um sie leicht schälen zu können. Wenn sie gehäutet sind, schneidet man sie in der Mitte durch, um mit dem Stiel eines Teelöffels die Kerne herauszuholen. Der Zucker wird mit etwas Wasser (2 fingerbreit eines Trinkglases) über dem Feuer aufgelöst, dann gibt man die Tomaten, den Zitronensaft und ein wenig von der geriebenen Schale hinein. Während es bei kleinem Feuer ohne Deckel kocht, rührt man ein wenig. Wenn noch einige Samenkörner darin geblieben sind, nimmt man sie heraus. Zuletzt setzt man noch etwas Vanillezucker zu und nimmt den Topf ab, wenn die Tomaten die Konsistenz der üblichen Konserven erlangt haben.
Die Menge des Zuckers ist bei dieser Konserve nicht genau anzugeben, sie hängt davon ab, ob die Tomaten mehr oder weniger Wasser enthalten.

469 Aprikosenkonserve

Heißt es, die Pflaumenkonserve sei von allen die schlechteste, so ist die von Aprikosen eine der feinsten und wohl auch die beliebteste.
Man nimmt reife Aprikosen von guter Qualität, denn es ist ein Irrtum zu glauben, mit billigem Obst (Fallobst) lasse sich derselbe Effekt erzielen. Man nimmt die Kerne heraus und setzt sie ohne Wasser auf das Feuer. Während sie kochen, zerdrückt man sie mit dem Rührlöffel zu Brei. Nach halbstündigem Kochen passiert man sie durch ein Haarsieb, auf dem Stengelansatz, Blüte und Faseriges zurückbleiben. Darauf werden sie mit weißem Puderzucker aufgesetzt im Verhältnis 8 zu 10, also 800 g Zucker für 1 kg durchgeschlagene Aprikosenmasse. Man rührt häufig um, bis die Konserve die richtige Festigkeit hat, was man erkennt, wenn man

von Zeit zu Zeit einen Löffel voll auf einen Teller gibt, wo er sich (wenn er richtig gekocht ist) nur langsam ausbreitet. Man gießt sie warm in die Gefäße, wenn sie abgekühlt ist, deckt man unmittelbar auf die Konserve ein Stück Ölpapier, wie es die Metzger verwenden, oben werden die Gefäße dann mit starkem Papier geschlossen, das man mit einer Schnur rundherum festbindet.
Pfirsichkonserve macht man auf die gleiche Art aus Butterpfirsichen.

470 Pflaumenkonserve

Wenn Pflaumenkonserven auch nicht so beliebt sind, werden sie trotzdem sehr oft gemacht, und es ist gut, hier mitzuteilen, wie es geschieht.
Auf die Sorte kommt es weniger an, am besten geeignet sind aber Reineclaude-Pflaumen, die gut reif sein sollten. Man nimmt die Kerne heraus, läßt sie einige Minuten kochen und schlägt sie durch das Haarsieb. Dann werden sie zusammen mit dem Zucker wieder aufgesetzt, und zwar 60 g Zucker pro 100 g Pflaumen natural – also mit Kern, wie sie vom Baum kommen.
Wenn die Konserve nach einiger Zeit Schimmel ansetzt oder danach riecht, ist das ein sicheres Zeichen, daß sie zu wenig gekocht hat. Das läßt sich korrigieren, indem man sie noch einmal aufsetzt. Bei mir werden diese Konserven manchmal 4 bis 5 Jahre alt, ohne daß sie schlecht werden oder an Geschmack verlieren.

471 Konserven aus Johannisbeeren und Himbeeren

Für Johannisbeer-Konserven richtet man sich nach dem Rezept der Gelatine Nr. 479. Die Himbeeren setzt man natural auf das Feuer, ohne sie fermentieren zu lassen, und wenn sie etwa 20 Minuten gekocht haben, passiert man sie durch, wiegt die jetzt kernlose Masse ab und setzt sie mit demselben Gewicht an weißem Zucker wieder auf. Dann läßt man sie einkochen, ob sie genügend eingekocht sind, erkennt man auf die schon mehrmals beschriebene Art.

Für meinen Geschmack eignet sich Himbeerkonserve in geringer Menge mehr als jede andere als Füllung für Feingebäck und Blätterteig.

472 Gelatine aus Quitten

Man nimmt Quitten mit gelber Schale, die reifer sind als die grünen, schneidet sie in halb fingerdicke Scheiben und entfernt das Gehäuse. Man legt sie in so viel Wasser, daß sie gerade bedeckt sind, und setzt sie auf. Sie kochen unterm Deckel, ohne daß sie mit dem Löffel auch nur angerührt werden, bis sie gar sind. Man legt das feinste Haarsieb über eine Schüssel und gießt alles hinein, so daß die Kochflüssigkeit aufgefangen wird – die Quitten werden aber nicht ausgepreßt. Das Wasser wird gewogen, mit derselben Gewichtmenge Zucker wieder aufgesetzt und in offenem Topf zum Kochen gebracht, wobei man den sich bildenden Schaum abschöpft. Wann die Flüssigkeit ausreichend kondensiert ist, erkennt man an den Perlen, die der Zucker zu bilden beginnt, oder auch daran, daß ein Tropfen davon auf einem Teller nicht zu schnell verläuft.
Aus den verbliebenen Quitten kann man eine Konserve nach Rezept Nr. 475 machen, das heißt also, man schlägt sie durch, wiegt sie und kocht sie zusammen mit ihrem Eigengewicht an Zucker. Diese Konserve ist aber nicht mehr so aromatisch. Frucht-Gelatine bewahrt man gerne in Glasgefäßen auf, wo ihre Farbe schön zur Geltung kommt, diese hat zum Beispiel eine schöne Granatfarbe.

473 Gelee aus Johannisbeeren

Wie es schon beim Sirup Nr. 463 hieß, enthält diese Frucht viel Glutin. Preßt man ihren Saft durch ein Tuch und setzt ihn ohne Fermentation mit 8 Teilen Zucker für 10 Teile Saft (Gewichtsteile) auf das Feuer, so kondensiert er ohne langes Kochen zu einer Gelatine, die man wie eine Konserve aufbewahren kann. Man garniert Süßspeisen damit, sie ist leicht und gut für Genesende geeignet.

474 Feste Quittenkonserve

Fürsorgliche Mütter sollten viel Gebrauch von Fruchtkonserven machen, und sei es auch nur, um die Naschhaftigkeit der Kinder nicht mit Zuckerzeug, sondern mit einem schmackhaften Brotaufstrich zu befriedigen.
Manche schlagen vor, die Quitten mit der Schale zu kochen, weil sie dann aromatischer sein sollen. Das scheint mir jedoch überflüssig, denn Aroma hat diese Frucht im Übermaß, und man kann sich das Passieren sparen.

800 g Quitte ohne Schale und Gehäuse, 500 g feiner Zucker

Man löst den Zucker über dem Feuer in ½ Glas Wasser, läßt ihn etwas kochen und stellt ihn beiseite.
Die Quitten werden in sehr dünne Scheiben geschnitten und mit 1 Glas Wasser in einer Kasserolle aufgesetzt. Der Deckel kommt darauf, es wird aber öfter umgerührt, wobei man die dünnen Scheiben nach Möglichkeit mit dem Rührlöffel zerkleinert. Wenn sie weich gekocht sind, gießt man den gelösten Zucker darüber, rührt häufig um und läßt nun ohne Deckel weiterkochen, bis die Masse ausreichend kondensiert ist, was man daran erkennt, daß sie wie eine Art Schleier vom Rührlöffel abfließt.

475 Quittengelee

Auf folgende Art bleibt die Konserve so flüssig, daß sie als Brotaufstrich dient. Die Quitten werden in Stücke geschnitten, die harten Teile des Gehäuses entfernt, die Schale aber daran gelassen. Sie kommen eben mit Wasser bedeckt auf das Feuer. Wenn sie gar sind, werden sie passiert und mit dem Wasser, in dem sie gekocht wurden, und soviel Zucker, wie ihr Gewicht in rohem Zustand betrug, wieder auf das Feuer gesetzt. Man rührt häufig um, und wenn ein paar Tropfen auf einem Teller nicht mehr zu sehr verlaufen, nimmt man sie ab.

476 Orangenkonserve

12 Orangen, 1 Zitrone, weißer Zucker nach Gewicht der Orangen, Wasser vom halben Gewicht der Orangen, 4 EL echter Rum

Mit der Gabelspitze durchlöchert man die ganzen Orangenschalen, weicht sie dann 3 Tage lang ein, wobei man das Wasser morgens und abends wechselt. Am vierten Tag schneidet man sie in der Mitte durch und dann jede Hälfte wieder in ½ cm dicke Scheibchen – die Kerne werden entfernt. Jetzt wiegt man sie, und erst nach diesem Gewicht wird die Menge des Zuckers und des Wassers bestimmt. Zunächst kommen sie nur mit dem Wasser auf das Feuer, wenn sie zehn Minuten gekocht haben, kommt die Zitrone dazu, die genauso aufgeschnitten ist wie die Orangen. Sogleich darauf gießt man den Zucker hinein und rührt ununterbrochen, bis die Flüssigkeit wieder stark kocht, denn sonst würde der Zucker auf den Boden sinken und dort ansetzen.
Um den Zeitpunkt der rechten Kondensation zu treffen, tropft man von Zeit zu Zeit etwas auf einen Teller, bläst darauf, und wenn der Tropfen kaum noch verläuft, nimmt man sofort ab. Man wartet, bis die Masse lauwarm ist, setzt dann den Rum zu, füllt die Konserve in entsprechende Gefäße und verwahrt sie im Keller wie alle Konserven, wobei zu bemerken ist, daß diese besonders magenstärkend ist.
Zitrone kann man nach Geschmack auch weniger nehmen.

477 Rosenkonserve

Von der Rose, der Königin aller Blumen, die ihr glänzendes Reich im Orient hat, wußte ich nicht, daß sie neben ihren anderen Vorzügen auch die Tugend hat, sich in eine duftige Konserve verwandeln zu lassen.
Unter den vielen Sorten bewundere ich besonders die Borraccina; wenn ich zusehe, wie sie ihre kleinen Knospen schließt, erscheint sie mir als Symbol jungfräulicher Schamhaftigkeit. Vielleicht war sie es, die Ariost zu seiner wunderschönen Oktave anregte, die ich hier nicht zitieren kann, aber zur Lektüre empfehle.

Eine liebe alte Dame, deren Andenken in mein Herz gegraben ist, züchtete besonders diese Rosen in ihrem Garten, und da sie meine Vorliebe kannte, schenkte sie mir jedes Jahr im Mai einen Strauß. Die günstigste Zeit für diese Konserve ist vom 5. Mai bis zum 10. Juli, wenn die Rosen in voller Blüte stehen. In Frage kommen die sogenannten Mairosen, die rosafarben sind und schön duften. Sie werden entblättert, dabei muß von jedem Blatt die untere gelbe Spitze beseitigt werden, was mit dem geringsten Zeitverlust geschieht, wenn man das mit der linken Hand abgezupfte Büschel Blütenblätter gleich mit einer Schere rund abschneidet. Folgende Mengen werden benötigt:

600 g feiner weißer Zucker, 200 g Rosenblätter (Nettogewicht),
6 dl Wasser, ½ Zitrone, 1 TL »Breton« (s. unten)

Die Rosenblätter kommen mit 200 g Zucker und dem Zitronensaft in eine Schüssel und werden mit den Händen gerieben und zerkleinert, bis sie fast eine Paste bilden. Der Rest des Zuckers wird in der oben angegebenen Wassermenge auf dem Feuer gelöst, die Rosen kommen hinein und werden zu einem Sirup eingekocht, der gut ist, wenn ein Tröpfchen zwischen den Fingerspitzen etwas zu kleben beginnt, aber noch keine Fäden zieht. Ehe man die Rosen abnimmt, bekommen sie mit »Breton« Farbe – wovon man natürlich weniger nehmen kann, wenn man auf schöne Färbung nicht soviel Wert legt (»Breton« ist eine rote, unschädliche Flüssigkeit pflanzlicher Herkunft, wie man sie z. B. manchmal – statt roter Früchte – der »roten Grütze« zusetzt. Ähnliches ist auch heute unter anderen Markenbezeichnungen käuflich). Das ist die von mir bevorzugte einfache Methode, eine Rosenkonserve zu machen. Die Blättchen – noch so fein zerkleinert und gekocht – bleiben dabei etwas zäh. Will man sie zarter, so muß man sie zuvor 5 Minuten lang in der angegebenen Menge Wasser kochen, auspressen und dann mit 200 g des Zuckers und dem Zitronensaft im Mörser so fein wie möglich zerkleinern. Dann wird der Rest des Zuckers in besagtem Wasser gelöst wie oben, die zerstoßene Masse wird zugesetzt, und im übrigen geht alles wie vorher.
Wenn die Konserve fertig ist, wird sie in kleine Gläser gefüllt und gelagert wie andere Konserven.

Liköre

478 Portugiesischer Likör

650 g feinster Zucker, 360 g Wasser, 250 g Weingeist, 36 %, 1 Prise Safran, 1 Orange

Man schält mit dem Federmesser die äußere Schale der Orange ab und gibt sie zu dem Weingeist in das Gefäß, das man dann mit einem perforierten Papier zudeckt und 3 Tage lang stehen läßt. In das Gefäß mit Wasser schüttet man den Zucker und rührt manchmal um, damit er sich gut löst. Am vierten Tag gießt man dann beide Flüssigkeiten zusammen und läßt sie weitere 8 Tage stehen. Nach dieser Zeit wird der Likör durch ein Tuch passiert, mit Papier oder durch ein Wolltuch gefiltert und in Flaschen gefüllt.

479 Zitronenlikör

800 g feiner, weißer Zucker, 1 l Wasser (möglichst Quellwasser), 8 dl starker Weingeist, 3 noch etwas grüne Zitronen

Man gießt den Zucker in das Wasser und bewegt ihn jeden Tag, bis er sich aufgelöst hat.
Zugleich reibt man die Zitronenschalen und läßt sie 8 Tage lang in 2 dl Weingeist stehen. An 3 oder 4 Tagen rührt man sie öfter um, im Winter stellt man sie an einen vor Kälte geschützten Platz. Nach 8 Tagen schlägt man den Zitronen-Aufguß durch ein nasses Tuch und preßt ihn gut aus. Diesen Extrakt vermischt man mit den restlichen 6 dl Weingeist und läßt ihn 24 Stunden ruhen. Am Tag darauf mischt man alles zusammen und füllt die Flüssigkeit in eine Flasche, die man 14 Tage lang stehen läßt. Während dieser Zeit muß die Flasche öfter geschüttelt werden. Dann gibt man alles durch einen Papierfilter oder auch mehrmals durch einen Wollfilter.

480 Anislikör

Er wird auf dieselbe Weise bereitet wie der vorige, aber den Aufguß macht man nicht aus geriebener Zitronenschale, sondern mit 50 g Anis aus der Romagna – ich betone Romagna, denn der Anis, der bei uns wächst, ist nach Duft und Geschmack ohne Übertreibung der beste auf der Welt. Bevor man ihn aber verwendet, wirft man ihn ins Wasser und säubert ihn von der Erde, die er wahrscheinlich enthält, und mit der diese Ware verfälscht wird. Ich habe den Wicht gekannt, der dieses Geschäft erfunden hat, das ist jetzt schon 60 Jahre her. Seine Nachahmer, und deren gibt es viele, bedienen sich einer tonhaltigen Erde von der Farbe des Anis, trocknen sie im Ofen und sieben sie, bis sie wie Aniskörnchen aussieht. Sie mischen 10 bis 20 Prozent dieser Erde unter die gute Ware.

Solche Betrüger aus niedriger Gewinnsucht, welche die Produkte ihres eigenen Landes verfälschen, sollte man wirklich einmal bei den Ohren packen. Sie bedenken nicht, daß sie die Ware in Mißkredit bringen, daß sie Mißtrauen säen und die Kundschaft sich schließlich von ihnen abwendet. Ich habe gehört, daß Ehrlichkeit die Seele des Geschäfts sei, und Benjamin Franklin sagte, wenn die Spitzbuben wüßten, welche Vorteile die Ehrlichkeit mit sich bringt, würden sie schon aus spekulativen Gründen Ehrenmänner werden.

Meine lange Lebenserfahrung hat mir gezeigt, daß Ehrlichkeit in Handel und Gewerbe der beste Weg ist, es in dieser Welt zu etwas zu bringen.

Ein Soldat des ersten Imperiums teilte mir mit, er habe in Moskau die Aufschrift gefunden »Anis aus Forli«. Ich weiß nicht, ob er im Ausland unter diesem Namen bekannt ist. Aber die Gegend, wo diese Pflanze aus der Familie der Bibernellen angepflanzt wird, ist ausschließlich das Gebiet um Medola, Bertinoro und Faenza bis nach Brisighella (dem Leser, der nach dem Rezept für Anislikör sucht, sei mitgeteilt, daß dies im ersten Satz steht).

481 Nußlikör

Der Nocino ist ein Likör, den man Mitte Juni ansetzt, wenn die Nüsse noch nicht ganz reif sind. Er ist sehr würzig und bekömmlich.

30 Walnüsse (mit Schale), 1½ l Weingeist, 750 g Zucker, 2 g Zimt, 10 Gewürznelken, 4 dl Wasser, 1 Zitronenschale (zerstückelt)

Die Nüsse werden in 4 Teile zerlegt und mit allen übrigen Zutaten zusammen in eine 4 bis 5 l fassende Flasche (evtl. Gasballon) gefüllt. Sie wird gut verschlossen und muß dann 40 Tage an einem warmen Platz stehen, während deren man sie manchmal schüttelt. Man seiht die Flüssigkeit erst durch ein Tuch und dann, damit sie klarer wird, durch einen Papier- oder Wollfilter – aber vorher muß man sie probieren, denn wenn der Likör zu stark alkoholisch ist, kann man noch 1 Glas Wasser zugießen.

482 Orangenpunsch

1½ l Rum, 1 l Weingeist, 1 l Wasser, 1 kg Zucker, Saft von 3 Orangen

Man nimmt die geriebene Schale einer Zitrone und läßt sie 3 Tage lang in 1 dl des angegebenen Weingeistes liegen.
Das Wasser wird mit dem Zucker 5 oder 6 Minuten lang gekocht. Wenn es abgekühlt ist, gießt man den Rum, den Orangensaft und den Weingeist dazu – einschließlich des Weingeistes, der mit Zitronenschale angesetzt war und durch ein Tuch passiert wurde. Man filtert die Flüssigkeit wie die anderen Liköre und füllt sie in Flaschen. Es ist üblich, das Getränk anzuzünden, wenn es in Likörgläsern ausgeschenkt wird.

Gefrorenes

Man las in einer italienischen Zeitung, die Kunst, Speiseeis zu bereiten, sei vorwiegend italienisch, sie sei antiker Herkunft, und in Paris sei Speiseeis zum erstenmal im Jahre 1533 der Caterina dei Medici serviert worden. Es hieß weiter, diese Kunst sei dem Louvre weiterhin verborgen geblieben, da die Florentiner Konditoren und Köche des königlichen Palastes sie nicht verrieten, so daß die Pariser weitere einhundert Jahre und länger auf den Genuß von Speiseeis warten mußten.
Obwohl ich öfter versuchte, diesen Notizen auf den Grund zu gehen, ist es mir nicht gelungen. Was ich tatsächlich herausfand, ist Folgendes: Die Kunst, mit Hilfe von Schnee oder eingekellertem Eis Flüssigkeiten einzufrieren, ist orientalischer Herkunft und geht auf die früheste Antike zurück. In Frankreich wurde sie etwa um 1660 von einem gewissen Procopio Coltelli aus Palermo eingeführt, der unter seinem Namen – Café Procope – in Paris gegenüber der Comédie Française eine Gastwirtschaft eröffnete, die zum Treffpunkt der Pariser wurde. Der rapide Erfolg dieses Unternehmens, in dem das Eis in Eierform in einem Glas serviert wurde, spornte die Verkäufer von Limonade und anderen Getränken zur Nachahmung an, und unter diesen tat sich Tortoni besonders hervor, dessen delikate Eissorten seinem Etablissement europäischen Ruf einbrachten – und erheblichen Reichtum.
Athenäus und Seneca bestätigen, daß die Alten Eiskeller bauten, um Schnee und Eis zu lagern, ähnlich wie wir es noch tun: Sie gruben tiefe Löcher, packten Eis und Schnee dicht gelagert hinein und deckten die Gruben mit Eichenzweigen und Stroh ab. Sie kannten aber noch nicht die Eigenschaft des Salzes, die Kältewirkung wunderbar zu verstärken, so daß jede Art von Flüssigkeit dadurch zum Gefrieren gebracht wird.
Ihr könnt des Beifalls all eurer Gäste sicher sein, wenn ihr am Ende einer Mahlzeit Gefrorenes oder Speiseeis anbietet, besonders in der heißen Jahreszeit. Es schmeckt nicht nur gut, sondern hat auch die Eigenschaft, Wärme in den Magen zu ziehen und die Verdauung zu fördern.

483 Einfaches Speiseeis

Man rührt eine Creme aus:

140 g Wasser, 50 g Zucker, 4 Eidotter, Vanillewürze

Man setzt das Gemisch auf das Feuer, rührt ständig um, und wenn die Creme anfängt am Rührlöffel zu haften, nimmt man sie ab und schlägt sie mit dem Schaumschläger. Damit das besser gelingt, kann man die Schüssel auf Eis stellen. Wenn die Masse geschlagen ist, setzt man langsam 150 g geschlagene Sahne hinzu und füllt sie in eine eigens zu diesem Zweck hergestellte Form, kann aber auch eine kleine Kasserolle oder ein anderes Gefäß mit einem fest schließenden Deckel nehmen, das man dann zum Gefrieren in eine dicke Packung aus Eis und Salz stellt. Die Menge kann auch für 7 oder 8 Personen reichen, auch dieses einfache Speiseeis ist bekömmlich und erfrischend.

484 Zitroneneis

300 g Zucker, ½ l Wasser, 3 Zitronen

Der Zucker wird mit ein paar Stückchen Zitronenschale 10 Minuten lang in einem offenen Topf gekocht. Wenn dieser Sirup abgekühlt ist, preßt man die Zitrone darüber aus, aber behutsam und zwischendurch abschmecken, damit das Eis nicht zu sauer wird. Die Flüssigkeit wird passiert und eingefroren wie vorher.
Die Menge reicht für 6 Personen.

485 Verschiedene Sorten Eis

Nachdem das Prinzip der Bereitung von Speiseeis klar ist, wird die gute Köchin und der tüchtige Koch sich einige Geschmacksnuancen selbst zusammenstellen können. An Früchten nimmt man zum Eis mit Vorliebe Erdbeeren, Himbeeren, Pfirsiche und Aprikosen. Gesüßt wird je nach dem Säuregehalt der jeweiligen

Frucht, bei Erdbeeren zum Beispiel 300 g Früchte und 300 g Zucker auf ½ l Wasser mit Zusatz, 1 Zitrone und 1 Orange (nur den Saft), für Himbeeren gilt das gleiche. Zu 400 g Pfirsichen (mit Kernen gewogen) nimmt man 250 g Zucker und ½ l Wasser, 1 Zitrone und 3 Pfirsichkerne (ohne die harte Schale zerstoßen oder passiert), zu Aprikosen 300 g Früchte (mit Kernen gewogen), 200 g Zucker, ½ l Wasser und 1 Zitrone etc.

486 Schokoladeneis

1 l Milch, 200 g feine Schokolade, 100 g Zucker

Die Schokolade wird gerieben, dann mit dem Zucker und 4 dl Milch zum Feuer gesetzt, wo sie einige Minuten kocht – dabei wird sie beständig gequirlt, damit die Flüssigkeit »glatt« wird. Man nimmt sie ab und gibt sie in die »Eismaschine«.
Die Menge reicht wieder für 10 Personen.
Will man diesem Eis etwas mehr Substanz geben, so erhöht man die Menge des Zuckers auf 120 g. Wenn die Schokolade vom Feuer genommen und nicht mehr heiß ist, rührt man noch 2 Eidotter hinein. Dann setzt man sie noch einmal ein paar Minuten auf das Feuer und gibt dann erst den Rest der Milch hinzu.

487 Gelato tutti frutti

Tuttifrutti sagt man so, aber wie ihr sehen werdet, genügen zu diesem Rezept für 4 Personen schon 3 oder 4 Fruchtsorten.

200 g Zucker, 100 g reife Aprikosen (mit Kern gewogen), 100 g Himbeeren, 100 g Johannisbeeren, 20 g Zitronat, ½ l Wasser

Der Zucker wird 10 Minuten lang in Wasser gekocht, dann kommen die zerquetschten und durch ein Sieb passierten Früchte dazu und schließlich das zerkleinerte Zitronat.
Statt der Aprikosen kann man Butterbirnen, statt der Johannisbeeren auch Erdbeeren nehmen.

488 Bananeneis

Die Banane, Linnés »musa paradisiaca«, wird in ihrem Heimatland gewöhnlich Adamsfeige oder auch Baum des irdischen Paradieses genannt, denn die Menschen glauben, dies sei die berühmte verbotene Frucht gewesen und ihre großen Blätter hätten Adam und Eva dazu gedient, ihre Nacktheit zu bedecken, nachdem sie durch Ungehorsam gesündigt hatten.
Sie wächst in beiden Indien (heute in allen tropischen und subtropischen Gebieten der Erde), hat die Form einer Schote und die Farbe einer reifen Gurke, schält sich allerdings etwas leichter. Ihr Mark schmeckt delikat, wenn sie allerdings nicht ganz reif ist, hat sie etwas stringierende Wirkung. Zum Eis nimmt man gelbe, also reife Bananen, für 6 Personen folgende Mengen:

4 Bananen (wiegen geschält 240 g), 200 g Zucker, 1 Zitrone, ½ l Wasser

Man schlägt die Bananen durch das Haarsieb und preßt den Zitronensaft hinein. Der Zucker wird in dem Wasser 5 Minuten lang ohne Deckel gekocht. Dann mischt man alles zusammen und stellt es in die »Eismaschine«. Es soll nicht an Eis und Salz gespart werden.

489 Römischer Punsch

Für 6 Personen.
Dieses Eis ist erst kürzlich in Gebrauch gekommen, man reicht es bei größeren Mahlzeiten vor dem Braten, weil es die Verdauung fördert und den Magen wieder aufnahmefähig macht, ohne daß sich ein Völlegefühl einstellt.

450 g Zucker, 5 dl Wasser, 2 Orangen, 2 Zitronen, 2 Eiklar, 1 Gläschen Rum, Vanillegeschmack

250 g Zucker werden 5 oder 6 Minuten lang mit etwas Zitronen- und Orangenschale in 4 dl Wasser gekocht. Man nimmt diesen

Sirup vom Feuer, preßt den Saft der Orangen und der Zitronen hinein und stellt ihn in die »Eismaschine« zum Gefrieren.
Den restlichen Zucker setzt man mit dem verbliebenen Wasser auf das Feuer, gibt den Vanillegeschmack zu und läßt ihn kochen, bis ein Tröpfchen auf einem Teller rund stehen bleibt oder zwischen zwei Fingern Fäden zieht. Über die zuvor zu einem festen Schaum geschlagenen Eiklar gießt man die kochende Zuckerlösung, schlägt die Mischung, bis sie eine einheitliche Paste bildet. Wenn diese abgekühlt ist, gibt man sie zu dem schon fertigen Eis und mischt gut durch. Vor dem Auftragen kommt der Rum dazu, serviert wird in kleinen Gläschen.

490 Gefrorenes aus Mandelmilch

Für euch, meine verehrten Damen mit dem feinen Geschmackssinn, beschreibe ich dieses Eis und bin sicher, daß es euren Beifall findet. Da ich bei der Zusammenstellung dieser Gerichte immer wieder an euch gedacht und versucht habe, auch euren Geschmack zu treffen, kann ich mich nicht verabschieden ohne den Wunsch, daß ihr die beneidenswerten Gaben einer blühenden Gesundheit und Schönheit noch lange bewahren möget.

200 g Zucker, 150 g süße Mandeln mit 4 oder 5 bitteren, 8 dl Wasser, 2 dl Sahne (Rahm), als Würze Koriander

Zucker und Koriander werden 10 Minuten lang im Wasserbad gekocht wie Milch alla portoghese nach Rezept Nr. 458. Die Mandeln werden geschält, fein im Mörser zerstoßen, zuerst mit ein paar Teelöffeln des eben gekochten Sirups verrührt und dann diesem zugesetzt. Das Ganze wird durch ein dünnes Tuch geschlagen, das man kräftig auspreßt, um den Mandeln soviel Flüssigkeit wie möglich zu entziehen. Darauf gießt man die Sahne zu, läßt alles zusammen in der Eismaschine gefrieren, und wenn es gut fest ist, serviert man es in kleinen Gläschen.

Verschiedenes

491 Kaffee

Ob man sich nun der Meinung anschließt, der Kaffee stamme aus Persien, Äthiopien oder Kleinasien, auf jeden Fall ist er eine orientalische Pflanze, ein kleiner, immergrüner Baum, der 4 bis 5 Meter hoch werden kann und nicht dicker als 5 bis 8 Zentimeter. Der beste Kaffee kommt aus Mokka (Mocha, Jemen), und das könnte die These stützen, daß dies wirklich seine Heimat ist. Ein muselmanischer Priester in Jemen soll beobachtet haben, daß, Ziegen, die Beeren einer in dieser Gegend wildwachsenden Pflanze gefressen hatten, heiterer und lebhafter waren als die anderen, sammelte die Samenkörner, zerkleinerte sie, machte einen Aufguß daraus und erfand so das Kaffeegetränk, wie wir es heute kennen. Dieses wertvolle Getränk, das den ganzen Körper anregt, ist auch der Trank der Intellektuellen, der Freund der Literaten, Wissenschaftler und Poeten genannt worden, weil es die Nerven wach rüttelt, die Gedanken klärt, die Vorstellungskraft fördert und das Denken beschleunigt.

Die Güte des Kaffees ist, ohne zu probieren, schwer festzustellen, und die betont grüne Farbe, die manche am Rohkaffee so schätzen, ist häufig künstlich erzeugt. Dem Rösten ist besondere Sorgfalt zu widmen, denn abgesehen von der Qualität der Kaffeebohnen hängt davon die Güte des Getränks ab. Das beste ist, er bekommt seine Farbe nach und nach. Wenn er zu knistern und zu dampfen beginnt, unterbricht man das Rösten sofort, um es nach kurzer Zeit fortzusetzen, wobei man darauf achtet, daß er nur kastanienbraun wird und kein Öl absondert. Beim Rösten verliert der Kaffee 20 Prozent seines Gewichts.

Wie mehrere Fleischsorten zusammen eine bessere Fleischbrühe ergeben, so erhält man aus der Mischung verschiedener getrennt gerösteter Kaffeesorten ein besseres Aroma. Mir scheint, daß 250 g Portoriko, 100 g San Domingo und 150 g Mokka eine dankbare Mischung sind. Auch 300 g Portoriko mit 200 g Mokka ergeben ein schönes Resultat. 15 g dieses Kaffeepulvers ergeben eine gute Tasse Kaffee, wenn man aber für mehrere Personen aufgießt, genügen 10 g pro Kopf für eine der üblichen kleinen Tassen. Man bewahrt den gerösteten Kaffee in einer gut verschließbaren Metalldose auf und mahlt immer nur soviel, wie man im Augenblick

braucht, weil der gemahlene Kaffee noch leichter sein Aroma verliert.
Wen der Kaffee zu sehr erregt oder schlaflos macht, der sollte natürlich nur geringe Mengen genießen, man kann seine Wirkung auch durch Zusatz von Zichorie oder gerösteter Gerste herabmindern. Ständiger Kaffeegenuß setzt seine Wirkung herab und kann sogar schädlich sein. Ein Arzt erzählte mir von einem Landbewohner, der in den seltenen Fällen, in denen er Kaffee zu trinken bekam, jedesmal krank wurde und eindeutig Symptome einer Vergiftung zeigte. Kindern sollte deshalb der Kaffeegenuß nicht erlaubt werden.

In feuchten oder sumpfigen Landstrichen erzeugt der Kaffee nicht dieselbe Erregung wie in trockenen, vielleicht sind es deshalb in Europa die Länder Belgien und Holland, wo man am meisten Kaffee trinkt. Im Orient, wo man ihn äußerst fein mahlt, so daß sich der Kaffeegrund nicht absetzt, sondern als eine trübe Flüssigkeit mitgetrunken wird, steht die Kanne ständig auf dem Feuer.
Professor Mantegazza sagt: »Der Kaffee fördert die Verdauung in keiner Weise«, das mag gelten für Menschen, die von ihm nicht angeregt werden. Es ist aber eine unleugbare Tatsache, daß Menschen, deren pneumogastrisches Nervensystem er anregt, mit Kaffee besser verdauen, und der Brauch, nach einer üppigen Mahlzeit eine gute Tasse Kaffee zu trinken, bestätigt es. Trinkt man ihn morgens nüchtern, so scheint er den Magen von unverdauten Rückständen zu befreien und macht ihn erst für weitere Nahrung aufnahmebereit.
Venedig war infolge seiner Handelsbeziehungen zum Orient die erste italienische Stadt, in der Kaffee getrunken wurde, vielleicht schon Ende des 16. Jahrhunderts. Das erste Kaffeehaus wurde dort aber erst 1645 eröffnet, darauf in London und wenig später auch in Paris, wo ein Pfund Kaffee bis zu 40 Scudi (it. Silbertaler) kostete. Das Kaffeetrinken wurde dann allgemein üblich, und der Konsum stieg schnell an bis zu den ungeheuren Mengen, die heute verbraucht werden.

Der Anbau von Tee wird fast ausschließlich in China und Japan betrieben, und er ist für diese Länder ein wichtiges Exportmittel. Javatee, indischer Tee und Tee aus Brasilien sind nach allgemeiner Auffassung von weit geringerer Qualität (obwohl sich die Verhältnisse heute verschoben haben, verliert Artusis Urteil nicht ganz seine Gültigkeit).

Die eingerollten und für den Handel getrockneten Teeblättchen stammen von einem buschigen, immergrünen Strauch, der nicht höher als zwei Meter wird. Dreimal im Jahr werden die Blätter geerntet, im April, im Frühsommer und Mitte Herbst. Die Blätter der ersten Ernte, die klein und sehr zart sind, weil sie erst vor ein paar Tagen sprossen, ergeben den sogenannten Kaisertee, der für den Gebrauch der Großen des Reiches im Land bleibt. Die dritte Ernte, bei der die Blätter voll entwickelt sind, ist die mindere Qualität.

Aller im Handel befindliche Tee läßt sich in zwei große Kategorien aufteilen: grüner und schwarzer Tee. Beide Kategorien lassen sich wieder in viele Sorten unterteilen. Der grüne Tee, der seine Farbe behält, weil er schneller getrocknet wird und nicht fermentieren kann, ist reicher an ätherischen Ölen und putscht mehr auf, weshalb man ihn am besten meidet oder mit schwarzem gemischt trinkt.

In China war der Teegenuß schon viele Jahrhunderte vor der christlichen Zeitrechnung üblich. In Europa wurde er Anfang des 16. Jahrh. von der holländischen »Ostindischen Kompanie« eingeführt. Dumas d. Ältere berichtet, daß er 1666 unter Ludwig XIV. gegen eine starke Opposition (wie beim Kaffee) in Frankreich eingeführt wurde.

Tee wird durch Aufgießen zubereitet. 1 gehäufter TL reicht für eine der üblichen Tassen aus. Man wirft ihn in die mit kochendem Wasser vorgewärmte Teekanne, gießt zuerst nur soviel kochendes Wasser nach, daß er bedeckt ist, und nach 5 oder 6 Minuten, die ausreichen, damit die Blättchen sich aufrollen, schüttet man das andere Wasser gleichfalls kochend nach. Wenn der Tee nach 2 oder 3 Minuten gezogen hat, ist er fertig. Läßt man die Blätter zu lange darin, so wird der Tee schwarz und bitter, weil dann die Gerbsäure der Blätter frei wird, die stringierende Wirkung hat.

In manchen Provinzen Italiens, in kleineren Orten besonders, wird heute kaum Tee getrunken. Es ist erst ein paar Jahre her, da schickte ich einen jungen Diener von mir nach Bad Poretta, damit er sich dort etwas von der Meisterschaft der Bologneser Köche aneignen sollte. Es gab dort einige Gäste, die Tee verlangten, und da es am Ort keinen gab, wurde er sofort in Bologna bestellt. Der Tee kam, aber die Fremden beschwerten sich, weil der Aufguß nach nichts schmeckte. Und ahnt ihr weshalb? Man hatte die Teeblätter in ein Sieb getan und einfach kochendes Wasser hindurchgegossen. Der junge Mann, der in meinem Haus schon oft Tee bereitet hatte, korrigierte den Fehler, dann wurde der Tee für gut befunden.
Auch Tee erregt die Nerven und erzeugt Schlaflosigkeit. In den meisten Fällen ist er aber weniger wirksam als Kaffee, und, wie mir scheint, auch weniger »poetisch«, weil der Tee eher deprimiert, der Kaffee aber anregt. Immerhin hat der Chinatee vor dem aus Aleppo einen Vorzug, er entspannt die Haut und läßt im Winter die Kälte leichter ertragen. Wer zu gewissen Mahlzeiten keinen Wein trinken will, findet jedenfalls im Tee – mit oder ohne Zusatz von Milch – ein wohlschmeckendes Getränk als Ersatz. Die Milch vermindert übrigens die Wirkung der Gerbsäure.

493 Schokolade

Ein Leser sagte zu mir: »Wie ist es möglich, soviel Worte auf das Lob des Kaffees und des Tees zu verwenden und die ›Speise der Götter‹, die Schokolade, die meine Leidenschaft und mein liebstes Getränk ist, nicht einmal zu erwähnen.« Ich antwortete diesem Herrn, erstens wäre ich zu langatmig geworden, wenn ich die Geschichte der Schokolade, der Fälschungen und Manipulationen durch die Fabrikanten berichtet hätte, und zweitens könne jeder mehr oder weniger gut ohne Anleitung eine Trinkschokolade zubereiten.
Der Kakaobaum (Theobroma caccao) wächst natürlich im Süden Amerikas, besonders in Mexiko, wo seine Frucht seit urdenklichen Zeiten als Nahrungsmittel und Getränk dient, und ihn die Spanier bei ihrer ersten Landung entdeckten.

Die beiden besten Sorten sind die Caracas und der Maringa, die entsprechend gemischt den besten Kakao ergeben. Will man der Qualität in etwa sicher sein, so darf man nicht den billigsten kaufen und nur die Produkte bekannter und bewährter Hersteller. Für eine Tasse Kakao braucht man etwas weniger als 60 g, die man in 2 dl Wasser löst. Liebt man ein leichtes Getränk, so kann man 50 g nehmen, je nach Geschmack kann man aber auf 80 g erhöhen.
Man wirft die zerkleinerte Schokolade in das Wasser (Anmerkung: Artusi scheint noch kein Kakaopulver gekannt zu haben). Wenn es warm wird, rührt man gut um, damit sie nicht ansetzt und sich gut löst. Sobald die Schokolade aufkocht, nimmt man sie ab und quirlt sie 5 Minuten lang, dann läßt man sie noch einmal aufkochen und serviert.
Auch die Schokolade wirkt auf die Nerven und erhöht die Sensibilität. Sie ist aber reich an Eiweiß und Fett (Kakaobutter), soll aphrodisiakische Wirkung haben und ist nicht leicht verdaulich, weshalb man sie mit Zimt oder Vanille aromatisiert. Wenn einer mit dem Gehirn arbeiten muß und nicht schon am frühen Morgen den Magen mit einer ausgiebigen Mahlzeit belasten will, ist die Schokolade das ideale Morgengetränk.

494 Pfirsiche in Weingeist

1 kg nicht zu reife Quittenpfirsiche (Härtlinge), 440 g Zucker, 1 l Wasser, 1 fingerlanges Stück Zimtstange, einige Gewürznelken, Weingeist nach Bedarf

Härtlinge nennt man die rotgelben oder auch nur gelblichen Pfirsichsorten, deren Fleisch fest am Kern haftet.
Man reibt sie fest mit einem Tuch ab, um die wolligen Haare zu beseitigen, und sticht dann an 4 oder 5 Stellen mit einem Zahnstocher Löcher hinein. Den Zucker läßt man ohne Deckel 20 Minuten lang in Wasser kochen und wirft die ganzen Pfirsiche hinein; wenn der Sirup sie nicht ganz bedeckt, rührt man öfter um. Sobald sie – angefangen von dem Moment, in dem das Wasser wieder zu kochen begann – 5 Minuten gekocht haben, nimmt man sie heraus.

Wenn Pfirsiche und Sirup abgekühlt sind – besser noch am nächsten Tag, legt man die Früchte in ein Glas- oder lasiertes Tongefäß, gießt den Sirup darüber und so viel Weingeist oder Cognac, daß sie gut bedeckt sind. Die Würzstoffe werden zugesetzt und darauf geachtet, daß auch sie stets in der Flüssigkeit bleiben – notfalls würzt man nach.
Das Gefäß wird hermetisch verschlossen, mit dem Verzehr kann man nach frühestens einem Monat beginnen.

495 Pfirsich in Eis

Dies ist das einzige Rezept der vorliegenden Sammlung, das ich nicht ausprobiert habe, denn als eine englische Dame spontan zu mir kam, um es mir zu schenken, war die Zeit der Pfirsiche vorüber, und außerdem stand eine Neuausgabe unmittelbar vor dem Druck. Die Dame empfahl es mir mit der Versicherung, es sei in ihrer Heimat sehr geschätzt, deshalb wage ich es zu veröffentlichen.
Man nimmt kleine, aber schöne und reife Pfirsiche und wirft deren immer 2 zu gleicher Zeit für eine Minute in kochendes Wasser, wonach sie sich schälen lassen, ohne daß man das Fleisch verletzt. Sie werden ausgiebig in Zucker gerollt und in ein tiefes, hübsches Gefäß getan. Man nimmt so viele Zuckerstückchen, wie man Pfirsiche hat, tränkt sie mit dem Saft 1 reifen Zitrone und verteilt sie unter die Pfirsiche. So läßt man das Gefäß dann wenigstens 2 Stunden stehen (mehr schadet nicht), dann verschließt man es und packt es noch einmal 2 bis 3 Stunden in Eis, bevor man servieren kann.
Notiz in einer späteren Auflage: Als die Zeit der Pfirsiche wieder gekommen war, habe ich nicht versäumt, dieses Rezept zu erproben, und kann euch mitteilen, daß es seine Verdienste hat. Ich habe ein Metallgefäß und Puderzucker genommen, und unter das Eis habe ich eine ordentliche Menge Salz gemischt.

496 Weichselkirschen im eigenen Saft

Diese herben Kirschen brauchen keinen Alkohol, den erzeugen sie selbst.

1 kg Weichselkirschen, 300 g Zucker, 1 Stückchen Zimtstange

Man nimmt 200 g von den Kirschen (die am schlechtesten aussehenden), preßt den Saft heraus und passiert ihn. Von den anderen entfernt man die Stengel und legt sie schichtweise in ein Glas, immer eine Schicht Kirschen abwechselnd mit einer Schicht Zucker, dann gießt man den durchgeschlagenen Saft darüber. Man knackt die Kirschkerne der durchgeschlagenen Früchte zu einem Teil und wirft sie mit dem Zimt in das Gefäß, das man dann gut verschließt und mindestens 2 Monate lang stehen läßt, ohne es noch einmal anzurühren. Ihr werdet beobachten, daß sich der Zucker allmählich auflöst, die Kirschen zuerst an die Oberfläche der Flüssigkeit steigen und dann, wenn sich diese in Alkohol verwandelt hat, wieder absinken. Dann sind sie eßbar und ein Genuß.

497 Geröstete Mandeln

200 g süße Mandeln, 200 g Zucker

Die geschälten Mandeln werden mit einem Tuch getrocknet, dann kommt der Zucker mit 2 fingerbreit (Trinkglas) Wasser zum Feuer. Wenn er gelöst ist, schüttet man die Mandeln hinein und rührt ständig um. Sobald sie zu »knallen« anfangen, zieht man den Topf an den Rand des Ofens und wird beobachten, daß der Zucker gerinnt und krümelig wird. Man nimmt ihn heraus und trennt die Mandeln vom Zucker, dann kommt die Hälfte des Zuckers wieder mit 2 fingerbreit Wasser auf das Feuer, und wenn er anfängt, nach Karamel zu duften, gießt man die Mandeln dazu, rührt um und nimmt sie ab, sobald sie den Zucker angenommen haben. Dann kommt die andere Hälfte des Zukkers wieder mit 2 fingerbreit Wasser auf das Feuer, und die Pro-

zedur wird ein drittes und letztes Mal durchgeführt. Man schüttet die Mandeln auf einen Teller, wenn einige zusammenkleben, trennt man sie.
Sie sind so ohne Würze sehr gut, man kann aber auch etwas Vanillezucker dazugeben oder 30 g geriebene Schokolade – beides sollte im letzten Moment geschehen.

498 Oliven in Salzlake

Vielleicht gibt es neuere und bessere Methoden, Oliven einzulegen, aber diese hier wird in der Romagna mit bestem Erfolg praktiziert.
Pro kg Oliven benötigt man folgende Mengen:

1 kg Holzasche, 80 g gelöschter Kalk (in Pulverform), 80 g Salz, 8 dl Wasser für die Lake

Man mischt den Kalk mit der Asche und dem Wasser zu einem nicht zu dichten und nicht zu flüssigen Brei. In diesen taucht man die Oliven und beschwert sie oben, damit sie bedeckt bleiben. So bleiben sie 12 bis 14 Stunden stehen, das heißt, bis sie etwas weich geworden sind, was man feststellt, indem man sie öfter betastet. Einige sagen auch, bis sich das Fleisch leicht vom Kern löst, aber das ist eine Methode, die zu Irrtümern führen kann.
Sie werden aus dem Brei herausgenommen, in sehr viel Wasser gewaschen und bleiben dann 4 oder 5 Tage in frischem Wasser stehen (wobei man das Wasser dreimal täglich wechselt), bis sie keine Bitterstoffe mehr an das Wasser abgeben. Wenn das erreicht ist, setzt man die 8 dl Wasser mit dem Salz auf das Feuer, tut ein paar dicke Stengel wilden Fenchel dazu und läßt es einige Minuten kochen. Die Oliven kommen in ein Glasgefäß oder einen lasierten Tonkrug, und man gießt die kalt gewordene Salzlake darüber.

499 Mostrich all'uso toscana

2 kg Trauben (weiße oder ⅔ weiß, ⅓ schwarz). Die Trauben werden gepreßt wie für Wein, wenn sie nach 1 oder 2 Tagen »aufgehen«, preßt man den Most heraus.

1 kg Rosenäpfel oder Renetten, 2 dicke Birnen, 240 g Weißwein (besser »vino santo«), 120 g Zitronat, 40 g weißes Senfpulver

Die Äpfel und Birnen werden geschält und in dünne Scheiben geschnitten. Sie kommen mit dem Wein auf das Feuer, sobald sie ihn aufgenommen haben, gießt man den Most hinein. Man rührt öfter um. Wenn die Mischung etwas fester geworden ist als die üblichen Fruchtkonserven, läßt man sie abkühlen und rührt dann das vorher in etwas gut angewärmtem Wein aufgelöste Senfpulver hinein, zugleich das in kleinste Stückchen zerschnittene Zitronat. Man füllt den Mostrich in kleine Gefäße, deren Boden mit einem feinen Schleier aus Zimtmehl bestreut ist.
Senf regt den Appetit an und fördert die Verdauung.

500 Crosta und crostieren

Ich habe mir erlaubt, so die bei uns üblichen Gallizismen Glassa (Glasur) und glassare (glasieren) zu übersetzen (Anmerkung: Irrtum, verehrter Meister, das Wort Glas stammt aus dem Althochdeutschen und bedeutete ursprünglich Bernstein) und überlasse es anderen, besser geeignete italienische Worte dafür zu suchen. Ich meine jedenfalls jenen weißen, schwarzen oder anders gefärbten Überguß, den man auf einigen der zuvor beschriebenen Süßspeisen anbringt, zum Beispiel der »englischen Wurst«, den deutschen Torten und ähnlichem, um sie ansehnlicher zu machen.
Für einen schwarzen Zuckerguß nimmt man 50 g Schokolade und 100 g Zucker. Die geriebene Schokolade setzt man in einer kleinen Kasserolle mit 3 EL Wasser auf. Ist sie gelöst, so schüttet man den Zucker hinein, läßt sie auf kleinem Feuer kochen und rührt öfter um. Das Wichtigste ist dabei die Festellung, wann die Schokolade ausreichend gekocht hat, was man daran erkennt, daß ein

zwischen Daumen und Zeigefinger genommener Tropfen Fäden zieht. Dieser Faden darf aber nicht länger als 1 cm werden, sonst hat man schon zu lange kochen lassen. Die Kasserolle wird abgenommen, in kaltes Wasser gestellt; dabei wird ständig umgerührt. Wenn die Flüssigkeit an der Oberfläche sozusagen undurchsichtig wird, etwas grau, als wolle sie einen Schleier bilden, verteilt man sie über die Süßspeise. Diese kommt dann wieder ans Feuer oder auch unter einen Metalldeckel mit Oberhitze, und nach 2 bis 3 Minuten ist die Glasur glatt, leuchtend und fest.
Der weiße Zuckerguß wird aus Eiklar, Puderzucker, Zitronensaft und Likör hergestellt, will man ihn rötlich haben, so nimmt man statt Zitronensaft Alkermes, hier folgt die Menge für fast alle beschriebenen Süßspeisen oder Kuchen:
Eiklar von 1 Ei, 130 g Zucker, ¼ Zitrone, 1 EL Likör oder soviel Alkermes, wie zur Erreichung der oben angedeuteten Farbe notwendig ist.
Man rührt alles ein und schlägt es, und wenn die Mischung etwas dickflüssig ist, verteilt man sie über die Süßspeise. Sie trocknet von selbst, ohne daß sie noch einmal in den Ofen muß. Will man keinen einheitlichen Überzug machen, sondern etwa auf einer Torte Muster anbringen, so kann man sich verschiedener Methoden bedienen (gewöhnliche Papiertüte, Spritzbeutel etc.), und es gibt Blechplättchen als Vorsätze zu kaufen, die in der Mitte eine hübsch geformte Öffnung haben – notfalls nimmt man auch nur ein in Tütenform zusammengedrehtes Stück Papier. Die Öffnung soll in jedem Falle klein gehalten werden. Wenn die Masse für weiße Glasur zu dünnflüssig ist, dickt man sie mit Zucker ein.
Weitere Methoden, weißen Zuckerguß herzustellen, sind auch in den Rezepten Nr. 405, 441 und 442 angegeben.

Anhang

KÜCHE FÜR DEN SCHWACHEN MAGEN

Man hört heute oft von einer Küche für schwache Mägen, da scheint schon Methode dahinterzustecken.
Ich muß trotzdem einige Worte dazu sagen, wobei ich nicht den Anspruch erhebe, mit meinen Vorschriften so einen rechten Papiermagen stärken oder heilen zu können. Es ist nicht leicht, mit wissenschaftlicher Genauigkeit die Speisen zu nennen, die einem durch Alter, Krankheit, Strapazen oder von Natur schwachem Individuum am bekömmlichsten sind, denn der Magen ist ein launisches Wesen, und für die einen kann besonders bekömmlich sein, was den anderen Beschwerden macht. Dennoch werde ich mich bemühen, die Nahrungsmittel zu benennen, die einem trägen, langsam verdauenden Magen am besten bekommen, und ich beginne mit der Nahrung, die von der Natur allen neugeborenen Säugetieren zugeteilt wurde – der Milch, deren man sich in beliebiger Menge bedienen kann, obwohl es auch hier Menschen gibt, denen sie Widerwillen erregt.
Kommen wir zur Fleischbrühe, die gut entfettet sein soll, die bekömmlichste ist die von Huhn, Hammel und Kalb. Ehe wir nun zu den festen Nahrungsmitteln kommen, merkt euch, was ich euch über das Kauen zu sagen habe. Wenn man gut kaut, bildet sich mehr Speichel, die Nahrung wird besser verdaut und vom Körper aufgenommen. Wer seine Mahlzeiten kaum gekaut verschlingt, zwingt den Magen zu einem Vielfachen an Arbeit, und das kann zu Ermüdungserscheinungen führen.
Nützlich sind auch feste Zeiten für die Mahlzeiten, besonders für die Hauptmahlzeit, die man am Mittag oder frühen Abend einnehmen sollte, weil man danach Gelegenheit für einen Spaziergang hat oder im Sommer auch für ein Schläfchen, denn in dieser Zeit sollte man nur leichte Nahrung essen, während man im Winter etwas üppiger sein darf. Man sollte auch nicht zwischendurch »etwas knabbern« oder den Magen mit Süßigkeiten schwächen, die ihm fast keine Aufgaben stellen. Natürlich soll man etwas essen, wenn der Magen es dringend verlangt, im übrigen aber sollte man ihn an feste Zeiten gewöhnen, was man durch Ausdauer und Mäßigkeit, die Angelpunkte eines gesunden Lebens, erreichen kann.

Minestra

Was die Minestre betrifft, so kauft man von den Cappelini bis zu den Pastine niemals künstlich gelb gefärbte Ware, sondern nur aus hartem Korn gemachte, die von sich aus schon wachsfarben sind, beim Kochen nicht leicht zerfällt und beim Kauen einen angenehmen Widerstand bietet.
Auch Teig mit Eiern ist gut, für dünne Nudeln zum Beispiel oder Malfattini aus Semmelbrösel. Suppen sollten leicht und mit verschiedenen Gemüsen zubereitet werden. Zu empfehlen noch Sago (das ich nicht mag, weil es so moosig ist), mit Eigelb gebundener Reis und Parmesan.
Weiter die spanische Suppe (33), Suppe vom gelben Kürbis (27), Essigsuppe (30), Suppe aus Eierkuchen (34), Königinsuppe (32), gefüllte Zuppa (25), Zuppa santé (29), Grießnudeln (9), Minestra aus Grieß (11), Minestra aus Grießklößchen (17), Minestra di mille Fanti (20), Passatelli aus Grieß (40).
An trockenen Minestre könnte ich nur Fadennudeln mit Käse, Butter und Fleischsauce, in Milch gekochten Reis, die Fischsuppen (50 u. 51) angeben.
Zugleich müßten starke Gewürze aus der Küche verbannt oder nur spurenweise benützt werden.

Vorspeisen

Zu empfehlen sind Sandwiches, deren Beschreibung wohl nicht erforderlich ist, und Crostini mit Butter und Sardelle, Crostini mit Hühnerleber und Sardelle (91), gekochter Schinken, Sardinen aus Nantes mit Butter.

Salse

Salsa Mayonnaise (100), pikante Salsa I (101), gelbe Salsa für gekochten Fisch (103), Holländische Salsa (104), Salsa für gegrillten Fisch (105).

Eier

Frische Eier sind ein gutes Nahrungsmittel und auch leicht verdaulich, wenn man sie weder roh noch zu hart gekocht ißt. Zu Eierkuchen sollte man ein passendes Gemüse verwenden, sie sehr dünn halten und nicht wenden, damit sie zart bleiben. Gut ist auch Eierkuchen mit Spargel (118) und das Gericht mit Eigelb (115).

Gebackenes

Manche finden, daß Gebackenes schwer im Magen liegt, weil es in der Pfanne viel Fett aufnimmt. Am verträglichsten ist es aus Hirn, Gekröse und Mark, aus Grieß, aus Kalbsleber und Lammgeschlinge und aus Leber allein. Empfehlenswert auch Pollo dorato I (173), Hühnerbrust (175), gebackener Reis (150), Spritzgebäck (154), Kotelett (185), Kalbskarbonade (186), Niere (238), Klößchen aus Gekröse (168), einfache Reisklößchen (169), Fritto alla bolognese (146), Saltimbocca (187) und noch einige andere, deren Eignung dem Rezept zu entnehmen ist.

Gekochtes

Gekochtes kann man ungestraft mit fein zerkleinertem Spinat in Butter zu sich nehmen. Zucchini, Rübenschößlinge und Spargel sind die gesündesten Gemüsesorten, auch grüne Bohnen können zur Kost eines Genesenden gehören. Gekochtes Huhn mit Reis (202). Auch gekochtes Hammelfleisch ist sehr gut.

Gemüse

Außer den zuvor erwähnten Gemüsesorten sind geeignet: stehende Artischocken (304), Artischocken-Kotelett (158), Pasteten aus Cardoni (290), Melanzane gebacken und als Pastete (295–298), Artischocke in Salsa (302).

Zwischengerichte

Quarkklößchen (193), Gnocchi alla romana (194), Artischocken in der Pfanne (203.)

Kalte Speisen

Schweinerücken (280), Zunge (275).

Geschmortes

Das gesündeste und delikateste Geschmorte ist nach meiner Ansicht folgendes: Frikassee (211), Hühnersoufflé (213), Rindskarbonade (216), Huhn in Eiersalsa (219), Hühnerbrust (222), Schnitzel alla livornese (216), Kalbskotelett in Eiersalsa (247), Kotelett mit Schinken (249), Quenelles (251), Filet mit Marsala (265), Pastete der Signora Adele (296), und zur Anregung des Appetits Kalbfleisch mit Thunfisch (278).

Fische

Die am leichtesten verdaulichen Fische sind der Seehecht (besonders gekocht mit Öl und Zitrone oder gegrillt), die Seezunge, der Steinbutt, der Stör, der Umberfisch, der Spinnenfisch, die Zahnbrasse, die Goldbrasse, der Glatthai, dazu gebratene oder gegrillte Seebarben.

Gebratenes Fleisch

Wenn Fleisch nicht hart oder faserig ist, sagt es dem menschlichen Körper zu und wird verhältnismäßig leicht verdaut, besonders wenn es gegrillt ist. Am besten ist Hühnerfleisch, besonders vom Perlhuhn (377) und Kalbfleisch. Auch Beefsteak alla fiorentina (385), besonders vom Filetstück, ist förderlich, desgleichen Rindskarbonade (216), Roastbeef (362 u. 363), Kalbsbraten (365), Kalb mit Salbei (258), Hammelkeule (368), Huhn alla Rudini (375), Perlhuhn (377).

Salate

Stark Gesalzenes ist im allgemeinen nicht sehr zu empfehlen, trotzdem kann man manches – mit Bedacht zubereitet und genossen – empfehlen: gebackene Radicchi gemischt mit gebackenen Blättern von roten Rüben (gebacken, wenn sie dick sind, sonst gekocht), Spargel (318), Zucchini (283–284) und feine grüne Bohnen (286).

Süßspeisen

Bei Süßem muß natürlich jeder weitgehend selbst bestimmen, was seinem Auge und seiner Zunge am meisten zusagt. Ich muß dazu aber sagen, daß Mürbteig und Blätterteig schwer verdaulich sind, desgleichen Teig ohne irgendeinen Gärstoff (Sauerteig, Hefe, Backpulver etc.). Wer an Verstopfung leidet, dem empfehle ich gebackene Äpfel und Birnen, in Zucker eingemachte Pflaumen, Aprikosen- und Birnenkompott, und wer Milch gut verträgt, dem ist Latte brûlé (457) und Milch alla portoghese (458) zu empfehlen, nicht aber Latteruolo (459).

Früchte

Man sollte der Jahreszeit entsprechend nur gesunde und gut reife Früchte nehmen. Im Winter sollte man trockene Früchte vermeiden, immerhin gibt es dann noch Datteln, Orangen, Mandarinen. Als Trauben empfehle ich Muskateller, als Birnen Bergamotten, als Pflaumen Reineclaude, als Pfirsich Butterpfirsiche, als Kirschen die Herzkirschenarten, dazu die besten Aprikosen- und Apfelsorten.

Gefrorenes

Eis oder gefrorene Früchte sind am Ende der Mahlzeit durchaus bekömmlich.

Weine und Liköre

Für den Tischwein, der einem schwachen Magen am besten bekommt, halte ich einen weißen trockenen, und unter diesen schätze ich am meisten wieder den Orvieto, der wie Vino santo, Asti spumante, Malaga und ähnliche im Handel befindliche Weine auch als Dessert dienen kann. Liköre sollte man am besten aus der Küche verbannen, vor allem, weil sich aus dem Gebrauch leicht ein Mißbrauch entwickelt, was fatal wäre. Nur beim Cognac kann man vielleicht eine Ausnahme machen, aber nur in winzigen Mengen.

Hier schließe ich und sage mit dem Dichter:

»Ich habe dich vorangebracht, jetzt kannst du dich selbst ernähren.«

Register

Valesca Hagen

Die russisch-baltische Küche

Ullstein Buch 34742

Ullstein Sachbuch

In der Kochkunst hatten sich der Osten und der Westen schon längst getroffen. Die russische Küche hat manches aus der französischen, die baltische manches aus der ostpreußischen übernommen. Durch die Beigabe nationaler Zutaten wurde dem Ganzen ein russischer Charakter verliehen.

Hedwig
Schindler

Die unbekannte türkische Küche

Ullstein Buch 34741

Ullstein Sachbuch

Die Tradition der osmanischen Kultur mit ihrem ausgeprägten Hang zur Sinnesfreude, ihrer Vorliebe für erlesene Genüsse findet in der Kochkunst einen Ausdruck, der auch dem verwöhntesten Feinschmeckergaumen schmeichelt. Unternehmen Sie einen kulinarischen Streifzug durch die Türkei, und entdecken Sie mit Hilfe dieser Originalrezepte den Zauber und die Vielfalt dieser aufregenden Küche.